추천의 글

성경적 기독교가 지향하는 것은 잘못된 행실을 멈추는 것만으로 충분하지 않다. 우리는 반드시 올바른 일을 시작해야 하며, 그 일 또한 올바른 동기에서 비롯해야 한다. "옛 옷을 벗고 새 옷을 입는" 원리는 에베소서 4장 22~24절에 분명하게 나타나며, 이것은 "당신의 사고방식 변화를 통해서 이루어"진다. 이 책은 부모들이 개인적으로 또는 자녀들과 함께 그 원리를 실천하는데 효과적인 도움을 준다. 이 책의 실제적 제안들은 부모이자 목사이며 상담자인 저자의 경험을 잘 보여준다. 이 책은 죄의 노예가 되어 죄가 지배하는 인생을 살아가는 자녀를 두었거나 그렇게 될 수 있는 부모들에게 도움이 될 것이다.

— Randy Patten | 국제권면상담협회 상임이사

목회자이면서 상담사인 나는 거의 매주 중독이라는 황무지에서 자녀들과 함께 전쟁을 치루는 부모들을 만난다. 마크 쇼우Mark Shaw는 이 책에서 성경에 기초한 중독예방양육 핸드북을 제공한다. 나는 이것을 참여 양육engagement parenting이라고 부른다. 참여 양육은 "단지 NO라고 말하라"는 캠페인이 아니라 중독물질에 대해 NO라고 말하고 싶어 하는 자녀들을 양성하는 것이다. 쇼우는 이러한 양육에 부모들이 참여할 방법을 가르쳐 준다.

— Dr. Howard Eyrich | 부라이어우드 상담소, 버밍엄 신학교 명예학장

이 책에 열거된 모든 실수를 경험한 나는 수십 년 전에 이 책을 보았으면 좋았을 것이라는 생각이 든다. 다음 세대가 우리의 실수를 똑같이 되풀이하는 것은 매우 마음 아픈 일이다. 이 책은 오늘날 우리의 문화를 고려해 볼 때 매우 가치 있다. 나는 젊은 부모들이 이 책을 읽고 그 내용을 가슴 깊이 간직했으면 하는 바람이다. 또한 잘못된 양육방법에서 벗어나도록 하나님의 권능을 요청하라고 간곡히 부탁하고 싶다. 부록 D 실패했다고 생각하는 부모들을 향한 하나님의 은혜는 나와 같은 사람들에게 희망을 준다.

— 익명

중독 예방 양육 Addiction-Proof Parenting

지은이   마크 쇼우 Mark E. Shaw
옮긴이   김용민
초판발행   2013년 8월 2일

펴낸이   배용하
책임편집   이상희
교열교정   이준용

등록   제364-2008-000013호
펴낸곳   **도서출판 대장간**
            www.daejanggan.org
등록한곳   대전광역시 동구 삼성동 285-16
편집부   전화 (042) 673-7424
영업부   전화 (042) 673-7424 전송 (042) 623-1424

ISBN   978-89-7071-300-7

 값 15,000원

중독에 대한 성경적 이해와 중독 예방을 위한 성경적 양육지침서

예방양육

마크 쇼우 지음

김용민 옮김

옮긴이 _ **김 용 민**

공군 군목 제대 후 침례신학대학교에서 목회상담 전공으로 박사학위(Ph.D.)를 취득하고
현재 동대학교 신학과 겸임교수로 있으며, 강남대학교, 대전신학대학교 등에서 강의하고,
MCl(엠씨아이) 대표, 청주상록수교회 협동목사로 섬기고 있다.

저서로는 『해석학적 목회상담』(엘도론, 2011)이 있으며,
역서로는 『침례교 신앙과 메시지』(엘도론, 공역, 2011)가 있다.

Addiction-Proof
Parenting

Biblical Prevention Strategies

Mark E. Shaw

차례 CONTENTS

CONTENTS

· · ·
서문

당신에게 이런 질문을 던져 보라. "나는 지금 어떤 유형의 '중독자'를 양육하고 있는가?"

아마도 당신은 이렇게 대답할지 모른다. "아주 무서운 질문이군요! 물론 아닙니다! 나는 훌륭한 부모입니다." 그렇다면 이것도 생각해 보라. "하나님께서 당신에게 자녀가 어떤 성인으로 성장할지 알려주시려고 미래를 보여주신다면 어떨까?"

만약 하나님께서 당신이 미래를 보도록 허락하셨고, 그래서 당신의 자녀나 손자손녀가 어떤 유형의 "중독자"가 될지 알게 되었다면,예를 들어, 도박, 음주, 포르노그라피, 우상숭배 그리고 이와 비슷한 당신은 지금 무엇을 바꾸어야 하는지 아는가?

나는 놀라운 소식을 가졌다. 이 책은 당신을 위해 그 질문에 대답할 것이며, 당신이 자녀를 "중독"에 빠지지 않도록 양육할 실천전략을 수행하도록 만들어 줄 것이다. 이 책이 지닌 최고의 장점은 이 전략들이 직간접적으로 하나님의 말씀에서 나온다는 사실이다. 하나님은 이 주제에 대해 침묵하시지 않는다! 하나님은 이 주제에 대해 크고 분명하게 말씀하시며, 당신이 그분을 신뢰하기를 원하신다.

지금 당신에게 물어보자. "당신은 '중독자'를 양육하고 있는가?" 당신은 다음과 같이 대답할지도 모른다.

"미래는 알 수 없죠. 그러나 내가 중독자를 키우고 싶지 않다는 것은 분명하지 않을까요?"

또는 안타깝게 이렇게 대답할 수도 있다. "예, 그런 것 같아요", "내 아이는 중독자인 것 같아요."

한 아이가 성장해서 어떤 종류의 "중독자"가 될 것인지 예측할 수 있는 사람은 아무도 없다. 나는 지금 중독에 관한 유전학 또는 생리학적 이유들에 대해서 말하는 것이 아니다. 지금까지 어느 누구도 "중독 유전자"를 발견하지 못했다. 비록 세속주의자들이 중독을 뇌질환이라고 할지라도, 중독을 뇌질환이나 뇌장애와 연결시킬 강력한 증거가 발견되지 않았다. 한 아이는 개인의 선택에 의해서 중독자가 된다. 비록 신체적 고통과 같은 합법적 이유로 의사에게 중독성 물질을 처방을 받았다 하더라도, 그것을 남용하는 첫 번째 선택에 대한 책임은 백퍼센트 아이에게 있다.

내가 주장하는 것은 당신의 양육기술 또는 그것의 결핍이 자녀들에게 직접적인 영향을 미친다는 사실이다. 하나님께서 주신 자녀들을 중독에 빠지지 않도록 양육하려는 생각을 가진 부모들의 막대한 영향에 대해서는 의문의 여지가 없다. 일상생활 중 일어나는 사건에 대한 자녀들의 생각과 해석은 그들이 성인이 되어 내리는 결정에 영향을 미친다. 주님께서는 부모가 자녀를 그분의 말씀으로 가르치기를 원하신다. 그리고 그분은 이러한 삶과 이것을 행할 때 맞이하는 삶에 복을 주시겠다고 약속하신다. 자녀들은 부모들이 하나님의 말씀을 그들의 삶에 어떻게 적용하는가를 보고 들으면서 영적 진리를 배운다.

「파이어프루프」*Fireproof*라는 영화를 보면, 등장인물 가운데 한 사람이 결혼생활에 대해서 환멸을 느끼며 갈등을 겪는다. 그는 친구들에게 "결혼은 불을 끄는 것이 아니야. 때로는 너희들이 불에 타버릴 거야"라고 말한다. 그때 한 친구가 이 말에 대해 고무적인 대답을 한다. "불을 끈다는 것은 절대로 불이 나지 않는다는 의미가 아니야. 그러나 불이 났을 때, 너는 그것에 저항할 수 있을 거야."[1]

마찬가지로, 『중독예방양육』*addiction-proof parenting*은 자녀들의 일상에서 마약을 복용하려는 유혹이 일어나지 않는다는 것을 의미하지 않는다. 우리는 세상에 속해 있지만, 세상의 소유는 아니다.요17:16~21 『중독예방양육』은 이러한 유혹이 다가왔을 때, 자녀가 그러한 것에 대처할 준비가 되어있을 것이라는 사실을 의미한다. 이것이 가능한 이유는 당신의 헌신적인 양육으로 말미암아 주어지는 하나님의 은혜 때문이다. 자녀는 하나님의 말씀에 순종하라고 가르치는 당신의 신앙에서 주어지는 하나님의 은혜로 중독을 예방할 수 있다.

자녀가 두 살이건, 열 두 살이건, 서른 두 살이건 또는 예순 두 살이건 간에, 양육이 어떻게 젊은 사람의 생각과 말 그리고 행동에 영향을 미치는지를 알기 시작했다면, 그것은 너무 늦은 것이 아니다. 나는 하나님의 말씀, 그리고 중독자들과 함께 한 최근 20년 동안의 경험을 통해, 당신 자신의 양육패턴 문제를 발견하고 그것을 좋은, 성경적 양육기술로 대체하도록 도울 명확한 지혜를 제공하려고 한다. 나는 이 책이 당신을 놀라게 하기를 원한다. 그리고 하나님의 영광과 자녀들의 유익을 위해 당신의 양육기술을 향상시킬 실천적 지혜를 하나님의 말씀에서 제공함으로써 당신에게 놀라운 자원이 되기를 원한다.

이 책의 목적은 해야 할 목록과 하지 말아야 할 목록을 제공하는 것이 아니다. 물론 이 책에는 그러한 목록이 있다. 그러나 내가 원하는 것은 당신이 자녀들을 하나님의 진리의 말씀을 따라서 생각하고 말하고 행동하도록 가르치는 것이다. 그리고 이것을 통해서 당신이 자녀들을 사랑하는 방법을 배우는 것이다. 이 책은 당신이 자녀들에게 하나님의 말씀의 은혜와 진리를 관계적으로 제시하라고 요청한다. 이 책의 궁극적 목

---

[1] 「파이어프루프」, Provident Films, Sherwood Baptist Church, 2009.

적은 자녀들이 주 예수 그리스도를 개인적으로 친밀하게 아는 것이다.

책의 구조와 개요

이 책의 첫 번째 부분은 모든 부모를 위한 일반적이고 기본적인 성경적 지혜를 포함한다. 이 부분은 매우 어린 자녀를 둔 이제 막 부모가 된 사람들에게 특히 유용할 것이다. 각 장의 마지막에는 그 장에서 다룬 내용들을 자녀들과 함께 곧바로 실천하도록 핵심아이디어와 실제적 실천 목록을 담고 있다.

다음 부분은 중독에 대한 성경적 접근에 포함된 기본 개념들을 제시한다. 예를 들어, 당신은 "중독"이라는 단어가 그 문제에 대한 세속적 용어라는 사실을 아는가? 성경적으로 그 문제는 우상숭배이며, 모든 유형의 "중독"이 여기에 해당한다. 그럼에도 "중독"이라는 단어가 이 책에 사용되었을 때 그 정의는 항상 나의 책, *The Heart of Addiction*에 나오는 다음의 정의를 따를 것이다. "중독은 '사용자에게 해롭다고 알려진 물질에 대한 끊임없는 습관적 사용'으로 정의된다."[2] 중독우상숭배의 문제는 강제적인 것보다는 습관적인 것으로 생각할 때 더 많은 성경적 의미를 포함할 것이다.

또한 두 번째 부분은 중독에 대한 성경적 접근을 간략하게 개관하는 부분으로, 즉 부모로서 하지 말아야 하는 것을 설명하는 것이 어떻게 중독자를 양산하는가에 대한 풍자적 관점을 제시할 것이며, 중독자의 다

---

2) Mark Shaw, *The Heart of Addiction* (Bemidji, MN: Focus Publishing, 2009), 28. 진심으로 나는 "중독"이라는 말을 선호하지 않는다. 왜냐하면 이것은 오해를 일으킬 수 있는 세속적 용어이기 때문이다. 그러나 그 단어는 대부분의 사람들에게 친숙하다. "중독"에 대한 성경적 단어는 "우상숭배"이다. 그러나 이 단어는 불행히도 많은 것과 혼동된다. 나의 희망은 당신이 우상숭배에 대한 더 많은 이해를 통해서 이 책의 목적에 따라 그러한 성경적 단어를 받아들이는 것이다. 그때까지 이 책에서 "중독"이 사용될 때 성경적 개념과 더 조화를 이루도록 항상 "습관적"으로 정의되는 점을 이해해 주길 바란다.

섯 가지 기본 심리상태mentalities를 소개할 것이다. 이러한 심리상태는 성경의 두 부분에 기초한다.마22:27~40; 엡5:18~21

　세 번째이자 마지막 부분에서 당신은 중독자들이 자기중심적 생각패턴과 다른 것으로 대체해야 하는 다섯 가지 심리상태를 어떻게 발전시키는가에 대해서 배울 것이다. 중독예방양육은 자녀의 생각을 자기중심적이 아니라 그리스도 중심적이 되도록 하는데 달렸으며, 자녀들이 느끼고 행동하는 것을 거룩하게 만들어줄 것이다. 부모로서 자녀의 말과 행동에 담긴 신성함, 의로움, 사랑, 존경 그리고 부드러운 마음가짐을 볼 때 당신이 얼마나 기뻐할지 생각해 보라!

마크 쇼우

'중독예방양육'을 저술하는 이유

오늘날 확장되는 위험하고 강력한 십대들의 약물남용, 불법적 성행위 그리고 일반적 중독의 문제와 맞서도록 만들어진 여러 가지 프로그램이 있다. 이 프로그램들 가운데 일부는 유용한 제안들을 하지만, 나는 이 프로그램들이 문제의 핵심을 놓치고 있다고 믿는다. 이 프로그램들은 잘못된 결정과 선택에 대해 절대적 책임이 있는 젊은 중독자들 내면의 핵심적 태도들은 간과하는 반면, 환경, 외부압력, 스트레스 요인, 생물학적 소인 그리고 잘못된 양육에 거의 절대적으로 초점을 맞추기 때문에, 그들의 내면이 아닌 외부를 향해서 이야기한다. 나의 친구이신 하나님은 이 문제에 대해서 침묵하지 않으신다. 그러나 그분은 소위 기독교적 접근들에서도 간과되는 듯하다. 하나님은 우리에게 진리의 말씀을 통해서 성령으로 말씀하시는데, 과연 우리는 듣고 있는가?

비록 중독을 직접적으로 다루지는 않았지만, 미국의 한 도시에 있는 정부관료들이 학생들의 낮은 학업성적을 향상시키고자 효과도 없는 프로그램을 실시한 적이 있었다. 그 프로그램이 실패한 이유는 잘못된 목표뿐만이 아니라 그것을 성취하려고 잘못된 수단을 사용했기 때문이다. 그들은 카토 연구소CATO Institute가 작성한 논문을 근거로 수십억 달러를 학교 시스템에 쏟아 부었다.

캔자스 시는 생활 조정 기초 비용으로 미국의 280개 광역지역 가운데 다른 어느 지역보다도 비율이 높은 학생당 1만 1천 7백 달러를 소비했다. 교사들의 월급이 올랐고, 15개의 새로운 학교가 생겨났으며, 물속을 볼 수 있는 룸이 딸린 올림픽 경기장 규모의 수영장, 텔레비전과 애니메이션 스튜디오, 로봇 연구소, 약 3만평25에이커의 야생 동물 보호구역, 동물원, 동시통역이 가능한 UN 모델, 멕시코와 세네갈 현장교육과 같은 기본설비가 갖추어졌다. 교사-학생 비율은 미국의 주요 지역 가운데 가장 낮은 1:12 혹은 1:13이었다.

결과는 비참했다. 학생들의 학업성적은 오르지 않았다…. 캔자스 시의 실험적 시도가 보여준 것은 실제로 교육의 문제는 돈을 투자한다고 해결할 수 있는 것이 아니며, 현재 우리의 교육 시스템이 지닌 구조적 문제가 물질적 자원의 결핍보다 더 중요하다는 점과 인종차별에 초점을 맞춘 것이 진짜 문제인 낮은 학업성취에 주의를 기울이지 못하게 만들었다는 점이다.[3]

캔자스 시의 이 프로그램과 같이, 대부분의 중독 예방 프로그램은 중심에 있는 핵심 이슈를 언급하기보다 외적인 변화에 초점을 맞춘다. 당신은 그 이유를 아는가? 한 가지 이유는 그들이 문제의 핵심이 무엇인지 모른다는 사실이다. 나는 작은 비밀 하나를 당신에게 알려주고자 한다. 중독의 핵심은 죄이다. "중독"은 사실 세속적 용어이며 잘못된 이름이다. 왜냐하면 중독에 대한 성경의 명칭들은 우상숭배, 죄, 주술, 술 취함 그리고 반항이기 때문이다. 이러한 명칭들은 미국 문화에서 사용하기에는 강한 용어들이다. 왜냐하면 미국문화는 죄의 존재와 그 결과에 직면하기보다 그 문제를 회피하려고 하기 때문이다.

미국은 눈 가리고 아웅 하는 식으로 이 책을 읽지 않을 수 있지만, 당

---

3) 카토 연구소(CATO Institute) 홈페이지에서 발췌한 기사.(http://www.cato.org/pubs/pas/pa-298.html) 주의 : 이 글은 소살리토의 유사한 계획에 대해서 언급하고 있는데, 이것 역시 실패했다.

신이 그 문제를 무시한다고 그것이 마술처럼 사라지지는 않을 것이다. 사탄이 원하는 것은 자녀들이 죽어서 지옥에 가는 것이다. 사탄은 지옥으로 가는 길에서 자녀들이 해방과 스트레스의 이완으로 위장된 고통을 경험하기를 바란다. 스트레스가 없는 삶이 마지막이 아니다. 지옥은 실제로 있으며,^{마8:12, 24:51; 계20:15} 잘못된 선택으로 마약을 복용하거나 종종 죽음으로 끝나는 다른 중독적 쾌락에 참여한 대가로 주어지는 결과이다. 마찬가지로, 양육 결핍의 결과도 역시 죽음이다. 왜냐하면 혼자 남겨진 아이는 자신을 신뢰하는 길을 선택하여 중독, 이혼, 질병, 고통, 괴로움 그리고 궁극적으로 죽음과 같은 길을 걸어갈 것이기 때문이다.^{잠13:15}

이런 가혹한 결과와 지옥의 존재에 초점을 맞추는 것은 문제를 해결하는데 충분하지 않다. 이것이 당신의 주의는 끌겠지만, 이것은 두려움에 기초한 것이다. 하나님은 당신이 이러한 사실들을 알기 원하시지만, 더 원하시는 것은 부모로서 당신이 처한 상황에서 일하시는 그분을 신뢰하는 것이다. 좋은 소식은 그분에 대한 당신의 믿음이 당신으로 하여금 그 문제에 대해 어떤 일을 하도록 힘을 부여할 것이라는 점이다. 이것의 의미는, 당신이 하나님을 신뢰함으로써 기도하고, 그분의 말씀을 읽고, 당신의 생각을 변화시키고, 성령의 권능으로 하나님의 말씀을 따라 하나님께서 요구하시는 것을 할 수 있다는 것이다. 하나님은 당신에게 자녀들이 그들의 완전한 아버지이신 하나님을 바라보도록 하라는 책임을 주셨다.

이러한 영적 사실 이외에 다른 것에서 해답을 찾는 사람들은 그리스도 안에서 희망을 찾기보다 돈과 외적인 변화들에서 희망을 찾기 때문에 진정한 해답을 찾을 수 없다. 게다가, 세속적 사고방식을 지닌 사람들은 그들 자신 이외의 모든 사람과 모든 것을 비난한다. 심지어 그들 가운데는 하나님을 비난하는 사람들까지 있다! 세상은 하나님 안에서 권력을 추구하지 않고 권력 자체를 추구한다. 그러나 성경은 다르다. 하나님의 말씀은 해답을 지녔다. 왜냐하면 하나님의 말씀은 우리의 삶에 적용하라고 주신 말씀이기 때문이다. 세상의 희망은 죽어가는 세상을 도우며 그 세상에 희망을 가져다주려고 그분의 자녀들교회을 통해서 일하시는 주 예수 그리스도이다.[4] 사회의 해답은 오래된 학교 건물을 새로운 것으로 바꾸고, 현대의 모든 기술적 편리함을 더하는 것이다. 그렇다고 해서 학생들의 학업성적은 향상되지 않으며 중독도 사라지지 않는다. 왜 그럴까? 해답은 외적인 것이 아니라 그리스도의 은혜로만 주어지는 진실한 마음의 변화에서 주어지기 때문이다.

마음이 바뀌어야 행동도 변한다. 마음의 변화는 부모와 자녀들 모두에게 반드시 일어나야 하며, 모든 자녀는 그들의 선택에 대한 책임이 있다. 이 책은 당신의 생각이 변화될 것이라는 희망과 더불어 성경적 관점에서 그 문제에 대한 참된 핵심을 다룰 것이다. 만약 우리가 하나님의 진리의 말씀대로 우리에게 말씀하시는 성령에게 귀 기울이기를 거절한다면, 당신과 나는 이 문제에 대한 책임이 있다. 만약 우리가 성령에게 진리를 듣고도 변화를 위해 아무것도 실천하지 않는다면, 당신과 나는 이 문제에 대한 책임이 있다. 만약 우리가 젊은이들의 중독적 사고와 행동의 문제와 관련된 세상의 참된 희망에 대해서 다른 사람들에게 말하지 않는다면, 당신과 나는 이 문제에 대한 책임이 있다.

나는 당신이 사탄이 젊은이들을 유혹하려고 사용하는 모든 종류의 중독행동과 파괴행위를 면밀하게 살피며 분석하기보다 하나님의 말씀 안에서 진리를 배우기를 권한다. 빌리 그레이엄Billy Graham의 아내는 스코틀랜드 야드Scotland Yard에서 위조지폐를 식별하던 한 남자에게 이렇게

---

4) 교회는 건물이 아니다. 교회는 어둠에서 하나님의 놀라운 빛 가운데로 "불러낸" 하나님의 백성이다.

말했다. "당신은 위조지폐가 어떤 모양인지 알도록 위조지폐를 다루는데 많은 시간을 보내겠군요." 그는 이렇게 대답했다. "아닙니다. 우리는 절대로 위조지폐를 만지지 않습니다. 우리는 하루 종일 진짜 지폐만을 취급합니다. 그래서 위조지폐가 손에 잡히면, 그것을 빨리 알아챌 수 있습니다."[5] 우리는 중독이라는 문제를 효과적으로 다루는 방법을 익히려면 외적인 요소들에 초점을 두기보다 그리스도와 그분의 진리의 말씀에 더 초점을 두어야 한다.

위조지폐는 계속해서 돌아다닐 것이다. 중독도 끊임없이 이어질 것이다. 중독은 사탄이 유혹 전략을 바꾸듯이 계속해서 변화할 것이다. 그러나 주 예수 그리스도와 그분의 영원한 진리의 말씀이 성경에서 발견되었다는 사실 한 가지는 절대로 변하지 않을 것이다. 만약 당신이 그 진리를 익힌다면, 당신은 사탄이 위조한 모든 것을 알아챌 수 있을 것이다. 성경은 중독을 다룰 때 종종 간과되는 자원이다. 그러나 성경이 하나님의 성령과 하나가 될 때, 이것은 부모와 자녀들의 반항심을 변화시킬 수 있는 막강한 무기가 된다. 히브리서 4장 12절은 이러한 하나님의 말씀의 능력을 요약하여 보여준다. "하나님의 말씀은 살아 있고 활력이 있어 좌우에 날선 어떤 검보다도 예리하여 혼과 영과 및 관절과 골수를 찔러 쪼개기까지 하며 또 마음의 생각과 뜻을 판단하나니." 하나님은 문제의 핵심을 간파하고 있다. 우리는 그것을 알기 위해 그리고 그 문제를 해결할 하나님의 권능을 부여받기 위해 하나님이 필요하다. "그리스도의 말씀이 너희 속에 풍성히 거하여 모든 지혜로 피차 가르치며 권면하고 시와 찬송과 신령한 노래를 부르며 감사하는 마음으로 하나님을 찬양하고."[6]

---

5) 캘리포니아 주 하비스트 크리스천 펠로우십(Harvest Christian Fellowship)의 담임 목사 그렉 로리(Greg Laurie)의 2008년 1월 11일 매일묵상(daily devotions)을 참조하라. (http://www.harvest.org/devotional/archive/devotion/2008-01-11.html)

프로그램은 해답이 아니다. 심지어 이 책도 해답이 아니다. 매주 교회에 가는 것도 해답이 아니다. 새로운 학교 건물, 새로운 커리큘럼 그리고 홈스쿨링도 해답이 아니다. 이것은 모두 선하고 유익하지만, 그것만으로는 충분하지 않다. 오직 그리스도만이 해답이다. 그분만이 유일하고 완전한 해답이기에 당신은 그분을 의지해야 한다. 그래서 그분이 권능으로 당신을 통해서 계획을 이루어 가시도록 해야 한다. 이 책은 단지 당신이 그리스도와 그리스도의 진리의 말씀을 향하도록 할 뿐이다.

중독 예방 양육은 당신에게 하나님의 본성과 당신과 당신 자녀의 타락한 인격의 본성이 무엇인지를 가르치려고 기획되었다. 그리고 이것을 통해서 하나님이 당신의 마음을 변화시키실 때 하나님을 영화롭게 하는 것을 목적으로 한다. 의지가 그리스도의 능력으로 변화될 때 생각과 말 그리고 행동도 변한다. 이러한 전략을 사용하여 자기 자신과 자녀들의 문제의 핵심을 다루는 부모들은 하나님의 영광이 충만해지는 것을 보게 될 것이다. 요한복음 6장 63~64절은 성령과 무관한 인간의 노력이 쓸데없음을 상기시킨다. "살리는 것은 영이니 육은 무익하니라 내가 너희에게 이른 말은 영이요 생명이라 그러나 너희 중에 믿지 아니하는 자들이 있느니라." 당신은 하나님을 믿는가?

믿는 것은 행하는 것이다. 믿음은 그리스도의 말씀을 따라 행하도록 한다.약1:22 부모들의 우선적 목적은 자녀들을 고치는 것이 아니라 오늘 하나님을 믿어 하나님을 영화롭게 하는 것이어야 한다. 이 목적은 하나님의 권능 즉 성령의 능력으로 하나님이 말씀 안에서 당신을 통해 하시겠다고 말씀하신 것을 하나님이 하실 것이라는 사실을 신뢰하는 것이다.

---

6) 골3:16

1부

일반적인 성경적 양육 원리

Chapter 1

❋

문제

어린 스코트는 조부모가 양육하고 있었다. 조부모는 그를 매우 사랑했다. 그들은 스코트를 부를 때, "스코티"라고 하면서 그를 매우 측은하게 여겼다. 스코티의 아버지는 마약과용으로 죽었고, 어머니는 필로폰 중독자이다. 조부모는 "스코티"를 측은하게 여긴 나머지, 가능하면 스코티가 원하는 것을 모두 해주려고 했다. 그들은 종종 이렇게 생각했다. "스코티는 부모를 보지 못하잖아. 그러니 우리가 스코티가 원하는 것을 해줄 수 있을 거야" 이 이야기는 각 장의 서두에서 계속 이어질 것이다. 완성된 이야기는 부록 A에 실려 있다.

미국에는 지금 전염병이 확산되고 있다. 당신은 지금 내가 우리 문화에서 확산되는 마약과 알코올의 만연에 대해서 기록한다고 생각할지 모르지만, 실제로는 이것보다 더 커다란 "성경적 양육의 결핍"이라는 문제가 있다. 이 병의 일부 증상이 기독교 십대들에게 나타난다. 그들은 대학생이 되어 신앙을 버리고, 남자 친구 또는 여자 친구와 동거하며, 결혼하지 않은 상태에서 아이를 갖고, 원하지 않는 아이를 낙태시키고, 이기적으로 살아가며, 놀라운 속도로 약물이나 알코올에 탐닉하고 그것을 남용한다. 기독교 가정은 내가 "중독예방양육"이라고 부르는 것에 실패하지만, 실제로는 단순히 성경적 양육이 결핍된 상태이다.

마약과 알코올은[7] 근본적 문제가 아니다. 근본적 문제는 의식적으로 그리고 무의식적으로 고통과 어려움을 피하고 자기중심적 쾌락을 위해서 살라고 가르치고 배워온 부모들과 자녀들의 인간적인 마음에 있다. 대부분의 자녀들, 심지어는 부모들조차도 만족을 지연시키는 문화에서 살아가지 않는다. 마약에 탐닉하는 사람들은 만족을 지연시키는 것을 거의 알지 못한다.

가족을 갖기로 결정한 커플들은 이것이 그들의 삶에 미칠 영향의 범위를 인식해야 한다. 그들은 오랜 기간 동안 주어질 그들의 책임에 헌신적이어야 하며, 그 헌신에는 반드시 하나님께 속한 자녀들을 훈련하는 일이 포함되어 있다. 하나님은 양육하는 방법에 대한 책임을 부모들에게 지우실 것이다. 다음의 내용들은 당신이 이 여행에서 반드시 알아야 하는 몇 가지 양육 원리이다.

자녀양육은 "이름만으로" 완성되지 않는다. 오늘날 많은 사람은 훈련이나 훈육 없이 자녀를 낳기만 하면 부모가 된다고 주장한다. 그러나 출산이 모든 사람을 생산적이며 책임 있는 부모로 만들어 주지 않는다. 기저귀를 갈고 아기를 먹이는 것은 자녀의 신체 건강을 위해 필수적이다. 그러나 경건한 부모가 되라는 부름은 그 이상의 것이 필요하다. 경건한 부모는 자녀들의 영적 건강에 관여한다. 자녀의 연령에 따라 교복, 책, 스포츠 활동, 대학 그리고 결혼에 대해 물질적으로 비용을 지불하는 것보다 더 책임 있는 부모가 되어야 한다. 가장 중요한 자녀양육은 영적 책임을 포함한다.

자녀양육은 반드시 희생이 따라야 한다. 자녀양육은 많은 시간과 비용을 대가로 지불한다. 부모들은 자녀들이 어릴 때 의도적으로 자기들의

---

7) 알코올은 액체형태의 마약이지만, 나는 이것을 마약으로 분류하지 않는다. 왜냐하면 우리의 문화가 알코올을 마약과 다르게 보기 때문이다. 그럼에도 알코올은 마약이다.

에너지를 자녀들의 삶에 반드시 투자해야 한다. 그렇지 않으면 부모들은 자녀들이 성장하여 독립적이 될 때 부모 자신들의 잘못된 행동에 대해 대가를 지불할 것이다. 부모들은 자녀들을 양육하는 방법 또는 양육에 실패하는 방법 때문에 언젠가 대가를 지불할 것이다. 인생의 후반부로 갈수록 그 가격표는 대체로 더 비싸진다.

예를 들어, 결혼한 커플은 자녀의 생애에서 중요한 첫 5년 동안 아이 교육을 위해 얼마간의 물질적 재원을 포기하고, 엄마를 아이와 함께 머물게 하기로 선택할 수 있다. 좀 더 나아가 그들은 자녀의 성장기 동안 아이를 양육하고, 가르치고, 훈련하고, 교육할 수 있는 시간을 더 많이 확보하도록 홈스쿨을 선택할지도 모른다. 그 선택이 아이의 생애에서 첫 5년 동안이든지 또는 첫 18세까지이든지, 그것은 그 가정이 한 사람의 수입에 의존하게 된다는 사실을 의미하며, 그 결과 그들은 작은 집에서 중고차를 몰며 값싼 옷이나 남이 입던 옷을 입을 것이다. 소위 아메리칸 드림이라고 불리는 큰 집, 새 차 그리고 새 옷에 대한 욕구는 하나님의 영광을 위해, 하나님의 계획과 목적을 위해 밀려날 것이 분명하다. 밖에서 일하지 않고 가정에 머물며 가족과 함께 더 많은 시간을 보내는 희생은, 자녀가 하나님의 말씀에 순종하면 복을 받고 하나님의 말씀에 순종하지 않으면 저주를 받는다는 것을 부모의 모범에서 배울 때까지 오랜 기간 동안 영적인 "비용"dividends을 지불할 것이다. 신28장

그 선택은 자녀들의 경건한 성장을 보장하지 않는다. 어떤 가족들은 수입이 적어서 맞벌이를 해야 한다. 미국에서 "질적 시간"Quality time8)은 80년대 자녀양육에서 귀가 따갑도록 듣던 말이다. "단지 자녀 근처에 더 있기만 하라. 그러면 자녀는 더 좋아질 것이다"라는 말은 지금까지

---

8) [역주] 가족과 함께 보내는 시간을 강조한 말로, 가족들과 적은 시간을 함께 있더라도 질적인 시간을 가지라는 의미이다.

상식처럼 생각되어왔다. 그러나 실제로는 그렇지 않다. 하나님의 방법대로 자녀를 양육하는 것은 이것보다 훨씬 더 적극적이다. 나는 의도된 질적시간intentional quality time을 권장한다. 이것은 일종의 의식적 훈련이다.

자녀들에 대한 훈육과 교육에 시간과 에너지를 투자하지 못하고, 이 세상에 대한 염려로 죄가 될 정도로 바쁜 삶을 살아가지 않도록 주의하라. 교회출석, 교회활동, 가정예배, 가족 성경공부 그리고 이와 같은 활동들을 무시하기로 결정한 부모들은 오랜 시간 동안 그 일련의 결과들을 보게 될 것이다. 부모들은 자녀들이 영적인 원리를 가정 밖에 있는 사람들에게 배울 것이라고 생각할지 모르지만, 자녀들은 대부분의 시간을 잘못 보내게 될 것이다. 실제로 보디 바우컴Voddie Baucam 박사는 다음과 같이 말한다.

> "연구자들에 따르면, 10대 그리스도인 가운데 70~88퍼센트가 대학교 2학년이 되었을 때 교회를 떠난다. 이것이 사실이라면, 현대의 미국 기독교가 신앙으로 아이들을 양육했을 때, 10명 가운데 8명거의 9명 정도를 어딘가에 빼앗긴다는 말이 된다. 만약 우리 자녀들의 약 90퍼센트가 글을 읽지 못하는 상태로 고등학교를 졸업한다고 상상해 보라. 그러면 학교 교육위원회는 격분한 학부모들로 가득할 것이다."9)

나는 가족 중독 상담사이자 성경적 상담사로서, 탐욕과 재정적 수익이라는 우상의 제단에 자녀들을 희생제물로 바치는 부모들을 상담한다. 그들은 많은 돈을 벌고, 좋은 옷을 입고, 비싼 차를 타며, 막대한 양의 재산을 모은다. 그러나 그들은 자녀들에게 그리스도를 섬기라고 가르치

---

9) Voddie Baucham, Jr., *Family Driven Faith* (Wheaton, IL: Crossway Books, 2007), 10-11.

지 않는다. 결과적으로 이러한 부모들의 노력은 열심히 번 돈을 "성인" 아이의 죄 된 선택과 이기적이고 잘못된 선택혼외임신과 부모들이 키워야 하는 손자/손녀를 데려오는 것과 같은에서 비롯된 마약재활시설과 의료계산서에 낭비하는 셈이 된다. 수년 동안 열심히 일해서 얻은 재정적 안정이 하루아침에 물거품이 된다.

자녀양육은 수동적이 아니라 능동적이다. 자녀양육은 시간과 재정을 희생적으로 투자한다. 부모는 매일 24시간을 거의 쉬지 않고 일한다. 부모는 반드시 하나님이 부모로서, 특히 아버지로서 자녀들을 지적, 신체적, 영적 그리고 사회적 발달의 영역에서 양육할 책임을 주셨다는 것을 받아들여야 한다. 에베소서 6장 4절은 이렇게 진술한다. "또 아비들아 너희 자녀를 노엽게 하지 말고 오직 주의 교훈과 훈계로 양육하라." 자녀가 부모를 위해서 존재하는 것이 아니라 부모가 자녀를 위해서 존재하며, 자녀가 주님과의 관계 속에서 사람이 되어가도록 존재한다.[10] 자녀의 영적 건강은 신체적 건강만큼이나 중요하다.

자녀양육은 관계적이다. 자녀는 당신이 그의 영적, 신체적, 사회적 그리고 지적 필요들을 채워주기를 기대한다.눅2:52 당신이 해야 할 일은 자녀가 그에게 필요한 것을 공급하시는 하나님을 더욱더 바라보도록 하는 것이다. 그리고 부모인 당신은 단지 하나님이 그들에게 필요한 것을 공급하려고 사용하시는 통로라는 사실을 가르쳐야 한다. 하나님에 대한 자녀의 이해는 당신이 자녀를 어떻게 다루는가에 영향을 받는다. 우리는 모두 진리의 말씀을 통해서 하늘의 부모이신 하나님에 대한 적절한 이해를 얻는다. 그러나 어린 자녀들은 독생자의 희생을 통해서 우리를 사랑하신 하나님의 사랑처럼 그렇게 희생적으로 자녀를 사랑하라는 하

---

10) R. C. Sproul, ed, *The Reformation Study Bible(NKJV)* (Nashville, TN: Thomas Nelson Publishers, 1995), 1870.

나님의 말씀에 순종하는 부모를 통해서 하나님의 사랑을 배운다.

자녀양육은 지금 또는 나중에 지불해야 하는 가격표가 붙어 있다. 이것은 반복성이 있다. 성경적 양육은 당신이 자녀에게 나중에 지불할 재정적, 정서적 비용보다 적은 비용을 지금 지불하라고 한다. 지불할 가격은 당신이 결정한다. 당신은 자녀양육에 투자할 것인가? 주 예수 그리스도가 자녀들을 위해 하신 것처럼 지금 그렇게 희생적으로 살 것인가? 당신은 자녀의 제자훈련에 투자하게 될 시간과 에너지를 지금 희생할 것인가? 예수님은 그렇게 했다. 예수님은 자신의 인생을 열두 명에게 부어주었다. 예수님은 그들과 함께 살았다. 예수님은 그들과 함께 먹었다. 예수님은 그들과 동행했다. 예수님은 "랍비" 또는 교사로서 그들에게 지적으로 도전했다. 예수님은 그들의 신체적 필요를 채워주었다. 예수님은 그들과의 관계를 향상시켰다. 예수님은 그들을 둘러싼 사회적 관계와 문화에 대해서 가르쳤다. 예수님은 그들을 영적으로 하나님의 위대한 사람이 되도록 훈련시켰고, 그분이 승천하신 후에 그렇게 되었다. 열두 명을 훈련시킨 예수님의 소명과 자녀를 양육하는 우리의 소명은 얼마나 다른가?

핵심 아이디어와 실천전략

1. 자녀와 함께 하나님과 관련된 것들을 자연스러운 방법으로 이야기하고 가르칠 수 있는 시간을 매일 30분 정도 확보하라. 이를 위해 희생해도 되는 취미, 프로젝트 또는 외적 활동들을 포기하여 삶의 속도를 늦추라.

2. 컴퓨터 앞에 앉아있거나 어떤 활동을 하느라 혼자 시간을 보내는 것보다 자녀와 함께 시간을 보냄으로써, 자녀에게 "너를 사랑한단다", "너는 나에게 참으로 소중한 존재야"라는 메시지를 보내라. 자녀에게 영향력을 미칠 수 있는 시간은 제한되어 있다.

3. 가정에서 기도하고 하나님의 말씀을 읽고 찬송을 부르는 가족예배와 경건의 시간을 매주 또는 매일 가져라.

Chapter 2

❊

좋은 소식

어린 "스코티"는 학교에서 단지 "스코트"일 뿐이다. 이날 스코트는 마지막 수업을 마치고 얼른 튀어나와 학교 체육관으로 갔다. 스코트와 제일 친한 친구들이 미리 도착해서 그를 환영해 주었다. 체육관 뒤로 가기 전에 스코트는 잠시 친구들과 대화를 나누었다. 스코트는 귀가하는 스쿨버스에 타기 전에 데릭과 이야기할 시간이 별로 없다는 사실을 알았다. 체육관 뒤에서 스코트는 데릭에게 마리화나를 팔았고, 데릭은 재빠르게 그 것을 가방 안에 숨겼다.

당신이 실감하든 그렇지 않든 복음의 메시지와 양육 사이에는 분명한 연결점이 있다. 사실, 복음은 0세에 시작하는 양육과 직물처럼 밀접하게 연결되어 있다. 실제로 그렇다.[11] 부모로서 우선적인 목표 가운데 하나는 유일하게 완전한 부모이신 하나님의 영광을 위하여 살았던 주 예수 그리스도의 모범을 자녀가 따라가도록 하는 것이다. 이러한 수업은 반드시 자녀가 아주 어릴 때부터 시작해야 한다.

어느 날, 우리 아이 가운데 큰 아이가 허락 없이 장난감을 잡으려고

---

11) 0세 때 자녀를 끌어안고 하나님을 찬양하는 노래를 하라. 자녀가 들을 수 있도록 큰 목소리로 성경을 읽으라. 당신의 마음을 주장하는 하나님의 평화를 자녀가 함께 경험하도록 하라.

하는 동생의 머리를 때렸다. 큰 아이는 "안 돼!"하고 소리를 지르면서 동생에게 장난감을 던졌다! 장난감은 동생의 머리에 맞고 오른쪽에 떨어졌다. 다툼을 말리려고 방으로 뛰어가던 나는 몹시 놀라고 화가 나 있었다. 어떻게 내가 사랑하는 두 아이가 이렇게 서로에게 심술궂고 이기적으로 행동할 수 있을까?

나는 왜 놀랐는가? 성경은 분명히 우리 모두가 죄의 본성을 가지고 태어났다고 가르치며, 이것은 우리가 자녀를 훈계하지 않을 때 그 아이가 하나님을 기쁘게 하기보다 자신을 즐겁게 할 것이라는 사실을 의미한다. 모든 아이는 자신의 작은 왕국에서 왕이 되기를 원하며, 누군가가 그 왕국의 통치를 방해할 때 자신이 적당하다고 생각하는 만큼 그 방해꾼을 벌주려고 한다. 이것은 부모인 내가 보는 앞에서 일어난 상황이며, 나는 이것을 멈출 수 없었다. 나는 그들을 중재해야 했다.

이 아이들은 모두 4세 미만이었기 때문에, 나는 그들의 죄 된 본성의 기원에 대해서 적절한 성경구절을 인용해 설교할 수 없었다. 나는 아이들에게 "잘 들어 애들아"라고 말하는 것을 좋아하는 것 같다. 시편 51편 5절은 이렇게 말한다. "내가 죄악 중에서 출생하였음이여 어머니가 죄 중에서 나를 잉태하였나이다." 당신은 당신과 자녀가 죄성을 지녔으며, 그래서 하나님을 기쁘시게 하기보다 자신을 기쁘게 하려고 한다는 사실을 반드시 알아야 한다. 비록 하나님이 원래 사람을 하나님의 형상대로 창조하셨다 하더라도, 지금 우리는 죄 때문에 손상된 하나님의 형상을 가지고 태어났다. 창세기 5장 3절은 다음과 같이 기록한다. "아담은 백삼십 세에 자기의 모양 곧 자기의 형상과 같은 아들을 낳아 이름을 셋이라 하였고." 그리고 로마서 3장 23절은 "모든 사람이 죄를 범하였으매 하나님의 영광에 이르지 못하더니"라고 기록한다. 두 아이는 이 말씀이 진실이라는 사실을 보여 주었다. 또한 전도서 7장 20절 역시 진실이라는 사실을 증명했다. "선을 행하고 전혀 죄를 범하지 아니하는 의인은 세상에 없기 때문이로다." 우리의 죄 된 본성은 주님께서 '그 은혜를 인하여 그리스도 예수 안에 있는 믿음으로 말미암아' 엡2:8~9 우리를 구원하시기까지 우리를 괴롭힐 것이다.

내가 이러한 내용들을 아이들에게 설교한다면, 그 아이들이 얼마나 혼란스러워할지 당신은 상상할 수 있는가? 아이들은 단어들과 개념들을 이해할 수 없을 뿐만 아니라 짧은 집중시간 때문에 그 시간 외에는 나를 무시할 수도 있다. 하나님의 진리의 말씀인 이 구절들이 그 사건의 의미를 잘 설명할지라도, 부모로서 나의 의무는 성경을 인용하지 않고 아이들의 수준에서 그 진리를 전달하는 것이었다. 다시 말해서, 이 사건은 내가 그들과 비교했을 때 신학적으로 건전하다는 것을 보여주려고 일어난 일이 아니며, 나를 과시하려고 일어난 일도 아니다. 이 순간은 하나님의 영광과 내 자녀들의 유익을 위해, 이러한 하나님의 깊은 진리를 아주 단순한 방법으로 전달하라고 주어진 기회였다.

나는 맞은 아이를 달래려고 우는 아이를 안았다. 그리고 먼저 독선적인 아이에게 말했다. "나는 네 동생이 이기적이라는 사실을 안단다. 네 동생이 네 장난감을 가져가려고 한 것은 나쁘지만, 네가 네 동생을 때린 것도 잘못이야." 나는 차분하지만, 확고한 목소리로 내내 눈을 맞추면서 이야기했다. "네 동생이 진정되면 잘못된 것을 바로 잡을 필요가 있어. 너는 동생에게 회개하고 용서를 구해야 해." 나는 아이들이 아주 어렸을 때 가족 경건의 시간을 통해서 그들에게 복음을 전해주었다. 그렇기 때문에 아이들은 "회개"와 "용서"라는 단어를 이미 알고 있었다.

이와 같은 상황에서 문제는 장난감이다. 이 문제를 해결하려면 다른 장난감을 가져오면 된다. 그렇게 하면 둘 다 행복할 뿐만 아니라 기분전환도 할 수 있다. 이것은 누가 봐도 분명하다. 실제로 이러한 방법은 오늘날 자녀양육서적들이 제안하는 내용이다. 그러나 이러한 해결책은 자녀들에게 가치 있는 성경적 원리를 가르칠 기회를 잃어버리게 만들지도 모른다.

정말 중요한 문제는 내가 진심으로 사랑하고 귀엽게만 보이는 자녀의 마음속에 있는 죄이다. 자녀가 그의 마음속의 죄와 구원자에 대한 참된 필요를 깨달아야 한다는 것이다. 그래서 나는 말했다. "나는 네가 바로 지금 나와 함께 기도하기를 원한단다. 네 동생에게 지은 죄를 예수님께 용서해 달라고 기도하고 싶어." 나는 큰 아이에게 기도를 따라하라고 했다. "주님, 동생에 대한 제 잘못된 생각과 행동을 용서해 주시겠어요? 제가 앞으로 덜 이기적이 되어 동생을 더 사랑하게 도와주세요. 아멘." 큰 아이는 나를 따라서 기도했다. 나는 큰 아이한테 마음이 상한 동생에게 용서를 구하라고 했다.

당신이 생각하는 것처럼, 이 에피소드는 여기서 끝나지 않았다. 나는 이 사건을 마무리하기 전에 동생과도 이야기를 했다. 나는 큰 아이가 가지고 놀던 장난감을 냉장고 위에 얹어 놓았다. 그 사이 동생은 안정을 찾았고 울음소리가 잦아들었다. 나는 작은 아이에게 이렇게 말했다. "만약 다른 사람이 장난감을 재미있게 가지고 놀 때, 그것을 갖고 싶어도 뺏으려고 하면 안 돼. 먼저 장난감을 가진 사람에게 그것을 가지고 놀아도 되는지 물어봐야 해. 그렇지 않으면 아빠에게 도와달라고 해야지." 둘 다 잘못했기 때문에, 나는 작은 아이도 자신의 책임을 알기를 원했다.

성경은 싸움과 전쟁이 상충된 욕구에서 온다고 말한다.약4:1,2 작은 아이의 욕구는 그 장난감을 가지고 노는 것이었다. 그래서 오빠한테 장난감을 빼앗았다. 이와 같은 형제 사이의 갈등에는 두 가지 분명한 성경적 원리가 포함되어 있다. 첫 번째 원리는 우리의 마음속에 있는 욕구가 우리에게 죄를 짓게 한다는 사실이다. 이것을 알고 인식하라. 우리에게 죄를 짓게 하는 것은 단순히 악한 욕구가 아니다. 그 문제의 뿌리에는 항상 우리의 마음이 있다.

두 번째 원리는 악을 선으로 극복할 수 있다는 사실이다. 이때 나는 두 자녀에게 로마서 12장 21절을 가르쳤다. "악에게 지지 말고 선으로 악을 이기라." 나는 이 구절을 인용한 후에 이렇게 말했다. "성경에서 보면, 죄에 대한 변명은 결코 있을 수 없단다. 누군가가 우리에게 죄를 지을 때, 우리가 변명이나 또 다른 죄로 그것을 극복할 수는 없어. 우리는 그들의 죄를 선으로 극복해야 해. 다르게 말하면, 네 동생이나 네 오빠가 네게 불친절할 때도 너는 친절하게 대해야 해. 오빠의 장난감을 빼앗거나 그것으로 동생을 때리는 것은 모두 잘못이고 죄야."

당신은 지금 이렇게 생각할지도 모른다. "어떻게 자녀들에게 죄, 악, 극복 그리고 선과 같은 커다란 개념들을 이해하게 할 수 있을까?" 당신은 자녀들이 당신이 생각하는 것 이상으로 배울 수 있다는 사실을 알면 놀랄지도 모른다. 물론 자녀들이 이것을 모두 흡수하지는 않는다. 그러나 그들은 귀를 기울이며 우리가 아는 것 이상으로 배운다. 자녀들은 그들이 목격한 당신의 생활과 반복되는 행동을 통해서 배울 것이다. 그래서 나는 다음에 다시 이 구절을 사용하기로 마음먹었다. 당신의 첫 번째 목표는 자녀들이 하나님을 기쁘시게 하는 태도를 지니고 살아가도록 양육하는 것이다. 우리가 하나님의 영광을 위하여 자녀를 양육하면, 그 결과가 하나님께 돌아간다.

우리는 자녀가 이해할 수 있는 수준에서 성경적 원리를 가르치고 양육해야 한다. 이렇게 하면 자녀는 큰 갈등 없이 몇 가지 단어나 개념을 받아들인다. 갈등을 통해서 새로운 개념을 받아들이는 것은 생산적인 방법이 아니다. 그러나 때로는 이러한 상황을 피할 수 없다. 우리 자녀는 죄의 본성을 지니고 있기 때문에 이런 일이 되풀이 되었다. 아내와 나는 몇 년 동안 매우 자주 이 구절로 자녀들을 양육해야 했다. 만약 당신이 우리의 두 자녀에게 로마서 12장 21절에 대해서 묻는다면, 분명히 그들은 당신에게 이 구절을 인용해서 말할 것이다. 또한 당신이 그들에게 이 구절을 실제 상황에 맞게 적용하라고 말해도 그들은 그렇게 할 능력이 있을 것이다. 왜냐하면 우리가 그들을 훈련시키는데 많은 시간과 노력을 투자했기 때문이다.

대부분의 그리스도인 부모는 한 아이가 장난감으로 동생의 머리를 때릴 때와 같이, 복음이 분명히 필요하고 가르칠 수 있는 순간에 자녀들과 복음을 나누는데 실패한다. 나는 부모가 하나님의 존재와 사랑을, 특히 일상생활에서 일어나는 사건들 속에서 강조할 때, 자녀들이 매우 어리더라도 그것을 인식한다는 사실을 발견했다. 만약 하나님이 주일날 교회에서만 말씀하신다면, 자녀가 일주일의 다른 날에 하나님에 대해서 생각하는 것은 기대할 수 없다. 자녀들에게 주 예수 그리스도가 그들의 삶에서 일어나는 모든 사건에 개입하신다는 사실을 기억하게 하라. 자녀들이 칭의, 즉 복음의 메시지를 위해 하나님의 구원의 은혜를 필요로 하는 죄인이라는 사실을 기억하게 하라. 자녀들이 그리스도인이 되었을 때 영원한 삶을 위해 주 예수 그리스도만을 신뢰해야 하며, 구원받은 죄인으로서 성화나 영적 성장을 위해 하나님의 은혜를 여전히 필요로 한다는 사실을 알게 하라.

가정에서 지상명령을 시작하라

일반적으로 지상명령The Great Commission이라고 불리는 마태복음 28장 18~20절은 다음과 같이 기록되어 있다. "예수께서 나아와 말씀하여 이르시되 하늘과 땅의 모든 권세를 내게 주셨으니 그러므로 너희는 가서 모든 민족을 제자로 삼아 아버지와 아들과 성령의 이름으로 침례세례를 베풀고 내가 너희에게 분부한 모든 것을 가르쳐 지키게 하라 볼지어다 내가 세상 끝날까지 너희와 항상 함께 있으리라 하시니라." 나는 이 책의 목적을 달성하기 위해 당신의 가정에서 먼저 "지상명령"을 이루라고 강력하게 권한다.

예수님과 교회가 지상명령에서 강조하는 핵심부분은 "그러므로 너희는 가서… 제자를 삼아… 침례세례를 베풀고 내가 너희에게 분부한 모든 것을 가르쳐 지키게 하라"이다. 교회의 가장 우선적인 일은 그리스도의 제자나 추종자를 만드는 것이다. 당신의 가정도 마찬가지로, 그리스도의 제자를 만들고 그분의 모든 명령을 지키고 순종하라고 가르쳐야 한다. 당신은 자녀들의 청지기이지 소유주가 아니다. 당신은 부모 역할로 그들의 삶의 구조를 조절한다. 그러나 궁극적인 조절과 권위는 주님께 속한다. 자녀들은 먼저 주님의 자녀이고 다음으로 당신의 자녀이다.

하나님은 그분의 목적을 위해 당신의 삶에 자녀들을 주셨다. 하나님은 당신이 자녀들을 제자로 삼기를 원하신다. "제자"disciple는 훈련disci-pline의 어근이며, 예수님이 어떻게 제자들을 훈련시켰는지를 분명하게 보여준다. 예수님은 제자들의 랍비 또는 교사로서 그들을 가르치고 훈련했다. 마태복음 28장 18~20절은 당신에게 주어진 예수님의 명령이다. 당신은 18절에 기록된 바와 같이 자녀들을 가르치고 훈련시켜야 한다. "하늘과 땅의 모든 권세를 내게 주셨으니."

제자 삼으라는 명령은 "공동의 임무"co-mission로 생각할 수 있다. 이것은 자녀를 제자 삼는 것이 예수 그리스도와 당신의 사역이라는 점을 상기시켜 준다. 자녀를 제자 삼는 사역은 성령그리스도과 부모의 사역이다. 당신은 자녀들을 위한 그리스도의 사역을 수행하도록 그분과 함께 자녀들을 양육한다. 이를 위해 그리스도는 당신에게 인생의 한 때를 허락하셨다. 당신은 자녀들이 부모인 당신이 아니라 그리스도의 제자이자 추종자로 헌신하게 하려는 강한 욕구가 있어야 한다.

예수님의 지상명령에서 19절은 "가라"는 단어를 사용하는데, 이것은 "당신이 가고 있을 때"로 번역할 수 있다. 다시 말해서, "그러므로 당신이 가고 있을 때, 제자를 삼으라"이며, 이것은 매일의 삶에서 주님께서 당신을 어떠한 방법과 행위로 인도하시는가에 관계없이 어디서든지 그리스도의 제자를 삼으라는 의미를 담고 있다. 다른 사람들과 관계를 형성하고 그들이 그리스도를 향하게 하라. 이것은 선택이 아니다. 하나님은 당신이 이 명령을 그분의 영광을 위해 수행하기를 기대하시며, 당신이 그렇게 할 때 하나님은 당신을 인도하실 것이다. 본질적으로 당신은 인생을 살아가는 동안 하나님이 당신에게 이끄시는 자녀와 모든 사람을 제자 삼아야 한다.

자녀들은 일상 속에서 당신과 함께 시간을 보낼 필요가 있다. 나는 양적 시간quantity time[12]을 지지하며, 질적 시간이 양적 시간만큼 중요하다는 변명을 받아들이지 않는다. 일반적으로 자녀들과 함께 보내는 시간의 양이 충분해야 그 안에 질이 포함된다. 이 말이 참이 되려면 반드시 의도적이 되어야 한다. 당신은 자녀의 삶에 얼마나 많은 영향을 미치는가? 자녀들은 매일매일 얼마나 많은 시간을 텔레비전 앞에 있는가? 존연츠John Younts는 Everyday Talk에서 미국의 아버지들이 아이들과 대화하는데 일주일에 평균 35분을 사용한다고 기록한다. 이 통계치를 하루 단위로 환산해 보면, 자녀들이 아버지와 대화를 나누는 시간은 매일 5분에 불과하다![13] 아버지가 자녀들과 보내는 시간이 매일 5분에 불과하다면, 자녀들을 얼마나 제자다운 제자로 만들 수 있겠는가? 분명한 대답은 그럴 수 없다는 것이다.

---

12) [역주] 질적 시간quality time의 대립적 개념으로 가족들과 많은 시간을 함께 보내라는 의미이다. 그러나 양적으로만 많은 시간을 보내는 것은 좋지 않으며, 반대로 질적으로만 높은 시간을 보내는 것 역시 바람직하지 않다. 질적 시간과 양적 시간의 조화가 필요하다.

평균적으로 10대는 매일 3시간을 텔레비전을 시청하는데 보내고, 미취학아동은 평균 매일 4시간을 TV를 시청하는데 보낸다는 통계를 가지고 질적 시간의 양을 단순하게 비교해 보자.[14] 매주 21~28시간을 텔레비전의 세속적 메시지를 들으며 보내는 것과 매주 35분을 아빠와 함께 이야기하면서 보내는 것 중 어느 것이 자녀에게 더 커다란 영향을 미치겠는가? 당신은 자녀들과 함께 시간을 보내는가 아니면 세상이 자녀들의 생각에 영향을 미치도록 하는가? 당신은 텔레비전으로 미취학아동을 양육하는가 아니면 예수님과 예수님의 말씀을 가르치는가?

자녀들은 태어나면서부터 아주 귀한 신앙을 지니고 있다. 예수 그리스도는 그를 따르는 사람들에게 "어린 아이의 신앙"을 가지라고 마가복음 10장 15절에서 가르치신다. "내가 진실로 너희에게 이르노니 누구든지 하나님의 나라를 어린 아이와 같이 받들지 않는 자는 결단코 그곳에 들어가지 못하리라 하시고." 어린 아이의 신앙은 어른의 신앙과 어떻게 다른가? 어린 아이들은 단순해서 그들이 듣는 모든 것을 믿는다. 어떤 사람은 이것을 "속기 쉬운" 특성이라고 말하지만, 실제로 이것은 다른 사람을 신뢰하는 특성으로 하나님의 값비싼 선물이다. 어린 아이들은 특히 그들과 대부분의 시간을 함께 보낸 사람들을 믿는다. 그러므로 텔레비전 쇼, 신앙 없는 친구들, 경건하지 않은 교사 그리고 그와 비슷한 것들을 신뢰할 것이다. 만약 자녀가 매주 대부분의 시간을 텔레비전을 보면서 지낸다면, 그는 텔레비전에서 보고 들은 내용을 신뢰하며 배우는 것이다. 오늘 자녀들에 대한 텔레비전의 영향력을 제한하고 대신 좋은 책을 읽도록 격려해라.[15]

자녀들은 본래 모방하는 존재들이다. 그들은 보고 배우며 듣는다. 당

---

13) John A. Younts, *Everyday Talk* (Wapwallopen, PA: Shepherd Press, 2005), 16.
14) 앞의 책, p. 19.

신이 예수 그리스도의 모범을 따르며 살아간다면, 자녀들은 그것을 좋게 생각할 것이다. 요한 3서 11절은 이렇게 가르친다. "사랑하는 자여 악한 것을 본받지 말고 선한 것을 본받으라 선을 행하는 자는 하나님께 속하고 악을 행하는 자는 하나님을 뵈옵지 못하였느니라." 자녀들을 TV, 인터넷 그리고 나쁜 친구의 악한 영향력에서 의도적으로 보호하라.

자녀들은 또한 친구들의 영향을 받는다. 친구들은 자녀들을 고린도전서 15장 33절에 묘사한 대로 이끌고 갈지도 모른다. "속지 말라 악한 동무들은 선한 행실을 더럽히나니." 주님은 우리에게 나쁜 친구를 주님의 도덕적 수준으로 끌어 올릴 수 있을 것이라고 생각하여 자신을 속이지 말라고 경고한다. 사실은 그 반대다. 자녀들의 나쁜 친구는 우리의 선한 도덕적 표준을 폐허로 만든다.

부모들은 자녀들이 불신자로 가득 찬 학교에서 "빛과 소금"이 되기를 희망하지만, 종종 성경적으로 생각하지는 못한다. 기독교 가정에서 자라지만, 대부분의 시간을 하나님이 없다고 생각하는 교사들과 학교 친구들 그리고 경건하지 못한 생각을 갖게 하는 텔레비전과 같은 세속적 영향 속에서 보내는 자녀들은 그들이 받아들이는 세속적 메시지에 의해서 부정적인 영향을 받을 것이다. 성경적 사고는 바로 이러한 결과들을 드러내준다.

부모로서 당신의 의무는 잠언 22장 6절의 말씀에 순종하는 것이다. "마땅히 행할 길을 아이에게 가르쳐라 그리하면 늙어도 그것을 떠나지 아니하리라." 가르치는 것training은 우선적으로 자녀들의 의지, 그리고 경건한 습관의 형성과 관련 있다. 가르치는 것은 자녀들이 생각하고 말하고 행동하는 방식에 하나님을 영화롭게 하려는 올바른 동기가 포함되도록

---

15) 겉으로는 해롭지 않아 보이지만, 하나님의 말씀에 반대하는 세속적 개념을 가르치는 도서관의 책들을 주의하라.

자녀들의 마음을 경작하는 것이다. 그러한 가르침은 많은 훈계와 훈육을 필요로 하지만, 자녀들의 삶을 경건하게 하는 데는 충분하지 않다.

당신은 한 사람의 부모로서 마음속에 올바른 목표를 지녀야 한다. 먼저, 하나님을 기쁘시게 하는 것이 당신의 우선순위며, 자녀들도 역시 그렇게 되어야 한다는 사실을 자녀들에게 가르쳐라. 이것은 자녀들이 부모를 순간적으로 기쁘게 하려는 일시적 유혹이 아니라 영원성에 초점을 맞출 때 가능해진다. 기회가 있을 때마다 자녀들이 영원성을 보게 하라. 자녀들이 인생의 매순간 하나님을 보도록 하라. 자녀들에게 하나님이 당신에게 베푸신 은혜를 이야기하라. 당신의 첫 번째 목표는 하나님을 영화롭게 하는 것이 되어야 한다.

두 번째 목표는 자녀들이 그리스도처럼 생각하고 말하고 행동하도록 돕는 것이다. 매일 자녀들에게 그리스도와 성경적 원리를 가르칠 시간을 확보하라. 만약 당신이 이 두 가지 목표를 최우선으로 생각한다면, 당신은 자녀를 성공적으로 양육할 것이다. 가능한 최고의 부모가 되라. 그러나 자녀를 양육하는 동안, 당신의 능력보다 하나님을 기쁘시게 하려는 당신의 노력에 더 많은 초점을 두라. 그러면 하나님이 직접 관심을 보이실 것이다.

결론

자녀양육이 자녀를 그리스도의 제자로 삼는 사역이라는 말의 의미는 그것이 당신 혼자만의 힘으로 되는 일이 아니라는 사실을 의미한다. 하나님은 그것을 기대하지 않으신다. 지상명령의 마지막 구절은 이렇게 진술한다. "볼찌어다 내가 세상 끝날까지 너희와 항상 함께 있으리라." 기회가 있을 때마다 자녀들이 그리스도를 향하게 하라. 하나님이 자녀들을 제자로 불러달라고, 그리고 그들이 그 부름에 응답하게 해달라고 기도하라. 당신의 목표는 자녀들이 성경과 하나님의 명령에 순종하도록 가르치는 것이다. 그리고 기독교 신앙 안에서 훈련하는 것이다.

단순히 자녀의 행동을 변화시키는 것이 부모로서 당신의 역할이 아니다. 당신의 임무는 그리스도가 자녀의 마음을 변화시키도록 하는 것이며, 여기에는 자녀의 태도, 생각, 정서, 동기의 변화가 포함된다. 진실한 마음의 변화는 외적인 행동의 변화를 일으킨다. 그러나 당신은 자녀의 마음을 변화시킬만한 충분한 능력을 지니고 있지 않다. 오직 그리스도만이 그 일을 하실 수 있으며, 그분의 말씀에 동의하는 부모의 가르침을 통해서 그렇게 하신다. 그리스도는 자녀들을 가르치고, 그들의 마음을 자신에게 돌리려고 부모들을 통해서 일하신다.

● ● ●

핵심 아이디어와 실천전략

1. 매일 30분씩 자녀와 함께 성경을 읽고 이야기하는 시간을 가져라.

2. 자녀에게 복음을 전하라. 그 안에 당신과 자녀의 죄 때문에 구원자가 필요하다는 사실을 반드시 포함시켜라.

3. 자녀가 당신의 기도하는 모습을 모범으로 삼아 하나님께 기도하도록 가르쳐라. 하나님을 영화롭게 하고, 하나님의 뜻을 행하고, 그리스도를 닮아 가는데 필요한 은혜를 달라고 매일 자녀와 함께 짧게 기도하라. 마태복음 6장 9~15절에 있는 주의 기도를 모범으로 삼으라.

Chapter 3

✤

누구에게 책임이 있는가?

데릭은 풋볼 연습을 마치고 집에 돌아와, 가방을 침대 위에 올려놓고 스코트에게 산 마리화나를 말기 시작했다. 데릭의 어머니가 소리를 지른다. "데릭, 저녁 준비됐다. 어서 와서 먹어라." 그러나 데릭은 대꾸하지 않고 오늘밤 파티에 가지고 갈 마리화나 담배를 계속해서 말았다. 15분 후에 데릭의 어머니가 귀걸이 하나는 귀에 걸고, 다른 하나는 손에 쥔 채 데릭의 방에 들어왔다. "데릭, 음식이 더 식기 전에 먹어라." 데릭의 어머니는 마리화나를 말아서 만든 담배를 발견했다. "데릭, 엄마가 데이트하고 들어올 때까지 그 물건들을 치우는 것이 좋을 거야. 엄마는 지금 나간다. 남자 친구가 밖에 와 있어." 데릭의 어머니는 이 말을 마치고 황급히 방을 나갔다.

비그리스도인에게도 잘 알려진 십계명^{출20장}은 종종 우리가 인간으로서 누릴 수 있는 "기쁨을 망치려고" 하나님께서 주신 "하지 말라"^{do not's}는 목록으로 잘못 이해된다. 그러나 사실은 그렇지 않다. 우리는 십계명을 우리를 위한 하나님의 위대한 사랑이라는 관점에서 보아야 한다. 하나님은 우리의 한계와 선택이 우리를 해롭게 할 것이라는 사실을 알고 계신다. 하나님은 우리가 올바른 기쁨을 누리기 원하시며, 그러한 기쁨에는 하나님과 함께 그리고 다른 사람들과 함께 올바른 관계를 맺는 것이 포함된다.

십계명에서 처음 네 계명은 인간과 하나님의 관계에 대해서 언급한다.출20:3~11 "중독"은 첫 번째 계명의 위반과 관련 있다. "너는 나 외에는 다른 신들을 네게 두지 말라."출20:3 그리스도인이 잘못된 방법으로 그리스도와 관계를 맺으려고 하거나 하나님의 뜻 안에 거하고자 하는 갈망을 물질 또는 세속적인 것에 대한 욕구로 대체할 때, 그것은 이 계명을 파기하는 셈이 된다.

처음 네 계명이 인간과 하나님의 관계를 언급하는 반면, 나머지 여섯 계명은 인간과 다른 사람들과의 관계에 대해서 언급한다.출20:12~17 대인 관계를 언급하는 첫 번째 계명이 가족 단위에 초점을 맞춘다는 사실은 흥미롭다. 가족은 하나님이 가장 우선시하는 기관이기 때문에, 우리가 가족 안에서 적절하게 상호작용하는 방법을 배우는 것은 매우 중요하다. "네 부모를 공경하라 그리하면 네 하나님 여호와가 네게 준 땅에서 네 생명이 길리라."출20:12 이 구절은 또한 약속을 지닌 첫 번째 계명이다. 대부분의 사람들은 장수에 대한 약속을 갈망한다.

그렇다면 이 계명은 누구에게 주어진 것인가? 만약 당신이 "모든 사람"이라고 대답한다면 그것이 옳을 수도 있다. 그러나 좀 더 세밀하게 살펴볼 필요가 있다. 누가 이 약속을 받으려고 그 계명에 순종할 것인가가 중요하다. 특히 이 계명은 부모를 공경하는 자녀들에 대해 언급한다! 만약 당신이 부모라면, 이 진리가 자녀에게 해당하는 것이기 때문에 당신은 자유로울 수 있다.

자녀는 "중독"에 대한 자신의 선택에 궁극적 책임이 있다. 부모의 양육기술이 얼마나 잘못되었는지, 자녀를 위한 환경이 얼마나 강압적인지가 문제가 아니다. 또한 부모에게 물려받은 DNA의 유전적 특성도 문제가 되지 않는다. 자녀는 자신의 안녕을 위해 첫 번째 계명과 다섯 번째 계명에 순종할 궁극적인 책임이 있다. 이러한 사실은 이 책에서 나중에 더 세밀하게 다룰 것이다. 내가 바라는 것은 당신이 지금 이 사실에 자극을 받는 것이다.

가족 단위의 중요성

가정에서 자녀들은 하나님께서 주신 부모의 권위를 존중해야 한다.[16] 만약 한 아이가 가정에서 부모에게 순종하고 복종하며 공경하는 것을 배우지 않는다면, 그는 인생을 살아가면서 교사, 경찰관과 같은 다른 권위에 순종하지 않을 것이다. 만약 자녀들이 고의적으로 가정의 규칙을 위반한다면, 그들은 고의적으로 사회적 법규들도 위반할 것이다.

부모는 보호와 훈련, 교훈 그리고 영적 자양분을 위해서 하나님께서 자녀들에게 주신 축복이다. 자녀들은 가정에서 권위에 대한 순종을 배워야 한다. 그러므로 자녀들은 주님에게 하듯이 부모를 공경해야 하며, 부모에게 반항하지 말아야 한다. 약물남용과 중독에 빠진 자녀들은 대부분 부모의 명령을 거역하며 부모에게 순종하지 않는다. 이것은 일종의 반항의식이다. 이러한 자녀는 하나님께서 부모라는 권위를 주셨음에도, "내가 부모보다 더 잘 알아"라고 생각한다.

사탄의 최고 속임수 가운데 하나는 하나님의 권위가 선하지 않다는 확신을 우리에게 심어주는 것이다. 사탄의 논리에 따르면, 하나님이 선택하신 불완전한 부모와 같은 인간의 권위는 어느 것도 선할 수 없다. 성경은 창세기 3장 1~5절에 기록된, 하나님과 하나님의 말씀에 대한 불순종과 경멸 그리고 모욕을 보여주는 첫 번째 사건에서 사탄의 전략을

---

16) 어떤 자녀들은 조부모나 다른 보호자에 의해서 양육되지만, 그들이 부모의 역할을 하는 사람들에게 순종해야 한다는 원리는 동일하다.

분명하게 보여준다.

> 그런데 뱀은 여호와 하나님이 지으신 들짐승 중에 가장 간교하니라. 뱀이 여자에게 물어 이르되 "하나님이 참으로 너희에게 동산 모든 나무의 열매를 먹지 말라 하시더냐." 여자가 뱀에게 말하되 "동산 나무의 열매를 우리가 먹을 수 있으나 동산 중앙에 있는 나무의 열매는 하나님의 말씀에 너희는 먹지도 말고 만지지도 말라 너희가 죽을까 하노라 하셨느니라." 뱀이 여자에게 이르되 "너희가 결코 죽지 아니 하리라. 너희가 그것을 먹는 날에는 너희 눈이 밝아져 하나님과 같이 되어 선악을 알 줄 하나님이 아심이니라."

이 구절에서 사탄은 하나님, 하나님의 말씀 그리고 하나님의 권위에 대한 의심의 씨앗을 심고자 역사적으로 첫 번째 질문을 던진다. 사탄은 하와에게 "하나님처럼 될 것"이라고 약속하면서 유혹한다. 하와는 하나님의 형상대로 만들어졌다는 의미에서 이미 "하나님처럼" 되었다. 그러나 사탄은 교활한 계획을 통해, 아담과 하와가 스스로 신이 될 수 있기 때문에 하나님께 순종하거나 하나님의 말씀을 믿을 필요가 없다고 말한다. 사탄은 오늘날에도 우리가 하나님의 권위가 정당하지 않으며, 우리에게 무엇이 최선인지 스스로 알 수 있다고 믿기를 원한다. 사탄은 속삭인다. "너는 하나님의 말씀에서 하나님을 믿을 수 없기 때문에 하나님의 권위에 복종할 필요가 없어. 게다가 너는 어쨌든 하나님만큼 알잖아." 이것은 사탄이 우리를 사랑하시는 거룩하신 하나님을 믿지 못하게 하려고 사용하는 다중적인 거짓말이다. 당신은 사탄의 거짓말이 아니라 전혀 오류가 없는 하나님의 말씀인 성경의 진리를 믿어야 한다.^{딤후} 3:16~17 성경은 우리가 먼저 인간적인 부모와 권위들을 믿고 순종함으로써 하나님을 믿고 순종하라고 명령한다.

당신은 이와 같이 오래된 사탄의 거짓말이 반항하는 어린 아이의 마음과 생각 속에서 어떻게 나타나는지 아는가? 우리의 슬픈 현실은 우리의 죄 된 마음이 여전히 스스로 신이 되기를 원하며, 더 높은 권위에 굴복하는 것을 거부한다는 사실이다. 이러한 사실이 바로 자녀들에게 주어진 다섯 번째 계명이 매우 중요한 이유이다.

당신은 이러한 성경적 원리의 중요성을 이해하는가? 자녀들은 부모인 당신을 공경하라는 하나님의 명령 아래 있으며, 자녀들을 장수a life of longevity라는 하나님의 특별한 약속으로 인도한다. 성경의 다른 곳에는 부모들에게 주어진, 경건한 태도로 자녀들을 양육하라는 하나님의 명령이 있다. 창18:19; 시78:4; 엡6:4 그리고 신6:7: "네 자녀에게 부지런히 가르치며 집에 앉았을 때에든지 길을 갈 때에든지 누워 있을 때에든지 일어날 때에든지 이 말씀을 강론할 것이며" 부모는 자신에게 주어진 이 의무에 대해서 무책임하면 안 된다. 그러나 하나님이 자녀들에게 주신 부모를 공경하라는 다섯 번째 계명은 자녀들의 책임이다. 만약 자녀들이 이 계명에 순종하지 않는다면, 그들은 아주 혹독한 방법으로 인생의 교훈을 배워야 한다.

이 성경적 진리의 중요성을 확실하게 붙잡아라. 하나님은 우리에게 십계명을 주셨다. 십계명을 통해 우리는 하나님의 방법이 인생을 살아가는 최고의 방법이며, 이 계명들 가운데 하나가 특히 자녀들에게 순종의 중요성에 대해서 말한다는 사실을 알아야 한다! 만약 자녀들이 십계명을 읽을 수 없다면, 그들이 이 위대한 순종의 원리를 배우도록 우리가 도와야 한다. 이 위대한 원리를 자녀에게 어릴 때부터 가르쳐라. 중독예방양육에서 이 계명을 자주 활용하라. 부모인 당신을 향한 자녀들의 생각과 말과 행동이 하나님을 향한 그들의 마음과 연결된다는 사실을 가르쳐서, 그들이 그리스도를 향하게 하라.

처음에

자녀들이 태어났을 때, 그들은 자기중심적 태도를 훈련할 필요가 없다. 아기는 배가 고플 때, 기저귀가 젖거나 더러울 때, 졸릴 때 운다. 아이는 자기 마음대로 되지 않을 때 울고불고 하는 것을 절대로 배우지 않는다. 자녀들은 권위에 반항하는 방법에 대해서 가르침 받을 필요가 없다. 이것은 학습된 행동이 아니다. 자녀들은 단지 이러한 이기적이며 죄된 본성을 지녔을 뿐이다. 창세기 3장에서 시작된 인류의 죄는 지금까지 계속된다.

혼자 있을 때, 자녀는 선천적으로 고통을 피하고 즐거움을 원하는 자신의 육체적 욕구를 채우려고 할 것이다. 자신의 모든 것으로 자녀는 하나님을 즐겁게 하기보다 자신을 즐겁게 하는 것을 선택할 것이다. 이것은 피할 수 없는 죄의 저주이다. 그들은 이러한 행동과 사고에 대해서 아무 것도 배운 것이 없다. 강압적인 환경이 자녀를 이기적으로 만들지 않는다. 이것은 자녀의 죄 된 본성이며, 매일 죄를 선택함으로써 강화된다.

그러므로 부모들은 자녀들이 성령의 권능에 의해서 구원받도록 하나님과 하나님의 말씀을 가르칠 책임이 있다. 자녀들이 옛 본성을 대체하려면 새로운 본성이 필요하다. 로마서 10장 14~15a절은 이렇게 말한다. "그런즉 그들이 믿지 아니하는 이를 어찌 부르리요? 듣지도 못한 이를 어찌 믿으리요? 전파하는 자가 없이 어찌 들으리요? 보내심을 받지 아니하였으면 어찌 전파하리요?." 자녀들은 중립적으로 태어나지 않았기 때문에 가정과 교회에서 복음을 들어야 한다. 자녀들은 일부 심리학자들이 생각하는 깨끗한 백지상태로 태어나지 않는다. 대신 자녀들은 영적으로 파괴적인 본성을 가지고 태어난다. 만약 하나님의 개입과 성경을 통한 신실한 훈련과 교훈이 없다면 자녀들은 구원받지 못할 것이다.

이것이 바로 하나님의 말씀이 정말 중요한 이유이다. 자녀들은 하나님 말씀의 진리를 배울 필요가 있다. 왜냐하면 이것이 예수 그리스도와 하나님의 성품을 우리에게 계시하기 때문이다. 하나님 말씀의 진리가 없다면, 우리는 하나님이 선하시며 거룩하시고 완전하시다는 초자연적 이해에 도달할 수 없다. 세상은 인간의 죄 때문에 저주를 받았다.창3장 잠시만 주위를 둘러보면, 우리는 상처, 번민, 죄, 죽음, 탐욕, 정욕, 술 취함, 우상숭배, 살인 같은 수많은 종류의 악을 발견할 수 있다. 그러나 정작 순수함은 찾아보기 힘들다. 순수함은 그리스도 안에서 하나님을 가장 분명하게 볼 수 있는 장소이다. 마태복음 5장 8절은 이렇게 진술한다. "마음이 청결한 자는 복이 있나니 그들이 하나님을 볼 것임이요." 성경은 당신과 자녀가 하나님에 대해 가장 잘 배울 수 있는 곳이다.

만약 자녀를 성경의 진리로 가르치지 않고 그냥 내버려 둔다면, 자녀는 매일 매일의 삶에서 하나님을 발견하지 못할 것이다. 이것은 매우 심각한 이야기이다. 그리고 이것은 성경에 있는 복음의 메시지가 구원에 필수적인 이유이기도 하다. 고린도전서 1장 18절은 우리에게 이러한 사실을 생각나게 한다. "십자가의 도가 멸망하는 자들에게는 미련한 것이요 구원을 받는 우리에게는 하나님의 능력이라." 이러한 구원 메시지의 유일한 근거는 성경이다. 그리고 성경은 하나님의 신실한 종들의 말과 실천을 통해서 전파된다.

부모로서 당신의 임무는 다섯 번째 계명을 자녀들이 매우 어렸을 때부터 가르치는 것이다. 자녀가 당신을 신뢰하도록, 그리고 당신의 권위를 긍정하도록 가르쳐라. 나는 성경적 상담을 할 때, 반항하는 내담자들이 오면 베드로전서 2장 18절을 자주 인용한다. "사환들아 범사에 두려워함으로 주인들에게 순종하되 선하고 관용하는 자들에게만 아니라 또한 까다로운unjust, ESV 자들에게도 그리하라." 비록 자녀들에게 구체적인 성경구절을 말하지는 않더라도, "까다로운 자들"을 존경하라는 이 성경적 원리는 매우 강력한 교훈이다.

부모들은 완전하지 않다. 그러나 자녀는 불완전한 부모가 공정하지 않게 보여도 그들을 공경해야 한다. 하나님이 우리 위에 두신 어떤 인간의 권위도 완전하지 않다. 완전은 하나님이 요구하시는 것이 아니다. 하나님은 권위를 부여한 사람들에게 그들이 돌보는 사람들의 최고의 이익을 위해서 봉사하기를 원하신다. 마찬가지로 하나님은 권위 아래 있는 사람들에게 하나님이 지도자로 세우신 사람을 존경하기 원하신다. 왜냐하면 이것이 궁극적으로 하나님을 신뢰하는 행위이기 때문이다. 불완전한 권위자에게 복종하는 것은 신앙의 행위이다. 불완전하지만, 하나님이 주신 권위에게 복종하는 것은 하나님을 신뢰하는 것이다. 잠언 21장 1절에 따르면 하나님의 손 안에 왕의 마음이 있다. "왕의 마음이 여호와의 손에 있음이 마치 봇물과 같아서 그가 임의로 인도하시느니라."

부모는 도움이 필요하다. 이 도움은 어디에서 오는가? 정답은 성령이다. 부모는 하나님의 뜻을 행하도록 힘을 부여하시는 성령이 필요하다.빌2:12~13 자녀들은 그들의 강퍅한 마음을 비우고 여기에 성령을 채우도록 성령이 필요하다. 에베소서 6장 17절에 따르면 하나님의 말씀과 성령은 항상 함께 일한다. 에베소서 6장 17절은 그 말씀을 "성령의 검"이라고 칭한다. 성령은 우리를 가르치고 인도하려고 하나님의 말씀을 사용하시기 때문에, 우리가 하나님의 말씀을 읽고, 연구하고, 암기하는 것은 필수적이다. 달걀과 물 그리고 기름 없이 케이크를 만드는 것을 상상해 보라. 그 재료들은 케이크를 굽는데 필수적이다. 마찬가지로 하나님의 말씀은 구원과 영적 성장소위 성화라 불리는을 위한 필수 재료이다. 하나님의 말씀은 우리의 삶을 경건하게 변화시키고, 우리의 신앙을 강건하게 하도록 성령을 주신다. 성령은 인간 내면의 이러한 변화를 위한 최고의 재료이다.

결론

우리가 중독예방양육을 이해하고 배우는데 한 발 더 나아가려면, 우리가 하나님의 명령을 완벽하게 따를 수 있는 완전한 사람이 아니라는 사실을 반드시 기억해야 한다. 중독예방양육에 참여하는 부모들은 자신을 그리스도에게 기꺼이 복종시키고, 하나님이 주신 자녀들을 제자로 삼아 그들에게 이 원리를 즐겁게 가르쳐야 한다. 주님께 하듯이 남편에게 순종하는 아내로서의 어머니는 자녀들에게 권위에 순종하는 모델이다. 자녀들은 하라고 말하는 것보다 부모들이 하는 것을 보고 더 많이 배우기 때문에, 아내의 순종은 중독예방양육의 핵심요소가 된다. 또한 주님께 하듯이 땅의 법에 순종하는 남편으로서의 아버지 역시 자녀들에게 권위에 대한 순종의 모범이 된다. 쉽게 예를 들면, 운전할 때 과속하지 않는 것이다.

부모들이 어렸을 때, 그리고 지금 성인이 되어서 첫 번째 계명과 다섯 번째 계명에 순종할 책임이 있듯이, 자녀들도 궁극적으로 이러한 계명에 순종할 책임이 있다. 당신은 성장기에 아버지와 또는 어머니를 얼마나 잘 공경했는가? 당신은 부모들에게 용서를 구할 필요가 있는가? 하나님이 지금 자녀들을 통해서 당신을 겸손하게 하시는가? 나는 종종 아내에게 이렇게 말한다. "양육처럼 주님 앞에서 우리를 겸손하게 만드는 것은 없어요." 당신이 태어날 때부터 고집이 세고, 이기적이고, 자기중심적인, 그래서 많은 훈련을 필요로 하는 자녀를 양육할 때, 주님과 주님이 당신에게 가르치신 교훈을 신뢰하도록 당신을 지도해 달라고 기도하라.

●●●
핵심 아이디어와 실천전략

1. 자녀에게 다섯 번째 계명을 읽어주고, 그 의미를 충분히 설명하라. 당신의 삶을 예로 들어, 당신이 이 계명에 순종했을 때와 순종하지 않았을 때 어떤 일이 일어 났는지 자녀에게 말해주라.

2. 자녀에게 첫 번째 계명을 읽어주고, 그 의미를 충분히 설명하라. 당신의 삶과 자 녀들의 삶을 예로 들어, 우리 모두가 얼마나 쉽게 우리 자신의 이기적인 이익을 위해 다른 우상을 섬기는데 유혹을 받는지 말해주라.

3. 자녀와 함께 순종놀이를 하라. 자녀에게 해야 할 명령예를 들어, 네 신을 신발장에 넣어라 을 주고, 그것을 하라고 명령하라. 처음에는 진지하게 하고 싶어도 자연스럽게 웃음이 나올 것이다. 그러나 잠시 후에는 이 놀이를 재미있게 할 것이다. 자녀가 당신의 명령에 순종하는 연습을 하게 하라.

Chapter 4

✼

사랑으로 훈육하라

데릭은 프레디의 집에 도착했다. 프레디는 스타 풋볼 선수이다. 오늘은 그의 열여덟 번째 생일파티이다. 데릭은 레이몬드가 네 명의 여자 친구와 함께 차에서 내리는 것을 보았다. "헤이, 레이몬드." 데릭은 작은 소리로 속삭이며 이렇게 말한다. "오늘 파티를 위해 스코트한테 좋은 마리화나를 조금 샀어. 이따 봐." 누군가가 들뜬 목소리로 "뒤뜰에 맥주통이 있어!"라고 말하자, 모두 동시에 그리로 갔다. 프레디의 부모가 주말 내내 호수에 가 있는 동안, 그 집에서는 술잔치가 시작되었다.

학교 교실에 죄의 본성과 자기 자신을 즐겁게 하고자 하는 욕구를 지녔다는 훈육을 받지 않은 25명의 아이들이 있다고 상상해 보라. 당신은 종이비행기가 공중에서 날아다니고, 대부분의 학생이 핸드폰으로 서로 문자를 주고받으며 잡담하는 모습을 상상할 수 있는가? 이렇게 훈육을 받지 않은, 구조화되지 않은, 사랑스럽지 않은 환경에서 얼마나 많은 학습이 이루어질 수 있을까?

훈육은 학교교육에서 뿐만 아니라 가정에서도 반드시 필요하다. 사람들은 대부분 "훈육"discipline이라는 단어에 부정적으로 반응한다. 왜냐하면 사람들 대부분이 지나친 분노에 싸인 훈육이나 전혀 훈육하지 않는

극단적 상황을 경험하기 때문이다. 이러한 양극단은 자녀들에게 상처를 입히고, "중독적 사고"를 하게 만들기 때문에 반드시 피해야 한다.

첫 번째 극단은 화가 난 상태로 자녀를 훈육하는 것이다. 만약 당신이 지나치게 화를 내는 사람에게 훈육을 받았다면, 아마도 그 사람은 당신에게 소리를 지르고, 신체적 학대를 하며, 과도한 정서적 고통을 안겨주었을 것이다. 이러한 훈육의 유형은 잘못된 것이며, 비생산적이고, 일종의 죄악이라고 할 수 있다. 이것은 사랑 안에서 이루어지는 성경적 훈육이 아니다. 이러한 훈육은 자녀에게 방어적이고 절망적인 태도를 갖게 하며, 어떠한 방법을 동원해서라도 극단적인 고통에서 벗어나고자 하는 욕구를 키운다. 또한 이러한 훈육은 자녀를 "내가 알게 뭐야"라는 방식으로 생각하게 만들어 냉담한 태도를 갖게 할 수 있다.

사랑 안에서 자녀를 훈육하는 것을 등한시 하는 두 번째 극단도 동일한 상처를 동반한다. 이 극단은 지나치게 화를 내며 훈육하는 방법보다 더 나쁜 결과를 가져올지도 모른다. 다양한 중독과 싸우는 대다수의 사람들은 훈육을 받지 못했다. 그들은 권위적 인물이 없는 가운데 성장했으며, 자기 자신을 신뢰하는 것을 배웠고, 다른 사람들의 의견을 듣지 않고 결정하는 방법을 학습했다. 그들은 마치 독립적인 것처럼 살아가지만, 그 세계 안에는 어느 누구도 존재하지 않는다. 그들은 그들과 의견이 다른 사람들, 특히 권위 있는 인물을 신뢰하지 못한다. 사랑으로 자녀를 훈육하는 것을 등한시 할 때 이보다 더 많은 혼란을 초래하게 된다. 이러한 혼란은 이 책에서 나중에 드러날 것이다.

당신의 양육 스타일을 평가하도록 잠깐 시간을 가져라. 극단적인 분노나 훈육을 등한시 하는 것 가운데 어느 것이 당신의 양육 성향에 가까운가? 당신의 배우자는 당신과 다른 극단에서 실수하는 경향이 있는가? 많은 부모들은 양육 성향에서 차이가 있으며, 이것은 자녀들을 훈육하는데 있어 갈등의 원인이 된다. 솔직히 말하면, 나와 내 아내는 평소 이러한 양극단에서 서로 마주보며 대립하고 있었다. 부모들은 반드시 훈육에 대한 성경적 접근을 통해 양극단 사이에서 균형을 유지해야 한다.

성경적인 중독예방양육은 진리가 그리스도의 사랑 안에서 자녀들에게 나타날 때 균형을 이루게 된다.엡4:15 자녀들은 진리를 알아야 할 필요가 있다. 왜냐하면 진리가 우리를 자유롭게 하기 때문이다.요8:32 그리고 자녀는 당신의 사랑과 하나님의 사랑의 재보증이 필요하다. 왜냐하면 하나님이 사랑이시기 때문이다.요일4:8 에베소서 4장 15~16절에 의하면, 그리스도인들은 사랑 안에 있는 진리를 그리스도의 몸 안에 있는 다른 신자들에게 들을 때 영적으로 성장한다. "오직 사랑 안에서 참된 것을 하여 범사에 그에게까지 자랄지라 그는 머리니 곧 그리스도라 그에게서 온 몸이 각 마디를 통하여 도움을 받음으로 연결되고 결합되어 각 지체의 분량대로 역사하여 그 몸을 자라게 하며 사랑 안에서 스스로 세우느니라." 자녀들의 영적 성장은 성령의 사랑 안에서 하나님의 진리의 말씀을 배우는지 그렇지 않은지에 달려 있다. 당신이 자녀를 훈육하고 가르칠 때 사랑으로 진리를 감싸라. 그러면 그것이 더 많은 열매를 거두게 할 것이다.

완전은 목표가 아니다.

자녀들은 하나님이 당신에게 주신 제자이다. 열두 제자가 예수님과 함께 살았던 것처럼, 당신의 제자들은 당신과 함께 산다. 당신은 예수님과 같은 방법으로 당신의 제자들을 훈육해야 한다. 예수님이 매일 제자들에게 설교했는가? 그렇지 않다! 예수님은 제자들 앞에서 투명한 삶을 살았다. 그래서 제자들은 예수님께서 다른 사람들과 온전히 긍휼히 여기는 마음으로 상호작용하는 것을 지켜볼 수 있었다. 제자들은 예수님을 본받아 그분이 하셨던 것처럼 생각하는 법을 배웠다. 예수님은 매일 매순간 그들을 가르쳤다. 예수님은 필요할 때마다 제자들의 잘못을 꾸짖고 바르게 고쳤으며, 항상 격려를 아끼지 않았다. 또한 예수님은 실패에서 자유롭고, 실패에서 배울 수 있는 은혜로운 학습 환경을 제공하여 제자들이 그들의 삶에서 배울 수 있는 기회를 최대화했다.

마태복음 6장 31~33절에서 예수님은 제자들에게 다음과 같은 격려의 말씀을 주셨다. "그러므로 염려하여 이르기를 무엇을 먹을까 무엇을 마실까 무엇을 입을까 하지 말라 이는 다 이방인들이 구하는 것이라 너희 하늘 아버지께서 이 모든 것이 너희에게 있어야 할 줄을 아시느니라 그런즉 너희는 먼저 그의 나라와 그의 의를 구하라 그리하면 이 모든 것을 너희에게 더하시리라." 뒤에 마태복음 8장 26절에서 예수님은 제자들이 두려워 할 때 부드럽게 제자들을 꾸짖었다. "예수께서 이르시되 어찌하여 무서워하느냐 믿음이 작은 자들아."

이 구절은 당신에게 희망을 준다. 우리 가운데 어느 누구도 예수님이 아니다. 우리 가운데 어느 누구도 완전한 부모가 아니다. 예수님도 자신을 배반하고 하나님에게 불순종했던 제자 하나 때문에 비탄에 빠졌다. 가룟 유다는 예수님과 함께 살며 함께 먹고 함께 걸었지만, 이것을 붙잡지 않았다. 내가 궁금한 것은 다른 제자들과 함께 예수님과 그렇게 가깝게 지내던 유다가 어떻게 그렇게 잔혹한 선택을 할 수 있었는가 이다. 자녀들도 유다처럼 하나님께 불순종하고, 당신이 보여주었던 모범을 배반하기로 선택할 수 있다. 그 책임은 그들에게 있다. 그러나 부모로서 당신은 주님의 교훈과 훈계로 그들을 훈육할 책임이 있다.엡6:4 그렇지만, 당신은 그들의 선택을 통제할 수는 없다.

나는 성경에 유다의 배반이 기록된 한 가지 이유가 부모들에게 희망을 주기 위함이라고 믿는다. 완벽한 예수님과 달리 우리는 실패할 것이다. 그리고 우리가 화를 낼 때 우리는 자녀들에게 죄를 짓게 될 것이다. 그럴 때 우리는 우리의 죄를 하나님과 자녀들에게 고백해야 한다. 그리고 잠언 28장 13절에 따라서 우리의 죄를 버려야^{회개해야} 한다. "자기 죄를 숨기는 자는 형통하지 못하나 죄를 자복하고 버리는 자는 불쌍히 여김을 받으리라." 그리스도인은 죄를 절대로 짓지 않는 완벽한 사람이 아니다. 그러므로 우리는 죄를 지었을 때, 하나님과 우리가 상처를 입힌 사람들에게 용서를 구해야 한다. 이것은 우리의 죄를 무기력하게 만드는 기독교적 응답이며, 우리가 따라야 할 모범이다. 또한 우리는 하나님의 말씀과 다르게 생각하고 말하고 행동하는 것을 회개하는 삶을 본받아야 한다.

나는 당신이 자녀들이 볼 때 완벽해야 한다고 생각하지 말라고 권고한다. 만약 당신의 목표가 완벽하게 되는 것이라면, 당신은 반드시 실패한다. 당신이 완벽하게 되는 일은 일어나지 않을 것이다. 우리는 역할모델이 되어야 한다. 그러나 그 말의 의미는 우리가 자녀들이 보는데서 실수하지 않는 것이 아니라 실수했을 때, 우리의 잘못을 회개하고 용서를 구하는 모습을 보여줘야 한다는 것이다. 그것이 은혜의 복음을 가르치는 것이다.

훈육이란 무엇인가?

에베소서 6장 4b절에서 바울은 훈육이 무엇인지에 대해서 부모들에게 직접적으로 언급한다. "오직 주의 교훈과 훈계로 양육하라." 이 명령을 간절히 따르고 싶어 하는 부모들은 "훈육"에 대한 하나님의 정의를 식별하는데 어려움을 지니게 될지도 모른다. 오늘날 훈육은 확실히 우리 문화에서 논쟁적인 용어이다.

"훈육"과 "징계"는 닮았지만, 서로 다른 용어이다. 징계는 악한 행동에 대한 처벌로 부과되는 것이다. 정의로운 하나님은 인간의 죄를 징계한다. 하나님은 죄를 징계하지 않음으로써 죄를 눈감아 주시지 않는다. 고린도전서 15장 21~22절에 따르면, 죄는 한 사람^{아담}에 의해서 세상에 왔다. "사망이 한 사람으로 말미암았으니 죽은 자의 부활도 한 사람으로 말미암는도다 아담 안에서 모든 사람이 죽은 것 같이 그리스도 안에서 모든 사람이 삶을 얻으리라." 좋은 소식은 하나님이 예수님의 십자가 죽음을 통해서 인간의 죄를 징계하셨기 때문에, 모든 사람이 한 사람^{예수}에 의해서 구원받는다는 사실이다. 훈육은 무엇이 훈육이 아닌가를 정의함으로써 정의할 수 있다.

훈육은 징계가 아니다. 훈육은 "정신의 기능과 도덕적 성품을 바르게 하고, 형성하고, 완성하는 훈련^{training}"으로 정의할 수 있다.[17] 성경적으로 이것은 목적 있는 훈련이다. 제자들은 교사의 훈련 아래 있다. 그리스도의 제자들은 그리스도의 훈련 아래 있다. 모든 그리스도인은 성령의 사역에 의해서 그리스도의 제자가 된다. 그들은 예수 "그리스도의 정신적 기능과 도덕적 품성"을 훈련하고, 배우고, 거룩하게 하고, 형성하고, 완성한다. 그리스도인들은 그리스도처럼 생각하고 말하고 행동해야 한다.

훈육은 자녀가 하고 싶은 것을 항상 할 수는 없다는 것을 의미할 수 있다. 이것이 자녀에게 항상 즐거운 일은 아니지만, 장기적으로는 유익할 것이다. 자녀들은 훈육이 필요하며, 제한이 필요하다. 사랑으로 훈육받지 못한 어린 아이들과 젊은이들은 종종 그들의 경험을 징계로 보는 경향이 있다. 이것은 때때로 혹독하게 보이기도 한다. 다음 장에서 우리

---

17) *Merriam-Webster's Collegiate Dictionary*, 10th ed. (Springfield, MA: Merriam-Webster Inc., 1996, c1993).

는 중독행동의 원인이 되는 요소들을 연구하면서, 부모, 교사 또는 자신에 의해서 이루어진 훈육이 자녀의 영적 성장에 커다란 영향을 미친다는 사실을 보게 될 것이다.

훈육은 비난이 아니다. 로마서 8장 1절은 그리스도인에게 아주 귀중한 구절이다. "그러므로 이제 그리스도 예수 안에 있는 자에게는 결코 정죄함이 없나니." 로마서 8장의 나머지 부분을 읽어 보라. 그러면 당신은 성령을 따라서 행하는 것과 육신을 따라 행하는 것 사이의 대조를 발견할 것이다. 비난은 육신과 일시적인 이 세상의 즐거움으로 마음이 덮여 있는 불신자들을 위한 것이다. 하나님의 말씀에 따르면, 만약 그들이 영원한 삶을 얻도록 회개하지 않고 그리스도 예수를 믿지 않는다면 지옥에서 영원을 보내게 될 것이다.

신자들은 내주하시는 성령과 내재하는 죄가 서로 대립하여 싸우기 때문에 끊임없이 갈등한다. 성령은 우리가 하나님의 자녀라는 "확신"을 주신다. 하나님은 우리의 생각과 말과 행동을 변화시키려고 계획하셨다. 확신은 우리에게 일정기간 동안 괴로움을 줄 수 있지만, 이것은 이유가 있는 괴로움이다. 하늘에 계신 우리의 아버지는 우리가 순종하기를 원하신다. 그리고 우리가 순종하지 않을 때 하나님은 우리의 선함과 그분의 목적을 위해 우리를 올바르게 하신다. 하나님만이 우리에게 합당한 훈육을 결정하시는 완전한 아버지이시다. 당신이 자녀를 다스릴 때 "징계"보다는 "훈육"이라는 단어를 사용하라. 그리고 당신과 다른 사람들도 자녀가 그리스도를 닮아가도록 "훈육"이라는 단어를 사용하라. 히브리서 12장 5~11절의 진술을 기억하라.

또 아들들에게 권하는 것 같이 너희에게 권면하신 말씀을 잊었도다 일렀으되 내 아들아 주의 징계하심을 경히 여기지 말며 그에게 훈계를 받을 때에 낙심하지 말라 주께서 그 사랑하시는 자를 징계하시고 그가 받아들이시는 아들마다 채찍질하심이라 하였으니 너희가 참음은 징계를 받기 위함이라 하나님이 아들과 같이 너희를 대우하시나니 어찌 아버지가 징계하지 않는 아들이 있으리요 징계는 다 받는 것이거늘 너희에게 없으면 사생자요 친아들이 아니니라 또 우리 육신의 아버지가 우리를 징계하여도 공경하였거든 하물며 모든 영의 아버지께 더욱 순종하며 살려 하지 않겠느냐 그들은 잠시 자기의 뜻대로 우리를 징계하였거니와 오직 하나님은 우리의 유익을 위하여 그의 거룩하심에 참여하게 하시느니라 무릇 징계가 당시에는 즐거워 보이지 않고 슬퍼 보이나 후에 그로 말미암아 연단 받은 자들은 의와 평강의 열매를 맺느니라

훈육은 진노가 아니다. 훈육이 진노가 아닌 이유는 그리스도 안에 있는 신자들이 "그리스도 예수 안에" 있는 동안 하나님의 "진노 안에 머물지 않기" 때문이다. 그리스도 예수는 우리의 죄 때문에 갈보리 십자가 위에서 하나님의 진노와 징계를 받았다. 하나님의 진노는 그 사건으로 충분히 해결되었으며, 예수님은 모든 빚을 지불하였다는 의미로 "다 이루었다"라고 말씀하셨다. 예수님이 우리의 죄를 위해 하나님의 진노를 받았기 때문에, 우리는 자녀들에게 절대로 진노하면 안 된다. 우리는 자녀들을 다룰 때 진노와 악의를 버리고 골3장, 사랑으로 해야 한다. 우리는 하나님께 오직 은혜만을 받았기 때문에 우리가 자녀들에게 보여주어야 하는 것은 은혜이다. 이 주제는 7장에서 더 언급함 "거듭남"은 우리에게 육신과 육신의 죄의 경향성을 극복할 힘을 준다. 우리는 육신의 욕구에 대해서는 "no"라고 말하고, 우리를 하나님의 말씀에 순종으로 이끄시는 성령에 대해서는 "yes"라고 말할 능력을 지녔다. 그리스도인들은 죄가 아니라 하나님에 대한 순종을 선택할 수 있다.

결론

하나님은 우리를 사랑하시기 때문에 우리를 훈육하신다. 하나님은 우리에게 "선한 것"을 주고 싶어 하시며, 하나님만이 순종하는 사람들에게 최선의 동기를 부여하는 방법을 아신다. 하나님께 순종하는 것은 생명을 주시는 하나님의 자녀들이 선택할 수 있는 최선의 길이며, 하나님께 불순종하는 것은 하나님에 대한 죄이고, 하나님에 대한 불순종은 사람들에게 번민을 안겨 준다. 히브리서 12장 11절은 훈육이 잠시 동안 고통스럽고 즐겁지 않을 수 있다는 사실을 우리에게 상기시켜 준다. 사람들이 주님께 순종할 때, 주님은 즐거워하신다. 마찬가지로 자녀들이 그들을 사랑하고 그들에게 좋은 것을 주고 싶어 하는 부모에게 순종할 때, 부모들은 주님만큼 기뻐한다. 자녀들이 주님의 사랑으로 그들을 훈육하는 부모들에게 순종할 때,^{엡6:4} 부모에게 보호와 훈육과 단련을 받으며 "중독을 예방"하게 된다.

• • •

핵심 아이디어와 실천전략

1. 순종놀이를 다시 하라. 단, 당신이 명령할 때 자녀에게 귀를 막으라고 하라. 그 명령은 경청의 중요성을 강조하는 것이다.

2. 순종놀이를 다시 하라. 이때, 서로 역할을 바꾸어 자녀는 부모가 되고, 당신은 자녀가 되라. 그리고 자녀에게 순종의 모범이 되라. 만약 당신이 결혼했다면, 이 놀이에 당신의 부모도 참여하시도록 요청하라.

3. 삼손에 대한 성경구절유13~16, 삼손에 대한 설명으로 이해한 듯합니다. 저자를 존중하여 남기거나 그렇지 않으면 생략해주세요: 히11:32을 읽고, 불순종이 하나님의 자녀들 가운데 한 사람을 얼마나 번민하게 만들었는지 살펴보라.

Chapter 5

*

회초리와 꾸지람

잠시 동안 술을 마신 후에, 데릭과 레이몬드는 침실에 있는 다른 친구들과 함께 마리화나 담배를 피웠다. 그들은 프레디가 가져 온 폭력적인 컴퓨터게임을 하면서 시시덕거리며 시간 가는 줄 몰랐다. 프레디가 불쑥 방안으로 머리를 내밀며 데릭과 레이몬드에게 말했다. "게임 끝나면 나와 함께 나가보자. 소개해 줄 사람이 있어." 데릭과 레이몬드는 재빨리 게임을 끝냈고, 프레디의 새 친구인 매트를 만났다. 매트는 친구들에게 새로운 마약인 아데랄Adderall을 소개해 주었다.[18]

경고 : 이 장은 믿음이 약하거나 세속적인 생각을 지닌 사람들을 위한 것이 아니다. 만약 당신이 성경을 가끔 읽고 세속적인 사고에 짙게 영향을 받은 그리스도인이라면, 당신은 이 장에서 제시하는 원리들과 충돌을 일으킬 것이다. 만약 당신이 하나님의 은혜는 좋아하지만, 하나님의 정의는 불편해하는 그리스도인이라면, 당신은 이 장을 좋아하지 않을 수도 있다. 나는 이 장을 시작하면서 이러한 경고를 쓰는 것이 그렇게 마음에 내키지 않는다. 그러나 나는 당신에게 경고하고 싶고 이 책을 계속해서 읽으라고 권하고 싶다. 앞으로 전개되는 내용에서 주님께

---

18) [역주] 아데랄은 ADHD(주의력결핍 과잉행동장애)를 치료하는데 기본적으로 사용되는 약물이며, 우울증에도 효과가 있다고 보고된다.

서 당신에게 전달하기 원하는 메시지와 이 장의 중요성을 잊지 말라.

당신은 하나님을 신뢰하는가? 대부분의 사람들은 "예, 물론이지요!" 라고 말할 것이다. 그러나 실제로는 대부분의 사람들이 하나님을 신뢰한다고 말하지만, 자기 자신을 더 신뢰하는 것처럼 행동한다. 잠언 3장 5~8절에서 하나님은 하나님보다 우리 자신을 더 신뢰하는 모든 경향에 대해서 경고하신다. "너는 마음을 다하여 여호와를 신뢰하고 네 명철을 의지하지 말라 너는 범사에 그를 인정하라 그리하면 네 길을 지도하시리라 스스로 지혜롭게 여기지말지어다 여호와를 경외하며 악을 떠날지어다 이것이 네 몸에 양약이 되어 네 골수를 윤택하게 하리라." 만약 당신이 하나님의 말씀과 함께 동일선상에 서 있지 않다면, 나는 당신에게 당신의 감정과 이익보다 하나님을 더 신뢰하라고 권하고 싶다. 이 장을 읽는 것은 당신의 신앙에 도전이 되며, 하나님을 신뢰하게 만들 수도 있다.

이 장의 중심이 되는 기초는 주님에 대한 신뢰이다. 이것은 자녀를 사랑으로 훈육할 때, 회초리와 꾸지람을 사용하라고 권면할지도 모른다. 회초리는 신체적 훈육이며 꾸지람은 언어적 훈육과 훈계이다. 이 두 가지는 자녀의 중독예방에 필수적이다. 나는 이렇게 하는 것이 얼마나 어려운 일인지 개인적인 경험을 통해서 안다. 그러나 나는 단지 당신이 성경 안에서 하나님이 말씀하시는 것을 따르기를 바랄 뿐이다.

하나님의 말씀은 주님을 신뢰하고, 주님에 대한 순종 안에서 행동하도록 만들어줄 것이다. 성경은 하나님이 저자라는 의미에서 하나님에 의해 영감되었다.딤후3:16 성경에 기록된 말씀은 하나님의 말씀이며, 사람들에 의해서 기록되었고, 사람들을 통해서 쓰였다. 성경은 사람들 간의 모든 의사소통이 오해될 수 있는 것처럼, 잘못 해석될 수 있다. 하나님의 말씀은 완전하기 때문에, 우리가 성경을 잘못 해석하고 잘못 이해하는 것은 하나님의 문제가 아니라 우리의 문제라는 사실을 이해해야 한다. 우리는 단지 그분의 말씀을 성령의 권능에 의해서 이해할 뿐이다.

당신은 하나님의 말씀을 신뢰하는가? 그렇다면 다음을 보라. 이것은 훈육, 지혜, 회초리, 꾸지람에 대한 내용을 잠언에서 발췌한 것이다.

* "내 아들아 여호와의 징계를 경히 여기지 말라 그 꾸지람을 싫어하지 말라 대저 여호와께서 그 사랑하시는 자를 마치 아비가 그 기뻐하는 아들을 징계함 같이 하시느니라" 잠3:11~12
* "매를 아끼는 자는 그의 자식을 미워함이라 자식을 사랑하는 자는 근실히 징계하느니라" 잠13:24
* "아이의 마음에는 미련한 것이 얽혔으나 징계하는 채찍이 이를 멀리 쫓아내리라" 잠22:15
* "아이를 훈계하지 아니하려고 하지 말라 채찍으로 그를 때릴지라도 그가 죽지 아니하리라" 잠23:13
* "네가 그를 채찍으로 때리면 그의 영혼을 스올에서 구원하리라" 잠23:14, "스올"은 신체적 "죽음"을 의미한다
* "채찍과 꾸지람이 지혜를 주거늘 임의로 행하게 버려둔 자식은 어미를 욕되게 하느니라 네 자식을 징계하라 그리하면 그가 너를 평안하게 하겠고 또 네 마음에 기쁨을 주리라" 잠29:15,17

우리가 이 구절들을 각각 살펴보기 전에, 나는 당신이 주님과 주님의 말씀을 반드시 신뢰해야만 한다고 거듭 말하고자 한다. 만약 당신이 대중적인 심리학적 견해를 듣는다면, 당신은 아마도 이 장을 등한시할 것이며, 여기에 포함된 원리들을 실천하는데 실패할 것이다. 만약 당신이 그렇게 한다면, 당신은 아마도 자녀가 성인이 되었을 때, 자녀 안에 있

는 이기적인 "중독적 사고"를 보게 될 것이다. 당신은 지금 나를 믿지 못할 수도 있다. 그러나 중독예방양육은 하나님의 영광을 위해서 회초리와 꾸지람을 사랑의 훈육을 위한 도구로 사용한다.

말씀을 통해서 주님을 신뢰한다는 것은 하나님이 하나님의 정의로 세우신 권위 구조를 이해한다는 의미이다. 하나님은 정부에게 인류의 선을 위해 그리고 평화를 위해 칼을 주신다.롬13:4 그리고 교회에게 평화와 순결을 지키도록 명확한 규율을 주신다.마18:15~20 하나님은 부모에게 가정의 평화와 순결을 지키도록 사랑의 회초리와 꾸지람을 주신다.잠22:15, 29:15 당신은 여기서 하나의 패턴을 발견할 수 있는가? 하나님은 하나님의 정의로 세우신 각 기관들이 관장하는 영역의 평화와 순결을 지키도록 각 기관에 적합한 도구를 주신다.

결론은 이렇다. 만약 당신이 하나님을 신뢰한다면, 당신은 하나님의 영광과 자녀의 유익을 위해 사랑으로, 계획적으로, 훈육적으로, 의도적으로 회초리와 꾸지람을 사용하는 방법을 배워야 한다. 당신은 하나님을 정말로 신뢰하는가? 이것은 *Shepherding a Child's Heart*의 저자인 테드 트립Tedd Tripp이 반복해서 말하고자 했던 주제이다.

> 하나님은 자녀들에 대한 훈육과 교정에 회초리를 사용하라고 명령했다. 이것이 당신이 해야 하는 유일한 일은 아니지만, 당신은 반드시 이것을 사용해야 한다. 하나님은 자녀에게 회초리를 사용해야 할 때가 있다고 말씀하신다. 만약 자녀를 죽음에서 구원하려 한다면, 만약 자녀의 마음속에 자리 잡은 어리석음을 뿌리 뽑으려 한다면, 만약 자녀에게 지혜를 전해주려 한다면, 당신은 반드시 회초리를 사용해야 한다. 회초리는 하나님을 향한 믿음과 자녀를 향한 신실함으로 사용되어야 하며, 하나님에 대한 순종을 강조하기 위해서 신중하게, 시의적절하게, 정확하게, 통제적으로 사용되

어야 한다. 이러한 회초리는 죽음에 이르게 하는 지속적인 어리석음에서
자녀를 구원해주는 보호자다.[19)]

하나님은 어떻게 말씀하시는가?

잠언 3장 11~12절은 "내 아들아 여호와의 징계를 경히 여기지 말라
그 꾸지람을 싫어하지 말라 대저 여호와께서 그 사랑하시는 자를 징계
하시기를 마치 아비가 그 기뻐하는 아들을 징계함 같이 하시느니라"라
고 말한다. 잠언 3장은 매우 값진 장이다. 5~8절은 우리의 이해에 기대
지 말고 하나님을 신뢰하라고 권면함으로써 잠언 3장 11~12절의 내용
을 미리 언급했다. 11절과 12절은 앞 장에 감추어져 있었던 것을 생각나
게 한다. 하나님은 커다란 사랑을 가지고 계시기 때문에 자녀들을 사랑
하신다. 하나님은 우리가 지혜를 얻어서 번성하기를 간절히 원하시기
때문에 우리를 훈육하고 꾸짖으신다.[12~27절] 하나님은 자녀들이 세상의
풍조를 따라서 생각하고 훈육되지 않은 생활양식으로 살아갈 때 번성할
수 없을 것이라는 사실을 아신다.

"꾸지람"이란 무엇인가? 꾸지람은 "잘못에 대한 비판"이다.[20)] 꾸지람
은 온유한 태도로 반대의견을 제시하는 권위의 집행이다. 사실, 『웹스
터 사전』에 따르면 꾸지람의 동사 형태는 "잘못을 교정하려는 친절한
의도를 암시"하는 "꾸짖다"reprove이다.[21)] 우리가 악행을 저질렀을 때,
그러한 행동의 변화를 위해서 비판이 필요하다. "꾸짖다"의 정의에 포
함된 "친절한 의도"라는 단어를 주목하라. 갈라디아서 6장 1a절은 이렇
게 진술한다. "형제들아 만일 무슨 범죄한 일이 드러나거든 신령한 너

---

19) Tedd Tripp, *Shepherding a Child's Heart* (Wapwallopen, PA: Shepherd Press, 1995), 108
20) *Merriam-Webster's Collegiate Dictionary,* 10th ed. (Springfield, MA: Merriam-Webster Inc.,
    1996, c1993).
21) 앞의 책, 37.

희는 온유한 심령으로 그러한 자를 바로잡고." 온유한 심령은 우리가 죄에 사로잡힌 누군가를 꾸짖고 바로잡으려고 할 때 언제든지 있을 수 있다. 그러나 부모들이 종종 지나치게 화를 내어 자녀들을 바로잡으려 할 때 부모들은 온유하지 못하다.

자녀를 훈육할 때 당신의 심령은 어떤 상태인가? 자녀를 치거나 때리지는 않을지라도, 화가 나서 분노한 상태로 소리를 지르거나 고함을 치지는 않는가? 당신이 어떤 훈육의 방법을 사용하든, 성경적 양육은 반드시 항상 온유한 심령을 포함하는 사랑의 훈육이어야 한다. 당신은 아마도 이런 질문을 할 수 있다. "어떻게 온유한 심령으로 아이를 때릴 수 있는가? 그것은 모순 아닌가?" 그렇지 않다. 자녀를 훈련하는 당신의 태도가 열쇠이다. 당신은 자녀의 행동을 바르게 하려고 온유한 사랑의 훈육을 하기에 앞서 계획을 세워야 한다.

자녀들은 이기적인 죄의 본성을 지녔기 때문에, 그들이 순종하지 않더라도 충격을 받지 말라. 당신은 자녀들의 잘못된 행동이 그들의 죄 된 마음의 결과이지 당신을 향한 개인적 공격이 아니라는 사실을 이해해야 한다. 마찬가지로, 당신이 자녀들을 꾸짖고 회초리를 드는 것 역시 자녀에 대한 개인적 공격이 아니다. 당신은 하나님에 대한 본분을 다하고, 장기적으로 자녀에게 유익한 행동을 하는 것이다. 그러나 자녀는 자신이 성숙할 때까지 이것을 이해하지 못할 것이다. 자신의 선택이 이러한 결과회초리, 꾸지람를 초래한다는 사실을 자녀에게 분명히 상기시켜주라. 자녀에게, 그리고 순종하거나 불순종하는 그의 선택에 책임이 있음을 분명히 하라.

어떤 부모들은 극도로 화가 나서 학대하는 태도로 훈육한다. 왜냐하면 그들이 자녀의 불순종을 개인적 반항으로 받아들이기 때문이다. 이러한 부모들은 하나님과 자녀 사이에 갈등이 있을 때, 자녀의 불순종을 부모와 자녀 간의 갈등으로 만든다. 자녀의 불순종은 자신이 "하나님"이 되고자 하는 이기적 욕망의 산물이다. 부모인 당신은 그러한 자녀를 통제하려다 똑같은 욕망에 빠진다. 자녀는 자신의 삶에서 권위자가 되기 원하며, 부모나 하나님과 같은 궁극적 권위에 감사하지 않는다. 그렇기에 자녀는 종종 누가 진짜 보스인지 밝히고 싶어 한다.

회초리와 꾸지람의 성경적 적용

성경은 부모들에게 회초리와 꾸지람으로 훈육하라고 명령하며 강권한다. 왜냐하면 이것이 잠언 29장 15절과 평형을 이루기 때문이다. "채찍과 꾸지람이 지혜를 주거늘 임의로 행하게 버려둔 자식은 어미를 욕되게 하느니라." 꾸지람은 언어적 교정인 반면 회초리는 신체적 훈육이다. 신체적 훈육은 균형 잡힌 훈육을 위해 언어적 훈계와 최고의 단짝이 된다.

어떤 부모들은 꾸지람 없이 회초리만 사용하기 때문에 실수를 하고, 어떤 부모들은 회초리 없이 꾸지람만 하기 때문에 실수를 한다. 한 극단꾸지람 없는 회초리은 너무 강하고, 다른 극단회초리 없는 꾸지람은 너무 부드럽다. 이러한 두 극단은 회초리와 꾸지람을 함께 사용하는 균형 잡힌 훈육보다 효과적이지 않다. 자녀에게는 신체적 교정과 언어적 교정이 모두 필요하다.

나는 회초리가 잔인하다고 생각해서 주저하는 사람들을 위해, 회초리의 사용을 성경적으로 주의 깊게 정의해 주고자 한다. 내가 이 책에서 회초리라고 하는 것은 스위치switch[22] 다월dowel[23] 또는 페인트를 칠한 막대기와 같이 얇은 나무로 된 것을 가리킨다. 성경은 분명히 손으로 때

---

22) 잘 구부러지는 나뭇가지
23) [역주] 목공에서 쓰이는 가늘고 얇은 둥근 모양의 막대를 가리킨다.

리는 것이 아니라 회초리로 때리는 것을 승인한다. 어떤 부모들은 "입으로 때리는 것"이 근처 상점에서 구입할 수 있는 작은 다월을 사용하는 것보다 더 수용할만 하다고 생각하고, 어떤 부모들은 "손으로 때리는 것"이 스위치나 얇은 나무 가지를 사용하는 것보다 더 인간적이라고 생각한다. 성경은 손으로 자녀를 때리는 것을 용납하지 않는다. 이것은 매번 자녀학대에 해당한다.

왜 성경은 자녀를 손으로 때리라고 말하지 않는가? 한 가지 이유는 손으로 때리는 것이 부모를 감정적으로 더 민감하게 만들기 때문이다. 극도로 화가 난 부모는 스스로 자신의 행동을 통제하지 못하고 과격한 행동을 할 수 있다. 자녀를 때리지 않는 부모들 가운데 일부는 훈련되지 않은 자녀들의 모습에 너무 화가 나서 결국 폭발하게 되고, 소리를 지르거나 자녀를 때린다. 이것은 하나님이 보시기에 적절한 훈육이 아니다. 이것은 죄다. 사실 예수님은 당신이 누군가에게 분노한다면, 그것은 이미 마음에서 살인한 것이라고 말씀하셨다.

부모들이 자녀들을 교정하려고 할 때, 주님은 그들이 평정을 잃지 않기를 원하신다. 부모들은 자녀들을 훈육하려고 회초리를 사용하는데 지혜로워야 한다. 사실, 부모가 회초리를 가지러 움직이는 동안 부모의 감정은 누그러지고, 생각을 정리하며, 더욱 의도적으로 훈육하게 된다. 부모는 회초리를 사용하기 전에 항상 계획해야 하며, 감정적으로 반응해서는 안 된다. 회초리는 반드시 불순종이 고통스러운 결과를 가져온다는 사실을 자녀들에게 가르치고, 그들의 행동을 교정할 목적으로 사용되어야 한다. 예를 들어, 회초리에 맞는 고통이 도로에 뛰어들어 차에 치이는 것보다 훨씬 덜 고통스럽다. 또한 30년 동안 중독과 씨름하는 것보다 훨씬 덜 고통스럽다.

잠언 13장 24절에 기록된 것처럼, 하나님은 우리가 자녀들에게 사랑과 온유한 심령으로 하는 신체적 훈육을 잔인하다고 생각하지 않기를 원하신다. "매를 아끼는 자는 그의 자식을 미워함이라 자식을 사랑하는 자는 근실히 징계하느니라." 당신은 자녀에게 회초리를 대지 않는 것이 좋다고 생각할지 모르지만, 하나님은 이것을 자녀를 미워하는 것에 비유하신다. 여기에 사용된 강한 단어들은 당신이 자녀를 신체적으로 징계하는 것을 등한시하지 말아야 한다는 사실을 말해 준다. 나는 중독 상담을 한 최근 20년 동안, 너무 엄격하게 양육하는 것이 비록 자녀에게 상처를 입힌다 하더라도, 징계를 하지 않는 것보다 중독적 사고를 덜 하게 만든다는 사실을 배웠다.

잠언 22장 15절에서는 하나님이 부모를 격려한다. "아이의 마음에는 미련한 것이 얽혔으나 징계하는 채찍이 이를 멀리 쫓아내리라." 부모의 의무는 자녀의 어리석음을 멀리 쫓아버리는 것이다. 어리석음은 하나님에 대한 반항이며, 이러한 사실은 시편 14편 1~2절에 분명하게 드러난다. "어리석은 자는 그의 마음에 이르기를 하나님이 없다 하는도다 그들은 부패하고 그 행실이 가증하니 선을 행하는 자가 없도다 여호와께서 하늘에서 인생을 굽어 살피사 지각이 있어 하나님을 찾는 자가 있는가 보려 하신즉." 하나님의 말씀에 있는 하나님의 규율은 협상할 수 있는 것이 아니다. 예를 들어, 거짓말 하는 아이는 하나님의 규율 중 하나를 위반했기 때문에 반드시 사랑으로 징계를 받아야 한다. 출20:16 우리는 하나님의 규율이 하나님을 영화롭게 하며, 우리에게 유익을 주기 때문에 이것을 지켜야 한다.

다른 한편, 한 가정의 규율은 협상이 가능하다. 왜냐하면 한 가정의 규율은 별 무리 없이 파기될 수도 있기 때문이다. 이것은 부모의 특권이다. 예를 들어, 어느 가정의 규율은 텔레비전을 보기 전에 허드렛일을 하는 것일 수도 있다. 만약 자녀가 고의적으로 그 규율을 어긴 것이 아니라 실수로 잊어버렸다면, 부모는 지혜와 분별력을 발휘하여 자녀에게 화를 내지 않을 수 있다. 그러나 자녀가 의도적으로 가정의 규율을 어겼다면, 그때는 에베소서 6장 1절에 따라 협상이 불가능하다. "자녀들아 주 안에서 너희 부모에게 순종하라 이것이 옳으니라."

부모가 자녀를 체벌할 때 "아빠, 왜 저를 때리세요?"라고 묻는다면, 부모는 반드시 그 아이가 자신보다 더 높은 권위자이신, 전능하신 하나님을 향하도록 해야 한다. 부모는 이렇게 자녀에게 말할 수 있다. "아빠 또는 엄마는 하나님께 순종해야 해. 하나님은 네가 하나님의 율법을 어기면 너를 훈육하라고 명령하셨단다." 만약 하나님의 말씀에 불순종하면, 그것은 항상 나쁜 결과를 가져온다. 하나님은 당신에게 그런 일이 일어나지 않기를 원하신다.

자녀들은 당신의 설명을 제대로 이해하지 못할 수 있다. 분명히 자녀들은 이것을 좋아하지 않을 것이다. 그러나 당신은 자녀들에게 인기를 얻으려고 하거나 그들의 잘못된 행실을 그냥 넘어가려고 해서는 안 된다. 인생에는 많은 선택의 순간이 있으며, 그 순간마다 무엇이 하나님을 기쁘시게 하는지 반드시 생각해야 한다. 자녀에게 이러한 사실을 상기시킬 수 있는 모든 기회를 동원하라. 그리고 우리가 하나님을 신뢰하고 순종할 때, 하나님이 우리와 함께 하신다는 사실을 가르쳐라. 그분은 우리를 위한 최선이 무엇인지 알고 계신다. 너무 많은 부모가 자녀들에게 인기를 얻으려고 하고, 그들의 "친구"가 되려고 있다. 그러나 당신은 부모이다. 하나님은 당신에게 자녀를 회초리와 꾸지람으로 사랑 가운데 훈육할 권위를 주셨다.

그리스도인이 회초리로 자녀를 훈육할 때, 그들은 어린아이와 같은 우발적 행동이 아니라 불순종하는 행위에 대해서 그렇게 하라는 위임을 받았다. 우리 아이들 가운데 하나가 세 살 때, 금속으로 만들어진 작은 자동차를 가지고 놀다가 침실 벽을 상하게 했다. 우리는 그 아이가 침실

벽을 상하게 했다는 이유로 때리지 않았다. 왜냐하면 그것은 부모에 대한 불순종이 아니라 어린아이의 놀이였기 때문이다. 아이는 화가 나거나 반항하려고 그렇게 행동한 것이 아니었다. 우리는 아이에게 자동차를 적절하게 가지고 놀 수 있는 다른 방법을 가르치지 않았다. 우리는 아이의 행동이 받아들일만하다고 생각했기 때문에 그를 때리지 않았다. 그러나 우리는 아이를 꾸짖었다. 왜냐하면 그 아이는 자신의 놀이가 우리의 재산을 어떻게 손상시킬 수 있는지 더 잘 알아야 했기 때문이다. 심지어 우리는 비록 조금이기는 하지만, 청지기직과 주님께 속한 것을 돌보는 것에 대해서도 말해 주었다. 또한 우리는 그 아이에게 어린애 같은 행동의 심각성을 알려 주려고 그를 꾸짖었다. 그러나 만약 이 아이가 이러한 교훈을 받은 후에도 계속해서 똑같은 행동을 되풀이한다면, 그것은 불순종이 된다. 그 때 아이는 회초리로 훈육 받을 것이다. 다행히도 이 아이는 그러한 행동을 되풀이 하지 않았다.

"만약 자녀들을 그냥 내버려 둔다면, 그들은 반항하게 될 것이다. 그러므로 부모들은 반드시 자녀들을 훈계해야 한다. 몇 년 전에, 윈저 공작Dike of Windsor은 '미국의 가정의 모든 것은 회초리를 통해서 통제된다. 그러나 자녀만은 예외이다!'"[24]라고 말했다. 주님은 당신이 체벌을 두려워하는 것을 원하시지 않는다. 잠언 23장 13절은 말한다. "아이를 훈계하지 아니하려고 하지 말라 채찍으로 그를 때릴지라도 그가 죽지 아니하리라." 체벌을 위해 가장 적합한 곳은 "엉덩이"이다. 자녀의 엉덩이는 일반적으로 "궁둥이"라 부르는데, 이것은 지방이 어느 정도 붙어 있는 대둔근大臀筋에 해당한다. 우리의 몸에서 이 부분은 천골薦骨과 척수脊髓를 보호하려고 하나

---

24) W. W. Wiersbe, *The Bible Exposition Commentary, "An exposition of the New Testament comprising the entire 'BE' series"*--Jkt. (Eph 6:4) (Wheaton, Ill: Victor Books, 1996, c1989), 41.

님께서 완벽하게 디자인하신 여분의 충전물이지만, 체벌을 위해서도 완벽하게 좋은 장소이다. 회초리로 엉덩이를 세 번 때려도 자녀는 죽지 않는다. 우리는 아이들이 불순종했을 때 엉덩이에만 회초리로 세 번을 때린다. 몸의 다른 부분은 어디가 되었든지 때리지 말라. 만약 우리가 더 많이 때리기로 결정했다면, 우리는 아이들에게 정확한 숫자를 알려 준다. 그렇게 함으로써 아이들은 맞을 준비를 한다.

잠언 23장 14절은 이렇게 진술한다. "네가 그를 채찍으로 때리면 그의 영혼을 스올에서 구원하리라." 이 잠언은 자녀들의 "엉덩이를 세 번 때리는 것"이 궁극적으로 그들을 죽음과 무덤스올에서 구원할 것이라고 말한다. 다른 말로 하면, 하나님은 우리가 장기적인 안목을 가지고 신체적 훈육비록 성경적 용어는 아닐지라도 나는 일반적으로 "엉덩이를 찰싹 때리는 것"을 가리키는 "회초리"를 선호한다을 하기 원하신다.

부모들 가운데 일부는 온유한 심령 없이 소리를 지르며 고함을 치면서 꾸짖는다. 부모가 자녀에게 고함을 치는 것은 여러 면에서 파괴적이다. 예를 들어, 자녀가 부모가 원하는 것을 하지 않을 때, 부모는 그의 불순종을 보고 그것을 자기에 대한 반항으로 받아들여 자녀에게 소리를 지른다. 이러한 언어적 학대는 죄이며 오히려 역효과를 일으킨다. 왜냐하면 이것이 자녀 마음에 상처를 주기 때문이다. 잠언 18장 14절은 이렇게 진술한다. "사람의 심령은 그의 병을 능히 이기려니와 심령이 상하면 그것을 누가 일으키겠느냐." 이 구절이 암시하는 것 가운데 하나는 인간의 내적이며 정신적인 상처가 병 때문에 생긴 신체적 고통보다 더 해롭다는 점이다. 정신적 상처는 분노를 통제하지 못하고 자녀에게 소리를 지르는 부모와 같은 누군가의 잘못된 선택에서 비롯된다.

아마도 당신은 형제를 때리는 아이를 때리는 것이 좋은 양육이라고 잘못 생각하는 부모를 알 것이다. 어떤 부모들은 거짓말이 가져다주는 배신감을 경험하도록 자녀에게 거짓말을 하는 것이 좋은 양육이라고 잘못 생각한다. 어떤 부모는 자녀가 침대에 오줌을 싸거나 화장실에서 실수를 했을 때, 오줌을 싼 곳에 아이의 코를 비비는 것이 좋은 양육이라고 생각한다. 부모로서 당신은 자녀의 나쁜 선택이나 골치 아픈 상황에 절대로 악으로 응수하지 않아야 한다.롬12:21 자녀가 누군가를 꼬집었을 때, 그를 꼬집어서는 안 된다. 하나님께 영광이 되는 적절한 사랑의 훈육처럼, 통제된 가운데 계획적이며 감정적이 되지 않은 방식으로 회초리와 꾸지람을 사용하라.

이 장의 핵심은 통제된 목적이 있는 온유한 심령의 신체적, 언어적 훈육이 중독예방양육에 필수적이라는 것이다. 회초리는 꾸지람만큼이나 중요하다. 그러나 회초리와 꾸지람이 자녀를 향한 부모의 개인적 공격이 아니라는 보증이 필요하다. 그러므로 통제되지 않은 손찌검은 파괴적인 죄가 된다. 하나님은 이렇게 우발적이고 격분한 상태에서 이루어지는 양육을 기뻐하시지 않는다.

회초리와 꾸지람을 반대하는 사람들은 이것이 자녀들에게 해롭다면서 그 속에 있는 사랑은 간과한다. 이러한 생각은 오늘날 우리의 문화에 깊숙이 스며들어 있는 뉴에이지와 포스트모던 같은 세속적 철학이 만들어낸 결과물이다. 나는 회초리와 꾸지람이 성경적이라는 사실을 말하고 싶다. 자녀들이 주님을 기쁘시게 하고 성인이 되어서 좋은 선택을 하도록 회초리와 꾸지람을 사용하는 것을 진지하게 숙고해 보라.

결론

마지막으로 나는 정직하게 말하고 싶다. 회초리와 꾸지람에 대해서 기록한 이 장은 내가 쓰기 어려운 장이었다. 때로는 내 감정이 하나님의 진리와 일치한다. 그러나 나는 자녀들을 회초리로 때리고 싶지 않다. 이것은 내가 해야 했던 가장 어려운 일이다. 그럼에도 내가 이렇게 한 것은 하나님의 말씀을 신뢰하기 때문이다. 회초리와 꾸지람은 하나님에 대한 나의 순종이다. 나는 많은 기도와 더불어 이것을 한다. 나는 회초리와 꾸지람을 하기 전이나 후에 종종 혼자 기도한다. 그리고 회초리를 사용한 후에 항상 자녀들과 함께 기도한다. 그런 후 나는 자녀들을 안아주며, 종종 말없이 그 상태를 유지한다.

사람들은 성급히 또는 잘못된 방식으로 회초리를 사용하는 것은 아닌가? 불행히도 그렇다. 만약 당신이 그랬다면 회개하라. 그리고 주님과 자녀들에게 용서를 구하라. 그러나 이 경험이 자녀에 대한 회초리와 꾸지람을 멈추게 해서는 안 된다. 당신은 하나님을 신뢰하는 가운데 하나님만을 기쁘시게 해야 한다. 잠언 29장 17절은 이것을 가장 잘 표현한다. "네 자식을 징계하라 그리하면 그가 너를 평안하게 하겠고 또 네 마음에 기쁨을 주리라." 중독예방양육은 순종하는 부모와 함께 시작한다. 자녀들은 순종하는 부모에게 순종을 배운다. 자녀들은 부모가 먼저 하나님의 권위에 순종할 때 부모의 권위에 순종하는 것을 배운다. 좋은 행동을 본받는 것이 말보다 더 강력하다.

핵심 아이디어와 실천전략

1. 이 장에 제시된 잠언 말씀을 자녀와 함께 읽고 토론하라. 당신은 자녀와 함께 대화하면서, 그가 자신의 경험을 통해서 각각의 잠언과 관련된 예를 이야기하도록 하라. 아마도 학교에 있는 친구가 선생님에게 불순종했던 사건은 친구의 마음을 둘러싼 어리석음을 증명하는 것이 될 것이다.

2. 순종놀이를 다시 하라. 이때, 자녀에게 잠언 22장 15절, 23장 13~14절, 29장 17절을 근거로 주님에게 불순종했을 때 어떤 일이 일어나는지 물어보라.

3. 자녀에게 하나님의 사랑이 때때로 우리의 인생을 유쾌하지 않게 만들 수도 있다는 사실을 가르쳐라. 히브리서 12장 3~17절을 자녀와 함께 읽고, 하나님께서 당신의 불순종을 어떻게 징계하셨는지, 그리고 이것이 어떻게 당신을 더 좋은 사람 ^{또는 그리스도를 더 닮은 사람}으로 만들었는지에 대해서 말하라. 당신의 죄에 대해서는 구체적으로 말하지 말라. 죄에 대해서는 개략적으로만 말하고, 당신의 죄에 대한 하나님의 선하심에 대해서 구체적으로 말하라.

Chapter 6

✱

신체적 접촉과 칭찬

매트의 부모는 초등학교 5학년 때 이혼했다. 이 일 이후 매트는 교실에 제대로 앉아 있을 수가 없었다. 어떻게 해야 할지 몰랐던 매트의 엄마는 그를 소아정신과에 데려갔고 ADHD 진단을 받았다. 의사는 매트에게 약물을 처방했는데, 그것이 바로 지금 매트가 복용하는 아데랄이다. 매트는 아데랄을 좋아한다. 그래서 같은 ADHD 진단을 받았지만, 그것을 복용하고 싶어 하지 않는 친구들에게 아데랄을 더 구입했다. 매트는 데릭, 레이몬드 그리고 프레디에게 나누어주기에도 충분한 양의 아데랄을 가졌다. 그들은 이미 술을 마시며 마리화나를 피우고 있었다.

나는 자녀들을 훈육하는데 회초리와 꾸지람만 사용하는 구닥다리가 아니다. 나는 이것을 당신이 알았으면 한다. 회초리와 꾸지람의 반대는 신체적 접촉과 칭찬이다. 당신이 회초리와 꾸지람을 사용한다면, 당신은 또한 매우 적극적으로 포옹과 같은 적절한 신체적 접촉과 언어적 칭찬을 세 번씩 해주어야 한다. 자녀는 이것으로 말미암아 사랑과 편안한 마음을 느낀다. 만약 부모로서 당신이 "회초리와 꾸지람"만을 사용한다면, 당신은 중독예방양육, 즉 성경적 양육에 비참하게 실패하는 셈이 된다. 자녀들은 부모에게 적절한 신체적 접촉과 칭찬을 받고 싶어 한다.

자녀들은 자신들을 둘러싼 사람들과 사건들에 대한 기억을 통해서 인생을 끊임없이 해석한다. 그러므로 부모는 자녀들이 지혜롭게 행할 때 격려를 아끼지 않아야 한다. 만약 자녀가 선한 선택을 했다면, 자녀의 인격 성장을 위해 그를 칭찬하라. 알기 쉽게 설명하겠다. 나와 아내는 우리 딸의 외모를 지나치게 칭찬하지 않는다. 왜냐하면 육체는 사라질 것이기 때문이다.잠31:30 "고운 것도 거짓되고 아름다운 것도 헛되니 오직 여호와를 경외하는 여자는 칭찬을 받을 것이라." 대신 우리는 베드로전서 3장 3~4절에 따라서 우리가 할 수 있는 만큼 의도적으로 그 아이의 내적 성품을 칭찬하려고 노력한다. "너희의 단장은 머리를 꾸미고 금을 차고 아름다운 옷을 입는 외모로 하지 말고 오직 마음에 숨은 사람을 온유하고 안정한 심령의 썩지 아니할 것으로 하라 이는 하나님 앞에 값진 것이니라."

또한 우리는 자녀들에게 갈라디아서 5장 22~23절에 나오는 성령의 열매를 나타냈을 때 칭찬한다. "사랑과 희락과 화평과 오래 참음과 자비와 양성과 충성과 온유와 절제." 우리는 "너는 지금 네 여동생에게 아주 친절하구나!" 또는 "너는 오늘 엄마가 의사 선생님과 이야기하는 동안 잘 인내했구나. 고맙다!"는 말을 한다. 더군다나 우리는 자녀들이 교회에서 설교를 들었을 때 그것을 잘 이해하도록 성경에 나오는 단어들을 사용하여 말한다. 예를 들어, 자녀들이 교회에서 설교 도중에 "몹시 탐내는"covetous이라는 단어를 들으면, 우리는 자녀들이 그것이 무엇을 의미하는지 알기를 원한다. 그래서 우리는 집에서 그 단어를 사용한다. "네 동생의 장난감을 몹시 탐내지covet 말아라" 이 말은 우리가 집에서 자주 사용하는 문장 가운데 하나이다.

성령의 열매가 나타날 때, 자녀의 마음속에 숨겨져 있는 특성을 칭찬하라. 최고의 칭찬은 궁극적으로 하나님의 영광이 드러난다. 만약 자녀가 기타나 피아노를 연주한다면, 그 놀라운 은사를 주신 주님을 찬양하라. 그리고 그러한 재능과 은사가 하나님의 은혜로 주어진 것이라고 말해 주라. 그렇게 할 때 자녀는 모든 은사가 하나님께서 주셨다는 사실을 배우게 된다. 자녀를 칭찬할 때 외적인 신체적 특징 때문이 아니라 내적인 영적 특성 때문에 칭찬하라.

자녀에게 자랑하지 않는 것의 가치를 가르쳐라. 잠언 27장 2절은 이렇게 기록한다. "타인이 너를 칭찬하게 하고 네 입으로는 하지 말며 외인이 너를 칭찬하게 하고 네 입술로는 하지 말지니라." 고린도전서 1장 31절에 따르면 자랑은 오직 주님 안에서만 허용된다. "기록된 바 자랑하는 자는 주 안에서 자랑하라 함과 같게 하려 함이라." 자녀가 자신의 모든 은사와 능력 안에 거하시는 하나님을 인정하도록 하라. 자녀는 자신의 은사를 자기의 유익을 위해서가 아니라 하나님의 영광을 위해서 사용해야 한다. 예를 들어, 기타를 연주하는 자녀에게 명예와 부를 위해 록 스타가 되라고 말하는 대신, 주님을 예배하도록 기타를 연주하라고 말하라.

언어적 칭찬은 자녀들이 그리스도를 향하게 하는데 사용되어야 한다. 자녀들은 당신이 경험했던 만큼 하나님의 은혜와 복음을 기억해야 한다. 야고보서 1장 17절은 "온갖 좋은 은사와 온전한 선물이 다 위로부터" 오며, 하나님은 찬양을 받으시기에 합당하시다는 사실을 생각나게 한다. 어떤 이들은 자녀들의 "자존감"self-esteem을 높이도록 언어적 칭찬이 필요하다고 생각한다. 그러나 이러한 생각은 성경적이지 않다. 자녀들은 그리스도 안에서 자신이 누구인가에 대한 이해가 필요하다. 그리스도인인 자녀들은 자기 자신을 죽이고 그리스도를 위해서 살아야 한다. 골로새서 3장 3절은 말한다. "이는 너희가 죽었고 너희 생명이 그리스도와 함께 하나님 안에 감추어졌음이라." 자녀들의 자부심self-worth은 그리스도를 구주와 주님으로 아는 것에서 비롯된다.

자녀들의 자존감을 너무 높이는 것은 파괴적이 될 수 있다. 모든 사람은 이기적이며 죄의 본성을 가졌기 때문에, 그릇된 칭찬은 오히려 사람들에게 나쁜 선택을 하도록 만들 수 있다. 게다가 대부분의 자녀들은 거짓으로 칭찬하는 것을 알아차릴 만큼 충분히 영리하다. 성경은 우리에게 다른 사람들의 조언을 구하고, 우리의 인생에 찾아오는 시련에도 감사하고, 권위에 순종하고, 우리가 스스로 이해한 것을 신뢰하지 말라고 가르친다. 만약 당신이 자녀들에게 그리스도를 떠난 삶이 나쁘지 않다고 가르친다면, 당신은 지금 자녀들에게 비성경적 메시지를 가르치는 것이다. 당신은 자녀들에게 겸손히 하나님을 신뢰하지 말고 오만하게 되라고 가르치는지도 모른다.

자존감 운동은 세속적인 연구자들에 의해서도 비판을 받아왔다. 2005년 1월 25일자 L.A. Times에 사설을 쓴 로이 바우마이스터Roy F. Baumeister는 다음과 같이 기록한다.

> 요약하면, 자존감에 대한 열정적 수용에도 불구하고, 우리는 이것이 단지 두 가지 유익만을 줄 수 있다는 사실을 발견했다. 자존감은 기분을 좋게 만들어주고, 주도적이 되도록 해준다. 이것은 분명히 좋다. 그러나 이것은 우리가 이전에 희망했던 것들에 훨씬 못 미친다. 그리고 이것이 학교와 부모 그리고 치료사들이 자존감을 높이는데 쏟아 부었던 노력과 비용을 정당화시켜 줄 수 있을지 의심스럽다. 뒤늦게 말해서 미안하지만, 당부하고 싶은 말이 있다. 자존감에 대해서는 잊고, 자기조절self-control과 자기훈련self-discipline에 더 집중해라. 최근의 연구들은 이렇게 하는 것이 개인을 위해서 그리고 사회를 위해서도 좋으며, 한번 만들어진 자존감이 지속될 수 없다는 사실이 증명될지도 모른다고 주장한다.[25]

바우마이스터는 여기에 "초등학생의 높은 자존감이 성적을 높여주지 않는다"라는 내용을 추가했다.

그러면 우리는 왜 이러한 세상의 거짓말에 대가를 지불하는가? 왜 우리는 "자존감"이 자녀들의 안녕에 절대적으로 필요하다고 믿는가? 그이유는 우리가 텔레비전이나 책심지어 "기독교" 서적 같은 것들에서 보고 들은 거짓말을 믿으려는 경향이 있기 때문이다. 자존감은 사람이 만들어 낸 생각이지 성경적인 개념이 아니다. 심지어 많은 설교자들도 오늘날 자존감이 진리라고 믿는다. 자녀들에게 자기를 존중하는 것self-esteem보다 더 필요한 것은 "그리스도를 존중하는 것"Christ-esteem이며,[26] 이것은 우리가 우리의 창조자와 구원자 그리고 주님이신 분에 의해서 의를 위해 창조된 피조물이라는 이해에서 시작된다. 비록 죄가 우리 모두에게 육신적 삶과 이기적 삶이라는 저주를 가져왔을지라도, 자녀가 '우리의 완전한 사랑의 하나님에게 중요한 존재'라는 사실을 이해하도록 도와주라. 하나님은 당신의 자녀를 하나님의 형상대로 창조하셨다. 또한 하나님은 은혜로 우리를 죄의 저주에서 구속하신다. 이때 하나님의 은혜는 십자가 위에서 이루어진 우리 주 예수님의 희생에 근거한다. 자존감에 대해서 더 많은 통찰을 얻고자 한다면, 데이빗 타일러David Tyler가 쓰고, 포커스 출판사Focus Publishing가 출판한 *Self-Esteem: Are We Really Better Than We Think?* 라는 소책자를 읽어보기 바란다.

결론

하나님을 향하게 하는 적절한 언어적 칭찬으로 당신의 자녀를 가르쳐라. 이러한 칭찬은 반드시 적절한 신체적 접촉과 함께 이루어져야 한다.

---

25) Website: http://articles.latimes.com/2005/jan/25/opinion/oe-baumeister25
26) 같은 이름을 가진 책을 저술한 제이 아담스Jay Adams 박사가 만든 용어.

자녀의 **뺨**에 입을 맞추고 꽉 껴안고 두 팔을 벌려 가볍게 안아주는 것은 자녀가 당신의 사랑과 하나님의 사랑을 확신할 수 있는 중요한 방법이다. 여러 사람이 함께 대화하는 동안 당신의 팔을 자녀의 어깨 위에 얹어 놓는 것은 자녀를 향한 당신의 사랑을 미묘하지만, 강하게 확인시켜준다. 다시 말해서, 나는 당신이 회초리와 꾸지람으로 자녀를 훈육하는 만큼, 적어도 세 번은 자녀와 신체적으로 접촉할 것을 권한다. 자녀가 일상에서 순종했을 때 적절한 신체적 접촉을 통해서 자녀를 칭찬하라. 신체적 접촉"하이 파이브"와 같은으로 자녀를 사랑할 방법은 많이 있다. 기회가 주어지는 대로 자녀에게 성경적 칭찬과 신체적 접촉을 하라.

● ● ●

핵심 아이디어와 실천전략

1. 당신은 자녀의 강점과 능력 그리고 은사의 목록을 작성하라. 자녀도 이와 같은 목록을 작성하도록 하라만약 자녀가 이렇게 할 만큼 성장하지 않았다면, 당신이 자녀와 함께 그 목록을 작성하라. 그리고 그러한 각각의 강점과 능력 그리고 은사를 주신 하나님께 감사하며 기도하라.

2. 시간이 없더라도 적어도 하루에 한 번은 꽉 껴안고, 가볍게 안아주고, 가까이에 앉고, 어깨에 손을 얹음으로써 사랑을 적절하게 표현하겠다는 결심을 하라.

3. 잠언 17장 22절을 자녀와 함께 읽으라. "마음의 즐거움은 양약이라도 심령의 근심은 뼈를 마르게 하느니라." 자녀가 더 많이 웃도록 당신이 할 수 있는 일의 목록을 만들어라.

Chapter 7

✢

균형 잡힌 양육

그 파티에서 매트와 프레디는 데릭과 레이몬드를 남기고 떠났다. 데릭과 레이몬드는 레이몬드가 데리고 온 네 명의 여자 친구들에게 마리화나 담배를 주었다. 그 가운데 세 명은 함께 모여서 마리화나 담배를 피우지만, 나머지 한 명인 에드너는 "사양할게"라고 말하며 거절했다. 에드너는 친구들이 그녀에게 술을 마시게 하거나 마약을 하게 하면, 그들을 "죽여 버리겠다"라는 부모의 과장된 말을 기억했다.

부모는 하나님의 완전한 계획에 따라서 자녀를 양육해야 하며, 균형 잡힌 훈육과 성경적 양육을 제공해야 한다. 일반적으로 한 부모는 더 엄격하고 완고하며, 다른 한 부모는 더 은혜롭고 관대하다. 부모는 자녀를 함께 양육해야 하며, 상호간의 균형을 이루도록 노력해야 한다. 부모는 자녀를 훈육한 후에 자녀가 없는 상태에서 그 상황의 장점과 단점에 대해 개인적 의견을 나누어야 한다. 부모는 겸손해야 하며, 매우 다른 관점을 가진 다른 부모에게 기꺼이 배우려고 해야 한다. 양육은 최상의 팀워크이지만, 때때로 최악이 되기도 한다. 결혼생활에서 하나님을 위해 자녀에게 영향을 미치고자 하는 간절한 욕구보다 남편과 아내를 더 가깝게 묶어주는 것은 아무 것도 없다. 자녀는 하나의 목표와 방향을 유지하고자 노력하지 않는, 그래서 마음이 멀어진 부모들에게 정말로 도움이 된다. 부모가 하나 되지 않는 양육은 좋지 않은 결혼 생활을 더 악화시킨다.

나는 배우자 없이 혼자 자녀를 키우는 부모를 가장 존경한다. 나는 균형 잡힌 양육을 위해 내 아내가 얼마나 필요한지 매일 깨닫는다. 아마 아내도 같은 말을 할 것이다. 많은 한 부모 가정의 부모들은 매일 하나님의 은혜에 의존한다. 그리고 종종 부부가 한 마음으로 자녀를 양육하지 않고 서로에게 상처를 주는 두 부모 가정의 부모들보다 훨씬 더 훌륭하게 자녀를 양육한다. 타락한 세상에서 많은 아이들은 한 부모 가정에서 자란다. 그리고 그들 가운데 일부는 양육 과정의 핵심요소가 없는 상태에서 성장한다. 남편과 아내가 모두 양육에 참여할 때 그만큼 강한 영향력을 발휘하며, 자녀는 그 둘 사이에서 최고의 균형감각을 지니게 된다. 양극단은혜 또는 정의에서 벗어나 의사소통을 잘하고 한 마음으로 자녀를 양육하는 부모들은 그들의 자녀들에게 예수 그리스도의 사랑 안에 나타난 균형 잡힌 진리를 가르친다.

완전한 인간이자 완전한 하나님이신 예수 그리스도가 이 땅위를 걷고 있을 때, 그분은 완전한 균형을 이루고 있었다. 예수님은 100% 인간이었으며 동시에 100% 하나님이었다. 이러한 사실을 완전하게 이해할 수 있는 분은 하나님뿐이시다. 왜냐하면 이 사실은 논리와 인간 이성의 능력을 넘어서기 때문이다. 게다가 예수님은 다른 방법으로 균형을 이루고 있었다. 그분은 모든 상황에서 만났던 모든 사람에게 100% 은혜로웠으며 100% 진실했다. 요한복음 1장 14절은 예수님의 완벽한 균형을 확증해준다. "말씀이 육신이 되어 우리 가운데 거하시매 우리가 그의 영광을 보니 아버지의 독생자의 영광이요 은혜와 진리가 충만하더라."

예수님처럼 당신은 다른 사람들, 특히 자녀들과 관계할 때 균형을 이루어야 한다. 당신은 진실하고 은혜로운 사람이 되도록 노력해야 한다. 왜냐하면 그렇게 하려고 최선을 다하는 것이 완전히 의로우면서 동시에 완전히 자비로운 균형 잡힌 하나님의 본성을 반영하기 때문이다. 땅의 부모인 당신의 목표는 자녀가 하늘의 부모이신 하나님을 향하도록 하는 것이다. 에베소서 4장 15절은 이것을 이렇게 진술한다. "오직 사랑 안에서 참된 것을 하여 범사에 그에게까지 자랄지라 그는 머리니 곧 그리스도라." 자녀가 영적으로 성장하도록 자녀에게 사랑 안에서 진리를 말함으로써 균형을 유지하도록 노력하라.

긍정적, 부정적 교훈

자녀에게 주님을 기쁘시게 하는 "벗기"put-off와 "입기"put-on의 개념을 가르쳐라. 에베소서 4장 22~24절은 이렇게 진술한다. "너희는 유혹의 욕심을 따라 썩어져 가는 구습을 따르는 옛 사람을 벗어버리고 오직 너희의 심령이 새롭게 되어 하나님을 따라 의와 진리의 거룩함으로 지으심을 받은 새사람을 입으라." 우리가 그리스도인이 되었을 때, 성경은 우리에게 옛 생각과 말과 행동을 벗으라고 말한다. 그리고 옛 욕망에 대한 우리의 생각을 새롭게 해서 순수하고 의롭고 거룩한 새로운 생각과 말과 행동을 입으라고 말한다. 예를 들어, 우리는 도둑질하던 옛 행동을 벗고, 열심히 일해서 다른 사람들을 구제하는 행동을 입어야 한다. 이 예는 에베소서 4장 28절에 기록되어 있다. "도둑질하는 자는 다시 도둑질하지 말고 돌이켜 가난한 자에게 구제할 수 있도록 자기 손으로 수고하여 선한 일을 하라."

나쁜 습관을 대체하는 것은 성경적 중독예방양육의 핵심 요소이다. 습관은 절대로 깨지지 않는다. 대신 습관은 대체된다. 도둑질하는 나쁜 습관을 열심히 일해서 다른 사람들을 구제하는 습관으로 대체해야 한다.엡4:28 또 시기하는 생각과 같은 나쁜 습관을 하나님이 우리에게 주신 모든 것, 궁극적으로 우리의 구세주에 대해 감사하는 경건한 생각으로 대체해야 한다. 다른 사람에게 "너는 어리석어"라고 말하는 것과 같은 나쁜 습관을 "너는 친절하구나"라는 말과 같은 경건한 언어로 대체해야 한다. 이러한 "벗기"와 "입기"의 원리는 자녀양육에서 매우 효과적이며 강력하다.

그러나 벗기와 입기의 원리에는 한 가지 부가적인 부분이 있다. 그것은 우리의 마음이 새롭게 되어야 한다는 점이다.엡4:23 새로운 마음은 모든 변화를 위해 필수적이다. 새로운 마음은 당신이 전에 사랑했던 것을 지금은 싫어하고, '죄' 벗기 당신이 전에 싫어했던 것을 지금은 사랑하는 것 '의' 입기이라고 단순히 요약할 수 있다. 마약중독자들에게 새로운 마음은 마약이 주는 해로움 때문에 마약을 싫어하는 것이며, 삶이 주는 이익과 주님을 영화롭게 하려는 목적 때문에 그리스도에게 헌신한, 마약에서 자유로워진 삶을 끌어안는 것이다. 당신은 자녀를 양육할 때, 반드시 자녀가 경건"입기"를 사랑하는 것을 끌어안고, 이기적인 죄의 욕망"벗기"를 싫어하는 것을 거절하도록 도와야 한다.

모든 자녀는 죄의 본성을 지니고 태어나기 때문에, 그들의 마음은 반드시 새롭게 되어야 한다. 그리고 이것은 오직 하나님의 말씀의 원리와 조화를 이루는 성령의 권능을 통해서만 가능하다. 당신은 하나님의 말씀을 적절히 가르치도록 먼저 배워야 한다. 당신이 자녀에게 무엇이 옳고 그른지를 가르치려 할 때, 잠언과 야고보서는 좋은 출발점이 된다. 당신은 성경학자가 되지 않아도 된다. 당신은 단지 자녀보다 한 발만 앞서 있으면 된다. 자녀에게 성경의 교훈을 가르치기 전에 미리 공부하고, 그것을 가지고 자녀를 가르쳐라.

에베소서 6장 4절의 원리에 따라 자녀들이 해야 하는 것교훈/권면과 하지 말아야 하는 것훈계을 가르침으로써, 양육이 균형을 이루도록 하는 것이 목표임을 기억하라. "또 아비들아 너희 자녀를 노엽게 하지 말고 오직 주의 교훈과 훈계로 양육하라." 이 구절에서 교훈과 훈계 중 어느 한 부분에 실패하는 부모는 자녀를 "노엽게" 만든다.엡6:4 이 구절에서 "양육하라"는 말은 자녀를 영적으로 기르라는 의미이다. 이때 자녀들을 위한 자양분은 하나님의 말씀이 주는 영적 음식이다. 자녀를 교훈과 훈계로 양육하지 않으면, 그 아이는 영적 영양실조에 걸릴 것이다. 자녀가 신체적으로 성인이 되었을 때, 영적 영양실조에 걸린 아이는 영적 성취를 위해 일시적이고 신체적인 대상에 의존하게 된다. 이러한 대상은 종종 마약, 그리고 다른 유형의 "중독적" 즐거움이 된다.

　내가 발견한 것은 이것이 지금까지 내가 상담했던 수많은 사람들에게 해당한다는 사실이다. 그들 가운데 많은 사람은 절대로 훈계와 교훈 또는 권면을 받은 적이 없다. 대신 그들은 십대 동안 "부패해서 쓸모없게" spoiled rotten 되었으며 잘못한 일 때문에 혼나지도 않았다. 그들은 노력 없이 재화를 얻었고 회초리나 꾸지람을 당하지 않았다. 그 결과 그들은 영적 영양실조에 걸려 영적으로 방치되었다. 그들은 혼자 남겨졌으며, 세상이 그들을 위해서 그리고 그들의 쾌락을 위해서 존재한다고 믿었다. 그들에게는 "예배장애"가 일어났다. 예배장애는 육신의 우상숭배적 쾌락에서 영적 성취와 자양분을 추구하는 것으로서, 그들을 공허감, 절망, 함정, 육신의 중독, 사기, 분노로 이끌어간다. 육체의 소욕은 절대로 주님을 예배하고 섬기고자 하는 인간의 영적 욕구를 채우지 못한다.

　자녀들은 자신이 우주의 중심이 아니라는 사실을 반드시 배워야 한다. 이것의 출발점은 가정이다. 부모는 자녀들에게 그들이 가족, 교회, 사회와 같은 더 커다란 유기체의 일부라는 사실을 가르쳐야 한다. 이러한 유기체는 자녀를 위해서 존재하지만, 그 안에 속한 모든 사람이 자기 자신보다 다른 사람을 더 생각할 때 원활하게 움직인다. 자녀는 빌립보서 2장 3~4절을 따라서 행동해야 한다. "아무 일에든지 다툼이나 허영으로 하지 말고 오직 겸손한 마음으로 각각 자기보다 남을 낫게 여기고 각각 자기 일을 돌볼뿐더러 또한 각각 다른 사람들의 일을 돌보아 나의 기쁨을 충만하게 하라." 당신은 자녀에게 다른 사람들을 섬기라고 가르치는가? 당신의 가정은 자녀중심인가 아니면 그리스도 중심인가?

자녀들에게 다른 사람들을 섬기라고 가르쳐야 할 일차적 책임은 부모에게 있다. 교회는 이 가르침을 강화하는데 도움이 된다. 주님은 자녀들의 영적 발전을 위한 책임을 부모에게 주셨다. 빌립보서 2장의 두 구절에서 "다툼"이라는 단어는 경쟁이라는 단어와 함께 사용된다. 미국의 문화는 매우 경쟁적이며 종종 개인주의적이다. 자녀에게 "꼭 이기고야 말겠다"는 다툼의 태도를 주입시키지 않도록 주의하라. 이러한 태도는 자녀를 잘못된 삶의 영역으로 넘어가게 하며, "팀 플레이어"가 되는 것을 방해할 것이다. 자녀는 다른 사람들, 특히 그들과 다른 은사를 가진 사람들을 존중하는 것, 그리고 경쟁과 승리에 대한 잘못된 강조가 빌립보서 2장 3~4절의 교훈을 감소시킬 것이라는 사실을 배워야 한다.

우리의 소명은 그리스도의 몸으로서 기능하는 것이다. 때로는 스포츠의 경쟁적 사고방식이 우리가 더 커다란 몸의 일부라는 생각을 잊어버리게 한다. 고린도전서 12장 18~27절에서 성경은 다음과 같이 진술한다.

그러나 이제 하나님이 그 원하시는 대로 지체를 각각 몸에 두셨으니 만일 다 한 지체뿐이면 몸은 어디냐 이제 지체는 많으나 몸은 하나라 눈이 손더러 내가 너를 쓸 데가 없다 하거나 또한 머리가 발더러 내가 너를 쓸 데가 없다 하지 못하리라 그뿐 아니라 더 약하게 보이는 몸의 지체가 도리어 요긴하고 우리가 몸의 덜 귀히 여기는 그것들을 더욱 귀한 것들로 입혀 주며 우리의 아름답지 못한 지체는 더욱 아름다운 것을 얻느니라 그런즉 우리의 아름다운 지체는 그럴 필요가 없느니라 오직 하나님이 몸을 고르게 하여 부족한 지체에게 귀중함을 더하사 몸 가운데서 분쟁이 없고 오직 여러 지체가 서로 같이 돌보게 하셨느니라 만일 한 지체가 고통을 받으면 모든 지체가 함께 고통을 받고 한 지체가 영광을 얻으면 모든 지체가 함께 즐거워하느니라 너희는 그리스도의 몸이요 지체의 각 부분이라

자녀들에게 "꼭 이기고야 말겠다"는 동기를 위해서가 아니라, 우리의 일차적 동기인 하나님의 영광을 위해서 최선의 노력을 다하라고 가르쳐라. 고전10:31 미국은 스포츠 팀이 우세하기 때문에 중독예방양육에서 이것을 언급할 필요가 있다. 자녀에게 열심히 운동하되 그 결과는 하나님께 맡기라고 가르쳐라. 또한 그 결과가 어떻든지 간에 다른 사람들에게 품위 있는 좋은 승자와 패자가 되라고 가르쳐라. 겸손과 자비는 하나님이 우리에게 원하시는 태도이다. 스포츠 팀은 부모와 감독이 육신의 결과게임의 승리와 최고 점수의 기록과 같은보다 영적인 결과겸손, 감사, 순종, 노력 그리고 좋은 스포츠맨십과 같은의 중요성을 얼마나 더 강조했는가에 따라 복이나 저주가 될 수 있다. 야고보서 4장 6b절의 진술을 기억하라. "하나님이 교만한 자를 물리치시고 겸손한 자에게 은혜를 주신다 하였느니라."

그리스도를 닮는 것이 목표이다.

복음의 메시지는 균형 잡혀 있다. 복음은 우리 모두가 하나님의 구원의 은혜를 필요로 하는 죄인이라고 말한다. 구원의 은혜는 오직 그리스도 예수에 대한 믿음에 의해서만 발견된다. 예수 그리스도는 우리의 죄를 위해 자신의 생명을 대가로 지불하셨다. 단순하게 말하면, 자녀는 구

세주가 필요한 죄인이며, 하나님은 예수 그리스도에 대한 믿음을 통해서 은혜로 말미암아 자녀에게 구세주를 주신다.엡2:8~8 자녀가 참된 친밀감과 성취 그리고 자기존중과 자기가치를 발견할 수 있는 그리스도와의 관계를 향하게 하라. 배트맨, 슈퍼맨, 원더우먼과 같은 가상의 슈퍼 히어로로 가득 찬 세상에서, 자녀에게 최고의 영웅은 예수 그리스도가 되어야 한다! 자녀는 예수님에 대해서 열심히 배우고 그분을 닮고 싶은 강한 욕구가 있어야 한다! 그리스도는 우리의 영웅이 될 수 있는 유일한 인간이다. 그분은 충만한 은혜와 충만한 진리로 우리가 인간답게 될 수 있는 새로운 길을 가르친다.요1:14 히브리서는 '완전하지는 않지만, 신앙 안에서 성장하는' 인간 영웅들의 모습을 보여준다. 이것은 우리의 생각에 좋은 교훈과 양식이 된다.

자녀들에게 그리스도를 닮으라고 가르칠 때, 그리스도가 누군가에게 죄를 짓거나 상처를 준 적이 전혀 없다는 사실을 기억하게 하라. 예수님은 항상 사랑으로 의를 행하라고 말씀하시며, 스스로 모범을 보여주셨기 때문에 본받을 수 있는 분이다. 자녀는 복음서를 읽을 수 있으며, 그 결과 두 눈으로 하나님을 분명하게 볼 수 있다. 자녀에게 하나님의 일을 가치 있게 여기라고 가르쳐라. 그러면 자녀는 그리스도를 더 가치 있게 여길 것이다. 자녀들에게 선으로 악을 이기는 것롬12:21이 진정한 영웅적 행위라는 점을 기억하게 하라!

자녀들의 죄를 다룰 때, 자녀가 죄와 자기연민에 빠지지 않도록 하라. 많은 "중독자들"은 자기연민에 빠져 있다. 당신은 그렇게 하는 대신 자녀에게 오직 예수 그리스도 안에서만 발견되는 용서에 대해서 말하라. 그리고 하나님의 은혜와 자비를 가르쳐라. 야고보서 4장 6b절은 이렇게 진술한다. "하나님이 교만한 자를 물리치시고 겸손한 자에게 은혜를 주신다 하였느니라." 자녀에게 죄의 문제에 대해서 말하라. 만약 당신이 이렇게 하지 않고 하나님의 용서와 은혜에 대한 성경의 원리를 따라 자녀를 영적으로 먹이지 않는다면, 당신은 자녀를 희망이 없는 상태로 내버려두는 셈이 될 것이다. 그렇게 하면 자녀는 계속해서 죄에 머무르게 된다. 그렇게 하지 말고 자녀와 함께 기도하라. 자녀가 그리스도를 통해서 주시는 하나님의 용서를 구하는 기도를 드리도록 인도하라. 자녀가 당신을 통해서 하나님의 은혜를 경험하도록 함으로써, 하나님의 은혜에 대해서 더 많이 배울 수 있도록 도와주라. 이것이 당신이 마음속에 있는가? 그리스도가 당신을 통해서 은혜를 베푸시도록 허락하라. 이것은 반드시 당신이 자녀에게 은혜롭고 자비로운 부모가 되어야 한다는 의미이다! 그런 다음 용서받은 문제에 대해서 다시 이야기하지 말라. 워렌 위어스비Warren Wiersbe는 에베소서 6장 4절을 다음과 같이 주석한다.

> 아버지들은 말과 행동을 다르게 함으로써, 즉 항상 비난하고 절대 칭찬하지 않음으로써 일관성 없이 훈계하고, 공정하지 않음으로써, 자녀를 편애함으로써, 자녀들과의 약속을 지키지 않음으로써, 그리고 자녀들에게 매우 중요한 문제를 하찮게 여김으로써 자녀들을 화나게 하고 용기를 잃게 만든다. 그리스도인 부모들은 자녀들의 필요와 문제에 민감하도록 성령 충만이 필요하다.[27]

당신은 자녀들에게 얼마나 은혜로운가? 자녀들은 그들에 대한 당신의 말과 행동을 통해서 하나님의 은혜를 보는가? 당신은 자녀들이 당신에게서 그리스도를 발견할 수 있는 성령의 열매갈5:22~23를 분명히 간직하고 있는가? 당신이 부모로서 하는 일은 자녀들이 하늘의 아버지를 향

---

27) W. W. Wiersbe, *The Bible Exposition Commentary*, *"An exposition of the New Testament comprising the entire 'BE' series"*--Jkt. (Ephesians 6:4) (Wheaton, Ill: Victor Books, 1996, c1989).

하도록 하는 일임을 기억하라. 하늘의 아버지는 자녀를 온전히 사랑하시는 완벽한 부모이다. 당신은 반드시 자녀들에게 바라는 모습대로 되어야 한다.

이 책을 많이 읽는 것은 아마도 성경적 중독예방양육이 너무 어렵고 현실적이지 않다는 생각을 하게 만들지도 모른다. 만약 당신이 하나님께 복종한다면, 그리고 하나님이 당신을 통해서 성령의 권능으로 이것을 하도록 허락하신다면, 당신이 이 모든 것을 할 수 있다는 사실을 납득시키고 싶다. 당신이 신실하고, 부지런하며, 끈기 있고, 순종하며 균형 잡힌 훈육을 할 때, 하나님은 당신에게 부모로서 필요한 은혜를 주신다. 어느 누구도 피아노에 처음 앉아서 모차르트의 곡을 연주하는 일은 일어나지 않는다. 당신이 하나님이 원하시는 부모가 되려면 실천이 필요하다. 그것은 때때로 수년이 걸릴 수도 있다. 그러나 그것은 당신의 삶의 "작은", 중요하지 않을 것 같은 바로 그 순간에 시작된다. 매순간 당신이 될 수 있는 최고의 부모가 되도록 노력하라. 그리고 주님께서 당신의 삶에서 행하실 일을 지켜보라.

그리스도를 닮아가는 성장

부모로서 당신은 반드시 누가복음 2장 22~24, 27, 39, 42절에서 증거하는 것처럼 하나님의 율법에 순종하는 예수님의 부모를 닮아야 한다. 예수님의 부모는 하나님의 말씀에 순종했으며, 이것은 예수님이 인간으로서 성장하는데 커다란 영향을 미쳤다. 자녀를 교회 예배와 교회 행사에 데리고 가라. 그러나 가정이 매일 하나님의 은혜와 복음에 대해서 자녀들을 가르치는데 가장 중요한 환경이라는 사실을 잊지 마라. 형제들과 친구들 사이에서 겪는 갈등은 자녀들을 가르칠 좋은 기회를 제공한다. 자녀들의 매일의 삶에 그들의 영성을 연결하라.

완전한 인간이자 완전한 하나님이신 예수님은 항상 모든 자녀의 균형 잡힌 성장과 발전을 위한 모범이 된다. 누가복음 2장 52절은 이렇게 진술한다. "예수는 지혜와 키가 자라가며 하나님과 사람에게 더욱 사랑스러워 가시더라." 예수님은 지혜지적으로, 키신체적으로, 하나님의 사랑영적으로, 사람의 사랑사회적으로의 영역에서 성장했다. 부모의 책임은 이와 같은 영역에서 자녀들이 성장하도록 가능한 최선의 환경을 제공하는 것이다.

부모는 자녀의 지적 성장에 책임이 있다. 자녀에게 지적 성장에 적합한 자원을 분명히 제공하라. 개인적으로 나는 홈스쿨링이나 사립기독학교를 선호한다. 그러나 모든 부모가 그러한 선택을 할 수는 없다. 만일 자녀를 공립학교에 보내야 한다면, 당신은 반드시 그들의 하나님에 대한 신앙에 나쁜 영향을 미칠 진화, 낙태와 같은 거짓된 가르침을 원래대로 돌리도록 부지런히 노력해야 한다. 나는 모든 교육을 공립학교에서 받았다. 그때 나는 기독교를 부인하는 세속적 생각을 주입받았고 그것을 믿었다. 그러나 감사하게도 부모님은 내가 그러한 세속적 생각을 벗어버리고, 성경적 진리를 입도록 도와주셨다. 지금은 아내가 그러한 생각이 내 안에 슬금슬금 들어오지 않도록 도와준다.

부모는 자녀의 신체적 성장에 책임이 있다. 이것은 영양가 있는 음식, 충분한 잠과 휴식 그리고 적절한 운동을 포함한다. 성인과 마찬가지로, 자녀의 입맛은 특정한 음식에 대한 맛에 익숙해지면서 발전한다. 예를 들어, 어렸을 때 과일과 채소를 주로 먹었던 아이는 그러한 음식 맛에 익숙해지고, 만약 초콜릿과 단 것들을 먹었다면, 그 아이는 그러한 음식 맛에 익숙해진다. 부모는 자녀가 어렸을 때 그들에게 먹인 음식을 통해서 자녀들의 입맛과 식욕을 키워준다. 예를 들면, 우리 아이 가운데 한 녀석은 초콜릿을 먹지 않는다. 어렸을 때 생일파티에서 케이크를 먹은 것을 제외하고는 2년 동안 단 음식을 전혀 먹지 않았다. 이 아이는 거의

10년이 지나서도 단 음식을 먹지 않는다. 특히 초콜릿![28] 초콜릿은 그 자체로 죄가 아니다. 초콜릿은 적절히 접근할 필요가 있는 또 다른 영역이다. 이것은 자녀가 적절한 음식을 선택하도록 훈련할 수 있는 기회이다.

부모는 자녀의 영적 성장에 책임이 있다. 자녀들은 영적인 것을 받아들이는 스펀지와 같다. 자녀들은 그들의 질문에 대한 답을 원한다. 사실 나는 종종 어린 아이가 성인보다 성경적 가르침과 영적인 교훈에 더 수용적이라고 생각한다. 다시 말해서, 자녀들의 영적인 토대가 훨씬 비옥하다! 불행히도, 어떤 부모들은 성경에 순종하지 않고 자녀들에게 성경적 진리를 가르치지 않음으로써, 자녀들이 하나님에 대해서 생각할 기회를 박탈한다. 자녀들에게 하나님에 대한 잘못된 생각이 여과 없이 들어가는 것을 허락하지 말라. 창세기에서 시작되는 성경에 근거한 하나님에 대한 생각이 자라게 하라. 자녀에게 창조자, 유지자 그리고 구속자이신 하나님이 주시는 복을 생각나게 하라. 자녀들의 마음속에 감사함이 넘치게 하라. 일상에서 경험하는 모든 사건이 자녀에게 하나님의 영원성을 향하게 할 기회라는 사실을 기억하라.

부모는 자녀의 올바른 사회적 성장을 촉진할 책임이 있다. 자녀들에게 눈맞춤은 어떻게 하는지, 낯선 사람과는 어떻게 상호작용하는지, 어른은 어떻게 공경하는지, 그리고 다른 사람들을 어떻게 친절하게 대하는지와 같은 예절을 가르쳐라. 자녀들에게 그리스도를 알지 못하는 영적으로 잃어버린 사람들을 위해 기도하라고 가르쳐라. 대부분의 자녀는 사회적으로 받아들일 수 없는 자기만의 예절을 익힌다. 자녀들에게 어떻게 다른 사람들에게 좋은 친구가 될 수 있는지를 가르쳐라. 그러면 그들은 친

---

28) 내가 자랑한다고 생각하지 말기 바란다. 우리는 초콜릿을 좋아하지 않으며, 그래서 아이들에게 초콜릿을 주지 않았다. 우리는 완전한 부모와는 거리가 멀다. 내가 보증한다!

구를 갖게 될 것이다. 자녀에게 먼저 하나님을 기쁘시게 하는 것이 얼마나 중요한지 그리고 친구들의 압력이 얼마나 위험한지를 생각나게 하라. 갈라디아서 1장 10절은 이렇게 기록한다. "이제 내가 사람들에게 좋게 하랴 하나님께 좋게 하랴 사람들에게 기쁨을 구하랴 내가 지금까지 사람들의 기쁨을 구하였다면 그리스도의 종이 아니니라."

자녀양육에서 친구들의 압력은 끊임없는 관심사이다. 부모는 자녀가 친구 선택하는 것을 도와주어야 한다. 때때로 부모는 자녀가 나쁜 영향을 미치는 다른 아이와 함께 시간을 보내지 않도록 직접 개입하고 강권해야 한다. 나는 자녀들이 친구선택과 관련하여 종종 잘못된 선택을 하는 것을 안다. 여기서 내가 언급하는 친구는 부모에게 불순종하고 반항하며, 친구들을 조롱하는 아이이다. 부모는 이러한 영향에서 자녀들을 보호하고 간섭하라고 주신 하나님의 권위이다. 이렇게 하지 않는 것은 죄이다. 고린도전서 15장 33절은 부모들에게 이러한 사실을 생각나게 한다. "속지 말라 악한 동무들은 선한 행실을 더럽히나니." 이 구절은 자녀들이 반항하고 조롱하는 친구들에게 선한 영향을 끼칠 것이라고 생각하여 자기 자신을 기만하는 부모들을 향한 경고이다. 오히려 성경은 나쁜 친구들이 자녀의 좋은 도덕성을 폐허로 만든다고 말한다. 내게 상담하러 오는 사람들 가운데는 십대 자녀에게 나쁜 친구들과 어울리는 것을 허락했다가 술과 마약 때문에 어려움을 겪는 부모들이 많다.

하나님이 부모로서 당신에게 주신 권위를 받아들이고, 자녀의 성장을 위해 안전과 지혜와 기회를 제공하라. 자녀에게 허락한 텔레비전 시청 시간을 제한하라. 컴퓨터게임을 하라고 허락한 시간을 제한하라. 자녀들이 한번에 15~30분 동안 계속 앉아서 책을 읽도록 훈련하라글을 읽지 못한다면 그림책을 보도록. 그들이 이렇게 했을 때 그에 합당한 보상을 주라. 중독의 문제를 가진 사람들은 독서를 싫어한다. 그 가운데 많은 사람은 부모들이 책을 읽지 못하게 했다고 말한다. 만약 내 내담자가 이러한 사람이라면, 그는 자신의 육신을 극복하고 성경을 읽기 시작하는 것이 매우 어렵다. 성경 읽기는 모든 종류의 중독을 극복하며 사탄과 세상의 거짓말을 찢어버리기 위한 그리스도인의 최고의 무기이다.

결론

은혜와 진리로 충만한 균형 잡힌 양육은 인간의 정욕을 자극하는 사탄의 덫으로 가득 찬 타락한 세상에서 승리할 기회를 자녀에게 제공한다. 하나님의 영광과 자녀의 유익을 위해 예수 그리스도를 최고의 모범으로 삼는 균형 잡힌 방법으로 자녀를 훈육하라. 자녀의 영웅은 반드시 이 땅에 살았던 "가장 차분한" 사람, 예수 그리스도가 되어야 한다! 예수님은 당신에게 성령으로 충만하기, 진리를 끌어안기, 하나님에게 항복하기, 다른 사람 사랑하기와 같은 인간답게 되는 새로운 방법을 가르친다.

···

핵심 아이디어와 실천전략

1. 당신이 은혜와 진리 가운데 어느 것을 더 좋아하는지 평가하라. 대부분의 사람들은 이 두 가지 가운데 하나에 치우친다. 당신이 지금보다 더 그리스도를 닮도록 이 두 가지를 균형 있게 표현하는 방법을 나열하라. 요1:14

2. 당신과 자녀가 그리스도의 몸에 얼마나 잘 맞는지 생각하라. 당신의 영적 은사는 무엇인가? 당신은 교회를 위해 무엇을 하는가? 당신과 자녀는 한 가족 또는 부모-자녀 팀으로서 교회의 한 멤버인 목사님 또는 성도들을 축복하는 일을 함께 하라.

3. 누가복음 2장 52절에 나타난 지적지혜, 신체적키, 영적하나님의 사랑 그리고 사회적인간의 사랑 영역에서 자녀의 성장을 평가하라. 당신은 1부터 10까지10은 훌륭하고, 1은 매우 빈약한 척도를 사용할 수 있다. 자녀에게도 역시 스스로 평가하도록 해보라. 자녀가 이 네 가지 영역에서 건강하게 성장하도록 실제적인 계획을 만들어라.예를 들어, 당신의 가정에서 성경을 포함한 책 읽기, 운동하기, 기도하기, 친구와 함께 시간 보내기 등

2부

"중독"에 대한 성경적 접근

Chapter 8

✼

"중독" 이해하기

에드너는 집으로 돌아가고 싶었지만, 운전할 레이몬드가 너무 취했다는 사실을 발견했다. 친구들은 그녀에게 마리화나를 가리키며 "우리랑 같이 한번만 해보자"라면서 에드너를 꼬드겼다. 한 친구가 이렇게 말했다. "이 거 아주 재미있어. 너도 한번 해 보면 너무 즐거워서 킥킥거리며 웃게 될거야." 에드너는 친구들을 보면서 잠시 동안 고민하다가 이렇게 생각했다. "어쨌든 부모님들은 내가 집에 들어 갈 때 항상 잠들어 계시니까."

이 시점에서 우리는 중독에 대한 성경적 접근과 자녀가 "중독자"의 사고방식을 갖는 것을 어떻게 인식하고 막을 수 있는가에 초점을 맞출 것이다. 성경적 상담을 할 기회가 주어진 이후 나는 거의 매일 우상숭배 와 "중독"으로 만신창이가 된 사람들을 대면한다. 이 때문에 이 책의 분 위기는 좀 더 진지해질 것이다. 나는 때때로 시간을 거슬러 올라가 중독 적 선택이 가져오는 끔찍한 결과를 피하고자 부모들을 가르칠 기회가 주어지기를 간절히 원한다. 이런 이유 때문에 나는 당신이 하나님이 주 신 자녀양육의 소명에 새롭게 다가갈 준비가 되어 있기를 바란다.

만약 내가 할 수만 있다면, 나는 항상 "중독"이라는 단어 옆에 인용표 시를 할 것이다. 이제 중독에 대해서 설명하고자 한다. "중독"은 세속적 용어이며, "사용자에게 해롭다고 알려진 물질에 대한 끊임없는 강압적 compulsive 사용"으로 정의된다.[29] 이 정의에서 키워드는 "강압적"이라는 단어이며, 이것은 중독자가 자기 자신을 도울 수 없기 때문에 중독적 선택에 대한 책임이 없다는 사실을 암시한다. 그러나 이것은 진실이 아니다. 왜냐하면 중독의 초기단계에서 이루어지는 잘못된 선택이 종종 삶의 문제와 슬픔에서 벗어나고자 하는 계획된 의도를 포함하기 때문이다.

"강압적" 행동은 "비이성적 행동을 수행하려는 저항할 수 없는 충동"으로 정의된다.[30] 그러나 자신에게 물어보라. 실제로 중독에 대한 욕구를 수행하려는 선택이 저항할 수 없는 것인가? 일반적으로 선택은 계획된다. 이것이 무의식적이며 무계획적인 것처럼 보일지도 모르지만, 그 안에는 많은 생각이 들어 있다. 중독자는 죄에 대한 비이성적 선택을 한다. 중독적 선택은 종종 ① 이해되지 않으며, ② 일회성의 쾌락만을 주며, ③ 그 결과 한 번의 쾌락은 사라지고 번민을 일으킨다. 나는 중독에 대한 정의에서, 이러한 선택이 습관적이 될 수는 있지만, 강압적이지는 않다고 말한다.

II부에서 내가 원하는 것은 주님께서 당신의 눈을 열어 주셔서 당신이 중독의 핵심중독에 노예가 된 사람이 지닌 마음의 태도, 생각 그리고 감정에 대한 통찰을 얻는 것이다. 당신은 중독자들을 어떻게 생각하는가? 부모는 반드시 자신의 특정한 행동이 자녀에게 얼마나 많은 중독적 사고를 일으키는지 알아야 한다. 중독에 빠지는 아이들과 십대들은 내가 이름붙인 다섯 가지 기본적인 세속적, 자기중심적 사고방식을 가졌다.

---

29) *Merriam-Webster's Collegiate Dictionary*, 10th ed. (Springfield, MA: Merriam-Webster Inc., 1996, c1993).
30) 앞의 책.

1. 권리의식

2. 소비자의식

3. 희생자의식

4. 소멸의식

5. 반항의식

처음 두 가지 심리상태는 마태복음 22장 37~40절에 기초하며, 마지막 세 가지는 에베소서 5장 18~21절에 기초한다. 이러한 심리상태는 모두 긍정적으로 대체할 수 있는 성경적 대체물이 있다.

1. 겸손하라

2. 베풀어라

3. 책임져라

4. 감사하라

5. 복종하라

자녀들을 중독에 빠지지 않게 키우려는 헌신된 부모들은 이러한 다섯 가지 새로운 반중독적 사고방식을 아주 어린 자녀들에게 심어줄 수 있다.

중독과 관련된 기본적인 성경적 개념

자녀를 위한 최대한의 중독예방양육을 위해 당신은 먼저 성경적 관점에서 "중독"의 기초를 이해해야 한다. 중독에 대한 세속적 사고는 오늘날의 문화에서 뿐만 아니라 그리스도인들의 교회에서조차도 우위를 차지한다. 이러한 중독에 대한 세속적 사고가 종종 성경과 직접적인 갈등을 일으키지만, 그럼에도 교회는 여전이 이러한 사고의 일부를 채택하여 받아들인다! 그러므로 나는 당신에게 세속적 관점이 아니라 성경적 관점을 가지고 중독에 대해서 생각하라고 강권한다. 당신이 인간의 최고의 아이디어를 따르기보다 하나님의 말씀 안에 거할 때 부모로서 더욱 훌륭한 성공을 거둘 것이다.

*The Heart of Addiction*에서는 중독을 "사용자에게 해롭다고 알려진 물질에 대한 끊임없는 습관적habitual 사용"으로 정의한다. 중독적 생각과 행동은 중독자를 사랑하고 주시하는 사람들에게 이해되지 않는다. 왜 중독자는 그것이 결국 자기에게 해가 될 것이라는 사실을 알면서도 그것을 하고 있을까? 불행히도 중독으로 말미암아 발생하는 고통과 아픔은 "중독자"로 하여금 그것을 단념하게 만들지 못한다.

중독적 사고방식은 오로지 한 가지 자기 자신을 즐겁게 하는 일에 사로잡혀 있다. 이것은 어떤 대가를 치러서라도 고통을 피하고 쾌락을 추구하는 경향이 있으며, 일반적으로 사랑하는 사람과의 친밀한 관계의 상실이 이 안에 포함되어 있다. 특히 고통스러운 금단현상이 나타났을 때, 일시적인 만족에 대한 욕구가 그들을 삼켜버리는 것 같다. 마약중독의 금단 현상은 구토, 두통, 깊은 우울 그리고 감기 같은 증상들이다. 때때로 이러한 증상들은 심각하게 나타난다. 마약에 대한 신체의 의존은 소위 "내성"tolerance이라 불리며 시간을 초월하여 발전한다. 내성과 금단현상이라는 관점에서 볼 때, 마약은 그 종류에 따라 사람들에게 다른 영향을 미친다. 도박, 소비, 자해 등과 관련된 "중독"에서 나타나는 금단현상은 신체적 현상보다는 정서적 현상으로 더 많이 나타난다.

중독과 관련된 신체적 증상 때문에 많은 사람들은 이것을 단순히 의학적인 병이라고 믿는다. 심지어 어떤 사람들은 이것을 "유전, 뇌 질환"이라고 주장한다. 이들은 이러한 사실을 지지하는 과학적 근거가 없음에도 그렇게 한다. 대부분의 사람들은 1930년대부터 중독이 계속해서 진행되는 병이지만, 치료는 불가능한 병이라고 주장하는 의학적 모델이론을 신뢰한다. 계속해서 진행되지만, 치료는 할 수 없다는 이러한 주장에서 희망을 찾을 수 있을까?

세상은 중독자들이 가상의 "병"을 얻게 된 것에 대해서 책임이 없다고 말한다. 그래서 많은 사람들은 중독을 도덕적 문제로 생각하지 않는다. 그러나 그 사람이 중독예를 들어, 알코올 중독과 같은이라는 병에 걸리는데 아무 것도 하지 않았다고 가정하더라도, 그는 자조모임self-help meetings에 참석하고 청결을 유지하며 술에 취하지 않는 것에 의해서 "병을 치료"할 책임이 있다. 세상의 접근에서 자조모임은 "중독"을 치료하는데 필수적인 "약물"medicine이다.

나는 이런 접근에 대해 의문이 있다. 중독된 것에 대한 책임이 내게 없다면, 왜 내가 중독을 치료하는데 책임을 져야 하는가? 바로 이 생각이 중독자들에게 더 커다란 마음의 고통을 일으킨다. 그들은 하나님이 창조하신 이 세상이 그들이 잘못되었다고 주장하면서 그들을 부당하게 대우한다고 생각한다. 이것은 거짓말이다. 사실, 반대가 진실이다. 오히려 하나님은 잘못된 선택으로 신체적, 정신적 중독에 이른, 실제적 책임이 있는 사람들에게 은혜로운 존재이다. 사람은 죄에 빠지는 경향이 있다. 즉 하나님이 요구하시는 의의 표준을 잊어버리고, 죄를 즐거워하며, 그런 의미에서 "중독적"이 되어간다.

이런 질문은 잘못된 것이다. "왜 하나님은 나를 고통스럽게 하며, 내가 중독에 빠져 있는 것을 허락하실까?"

바른 질문은 이것이다. "왜 공정하고 의로우신 하나님은 나의 죄 된 태도와 잘못된 선택에도 불구하고 나를 죽음에 이르게 하시지 않는 걸까?" 당신은 이 두 가지 질문 뒤에 숨어 있는 상반된 태도를 알 수 있는가? 당신은 이 두 질문 안에 포함된 하나님에 대한 관점이 근본적으로 어떻게 다른지 아는가?

중독을 다루는 세상의 방법은 때때로 혼란스럽다. 왜냐하면 중독을 다루는 세상의 방법이 종종 "이중 메시지"double speak처럼 들리기 때문이다. 세상은 중독자들에게 "당신에게는 병이 있습니다. 그러나 희망은 없습니다. 만약 당신이 안정된 삶을 위해 매주 자조모임에 참석하면 이 것을 치료할 수 있습니다." 세상의 해결책에는 "더 높은 힘"에 대한 언급만이 있으며, 예수 그리스도이신 창조주는 필수 요소가 아니다. 혹 중독에 대한 세속적 접근이 종종 과학적 사실처럼 받아들여지더라도, 그것은 과학적 사실이 아니다. 이것은 단지 중독에 대한 인간의 이론일 뿐이며, 세속주의자들조차도 이러한 주장의 위선을 간파하며 비판한다.[31)]

세속적 접근은 단지 중독이라는 문제 때문에 사람들이 자기 자신을 비난하는 것을 원하지 않는다. 그리고 해결책이신 그리스도를 거부하기 때문에 중독을 병으로 생각하는 견해를 받아들인다. "나는 약을 한번만 복용했을 뿐인데 올가미에 걸려들었어. 내가 중독된 것은 내 잘못또는 내 선택이 아니야." 당신은 이런 말을 중독이 병이라고 생각하는 사람들에게 한번쯤은 들어봤을 것이다. 마약중독에는 신체적 요소가 있다. 이것은 사람의 DNA, 뇌, 환경, 원가족, 가정교육 그리고 그 외의 다른 요소들이 중독을 일으킨다는 사실을 암시한다. 그러므로 중독을 병으로 보는 견해는 자조모임과 세속적 치료 프로그램에서 가능하다. 중독을 이런 식으로 생각하는 사람들에게는 "희생자의식"이 자라며, 이들은 중독에 대한 성경적 견해를 잘 받아들이지 못한다. 그리고 누군가가 성경적 견해를 말해주더라도, 그것을 고리타분하고 옹졸한 것으로 생각하거나

---

31) 세속적 소아정신과의사인 랜스 돗즈Lance Dodes 박사가 쓴 한 권의 책은 "중독"을 병으로 보는 관점을 엄격하게 비판한다. 얄궂게도 그의 책과 나의 책은 *The Heart of Addiction*으로 제목이 똑같다. 나는 돗즈 박사의 세속적 관점에는 동의하지 않지만, 그의 건설적인 비판에서 몇 가지 공감대를 발견했다.

오해하기 쉽다.

아이러니하게, 자조모임에 참석하는 많은 사람들은 중독의 해결책을 영적 각성spiritual awakening으로 본다. 그러나 영적 각성에 대한 세속적 생각은 우리를 사랑하시는 창조주 하나님이 배제되어 있으며, 영적 각성에 대한 그리스도인들의 사고와 다르다. 중독에 대한 세속적 접근과 성경적 접근은 근본적으로 상이하지만, 본질적인 문제의 해결책을 "영적"으로 보는 것은 일치한다.

영적 전투

중독에 대한 성경적 접근은 전적으로 영적이다. 왜냐하면 중독자를 이기적인 삶에서 이기적이지 않은 삶으로 변형시키는 것이 바로 영적인 "마음의 수술"을 집도해야 하는 성령이기 때문이다. 성경이 육신오늘날 세상의 용어로는 "중독"이라고 부르는 것이라고 부르는 것을 따라서 살아가는 삶은 반드시 "성령을 따르려는" 욕구로 대체되어야 한다.[32] 중독에 대한 성경적 접근은 반드시 성경에 근거해야 한다. 비록 신체적 문제가 분명하게 드러난다고 할지라도, 중독은 "성경에서 일반적으로 '우상숭배'라고 부르는 마음의 태도에 관한 더 깊은 영적 문제의 신체적 증상"이라고 단순하게 정의할 수 있다.[33] 중독은 병의 문제가 아니라 죄 된 본성의 문제이다. 우리는 죄 가운데 태어났으며, 자신을 즐겁게 하려는 이기적인 성향이 있다. 중독은 우리의 죄 된 마음의 표현이다. 그러므로 "중독"의 핵심은 죄이며 일종의 "예배 장애"이다.

잠시 멈추어 "예배 장애"의 의미에 대해서 좀 더 탐색해 보자. 자녀는 하나님에 의해서 하나님만을 예배하라고 창조되었다. 그러나 자녀는 잘

---

32) "육신"과 성령의 "내주하심"에 대해서 로마서 8장을 더 읽어라.
33) Mark Shaw, *The Heart of Addiction* (Bemidji, MN: Focus Publishing, 2008), pp. viii-ix.

못된 사람, 즉 자기 자신을 예배한다! 자녀가 중독과 우상숭배 욕구에 사로잡혔을 때, 그는 다른 사람들을 객체로 만들고자 자기 자신에게 사로잡힌다. 이 말은 중독자들이 자기 자신과 우상숭배의 욕구를 다른 사람들이 채워주기를, 즉 객체의 의해서 그 욕구가 채워지기를 갈망한다는 의미이다. 우상숭배는 오늘날 어떤 사람들에게는 이해하기 어려운 개념이다. 간단히 말하자면, 우상숭배는 거짓된 신에 대한 예배라고 할 수 있다. 거짓된 신은 우리의 생각과 삶에서 주 하나님 여호와보다 더 높은 위치를 차지하는 모든 것이다.

오늘날 우리 문화에서 거짓 신은 작은 나무로 만들어진 형상이 아니라 돈, 쾌락, 권력, 다른 사람들의 존경에 대한 사랑, 도박, 쇼핑, 컴퓨터 게임, 성적 문란에 대한 사랑 그리고 마약과 알코올에 대한 사랑과 같은 아주 작은 이름들이 붙어 있다. 우상은 다양한 모양과 크기를 지니지만, 하나의 공통점을 지닌다. 우상이 우리에게 쾌락을 주기 때문에 우리는 그것을 원한다! 다시 말해서, 우상숭배의 중심에는 항상 이기적인 이익을 위한 이기적인 동기가 자리 잡고 있다.

그러므로 다른 사람들 또한 우상숭배자의 우상에 절하고 예배해야 한다.[34] 예를 들어, 중독이라는 용어에서 중독자의 가족들은 중독자의 우상숭배적 행위를 지원하려고 재정, 수송 등으로 그들을 돕는다. 만약 중독자의 가족들이 이렇게 한다면, 중독자는 가족들을 "원동력"enabler으로 보고 그들을 곁에 두고자 할 것이다. 그러나 중독자의 가족들이 그렇게 하지 않는다면, 중독자는 가족들을 "장애물"obstacle로 보며, 이들과 함께 하지 않으려고 할 것이다.[35]

자녀들이 원하는 것을 얻지 못했을 때 당신은 이러한 행동을 관찰할

---

34) Ken Sande, *The Peacemaker* (MI: Baker Books, 2004), pp. 102-109.
35) 이 주제에 대해서는 내 책인 *Divine Intervention*, 특히 1장을 더 읽을 수 있다.

수 있다. 만약 부모들이 자녀들에게 이러한 우상숭배를 인식하여 말해주지 않는다면, 이러한 행동들은 더 단호하고 미묘한 방식으로 성인이 될 때까지 계속될 것이다.

어떤 사람이 다른 사람과의 친밀한 관계를 포기하면서까지 어떤 행동이나 마약에 빠져 지내는 것을 지켜보는 일은 너무나 안타까운 일이다. 중독으로 말미암은 고통과 아픔은 중독자들의 덧없는 쾌락의 추구를 매번 막아주지 못한다. 중독은 고대의 우상숭배의 한 형태이다. 예배 장애는 하나님을 기쁘시게 하려고 살지 않고 자신을 즐겁게 하려고 사는 죄된 중독자의 마음속에 자리 잡고 있다.

나는 부모로서 당신이 이러한 행위를 하나님이 말씀하신 것처럼 죄라고 부르라고 강력히 권한다. 모든 죄에는 해결책이 있다! 주 예수 그리스도의 용서는 그리스도를 믿음으로 말미암아 하나님의 은혜로 구원받은 죄인들에게 필요하다.엡2:8~9 중독의 행위를 "죄"라고 부르는 것은 옹졸한 것이 아니라 진실한 것이다. 구원받은 사람들은 복음의 메시지와 우리의 죄를 용서하시는 하나님을 이해한다. 요한일서 1장 9절은 이렇게 진술한다. "만일 우리가 우리 죄를 자백하면 그는 미쁘시고 의로우사 우리 죄를 사하시며 우리를 모든 불의에서 깨끗하게 하실 것이요."

이미 언급한 것처럼, "중독"은 십계명의 첫 번째 계명에 대한 위반이다. "너는 나 외에는 다른 신들을 네게 두지 말라"출20:3 만약 어떤 행동이나 마약이 다른 사람과의 관계를 파괴하고 자신의 책임을 기피하게 할 때, 첫 번째 계명은 깨진다. 마약은 "거짓된 신"으로서 중독자에게 평안과 즐거움 그리고 예배의 근원이 되었다. 이것은 우상숭배에 대한 정의이다. 돈을 지출하는 것이 다른 사람과의 관계와 자신의 책임을 넘어설 때, 이것은 첫 번째 계명의 위반이다. 마약, 자해, 컴퓨터게임, 성적으로 부도덕한 행동 그리고 과식은 관계와 책임을 희생하면서까지 과도하게 탐닉하는 경향이 있는데, 이것과 관련된 생각과 행동은 첫 번째 계명의 위반인 "우상숭배"이다.

우리의 생각이나 행동을 만족시키려고 지나치게 무엇을 추구하는 것이 우상숭배라는 사실은 진리이다. 내가 가장 좋아하는 설교자 가운데 한 사람은 우리 모두에게 "우상공장"idol factories이 있다고 말했다. 이것은 우리가 마음에서 새로운 우상을 대량으로 생산해낼 능력을 지녔다는 사실을 의미한다.[36] 나는 당신이 In Love Ministries의 성경적 상담 사역이 우상숭배와 모든 유형의 "중독"이 만연한 내담자에게 결코 부족함 없다는 사실을 알 수 있다고 생각한다.[37] 세속적 접근은 핵심적인 이슈가 일치할 때, 행동의 범주들을 분리하여 "중독"의 유형을 계속해서 범주화한다. "중독"의 결과는 다양하다. 그러나 인간의 죄 된 우상숭배의 마음은 항상 일치한다.

성경적으로 볼 때, 중독은 하나님 앞에서 다른 신을 섬기지 말라는 첫 번째 계명을 위반한 것이기 때문에 각각의 중독 유형을 범주화할 필요는 없다.[38] 신약성경에서 예수님은 이 계명을 긍정적으로 다시 진술하신다. 마태복음 22장 37~40절은 이렇게 기록한다. "예수께서 이르시되 마음을 다하고 목숨을 다하여 주 너의 하나님을 사랑하라 하셨으니 이것이 크고 첫째 되는 계명이요 둘째도 그와 같으니 네 이웃을 네 자신과 같이 사랑하라 하셨으니 이 두 계명이 온 율법과 선지자의 강령이니라." 예수님은 우리가 먼저 하나님을 사랑하고, 그 다음으로 우리 자신

---

36) 브리어우드(Briarwood) 장로교회의 목사이자 교사인 헤리 리더(Harry Reeder)의 여러 가지 교훈과 설교에서 취한 내용이다.

37) www.histruthinlove.org

38) 슬프게도 도박, 폭식, 알코올, 코카인, 마약과 같은 각각의 특별한 "중독"의 영역을 다루는 많은 자조모임들은 중독의 중심이 아니라 외적 행동을 치료한다. 더 나쁜 일은 알코올 자조모임에 참여하는 사람들은 코카인 자조모임에 참석하는 사람들이 그들의 모임에 참석하는 것을 원하지 않는다는 점이다.

을 사랑하는 것만큼 다른 사람들을 사랑하라고 말씀하셨다.

우리는 다른 신을 하나님 앞에 두지 말아야 할 뿐만 아니라 온 마음을 다해 하나님을 사랑해야 한다. 그러므로 우리는 마음속에 있는 하나님의 마땅한 자리를 우상숭배적 욕구에 빼앗기지 않도록 노력해야 한다. 또한 우리는 우리 자신을 이미 사랑하는 것처럼 다른 사람들을 사랑해야 한다. 이것은 우리 자신의 필요만큼 다른 사람들의 필요를 채우며 섬기는 것을 의미한다. 실제로 신자들은 다른 사람들을 자신보다 더 중요하게 생각하라는 부름을 받았다. "아무 일에든지 다툼이나 허영으로 하지 말고 오직 겸손한 마음으로 각각 자기보다 남을 낫게 여기고."[39]

만약 어떤 사람이 중독에 깊이 빠져 있다면, 그 사람은 분명히 하나님과 다른 사람을 사랑하는 것보다 자기 자신을 더 사랑한다. 이렇게 깊이 "중독된" 사람은 하나님을 찾기보다 마약이나 중독 행동을 추구한다. 그리고 자신이 원하는 것을 얻고자 더 이기적이 된다. 그들은 훔치고, 죽이고, 다른 사람들과의 관계를 파괴하며 마치 사탄처럼 행동한다. 예수님은 요한복음 10장 10절에서 말씀하셨다. "도둑이 오는 것은 도둑질하고 죽이고 멸망시키려는 것뿐이요 내가 온 것은 양으로 생명을 얻게 하고 더 풍성히 얻게 하려는 것이라." 이러한 구절을 통해서 볼 때, "중독"은 사탄적이며 한 사람을 철저한 파괴로 인도한다. 중독은 지금부터 영원토록 우리를 풍부한 삶으로 인도하는 그리스도 안에 거하는 삶을 방해한다. 엡5:18

이기적인 삶은 하나님 없는 것처럼 사는 삶이다. 성경은 시편 14편 1a절에서 이러한 사람을 "어리석은 자"라고 부른다. "어리석은 자는 그의 마음에 이르기를 하나님이 없다 하는도다." 어리석은 자는 우둔하거나 무지하지 않다. 오히려 어리석은 자는 그에게 영원한 삶을 주시는 더 높

---

39) 빌2:3

은 존재a higher being가 있다는 진리를 부정하는 반항이다. 그리스도인으로서 우리는 예수 그리스도가 "더 높은 존재"이시며, 그분과 우리의 관계가 우리의 영원한 운명을 결정한다는 사실을 안다.

결론

많은 사람들은 "마음"heart이 단지 사람의 정서만을 가리키는 것이라고 잘못 생각한다. 그러나 마음과 정신mind은 "마음"을 읽을 때 "정신"이 생각나고, "정신"을 읽을 때 "마음"이 생각날 정도 인간의 내면에 깊이 연결되어 있다. 성경에서 "마음"이라는 단어는 혈액을 공급하며 고동치는 가슴에 있는 기관이 아니라 "생각, 열정, 욕구, 욕망, 감정, 의지, 인내의 근원 또는 자리인 영soul과 정신이다."[40] 하나님의 구원의 은혜가 필요한 죄인들은 반드시 위대한 의사이신 하나님이 직접 집도하시는 영적인 마음의 수술을 받아야 한다. 감사하게도, 주 예수 그리스도는 중독자를 포함한 누군가를 위해 근본적인 마음의 변화를 일으키는 사역을 한다. 자녀에게 "회복"recovery과 변형transformation의 차이를 가르쳐라. 중독과 씨름하며 싸우지만, 절대로 이길 수 없다는 세속적 접근이 아니라 완전한 변형total transformation을 가능하게 하는 중독에 대한 성경적 접근을 자녀들에게 가르쳐라.

---

40) J. Strong, *The Exhaustive Concordance of the Bible: Showing every word of the text of the common English version of the canonical books, and every occurrence of each word in regular order* (electronic ed.). (Ontario, CA: Woodside Bible Fellowship, 1996).

●●●
핵심 아이디어와 실천전략

1. 치료받는 동안 의사가 처방한 약을 잘 복용하라. 약은 하나님이 주시는 복이며, 우리는 우리를 도우시는 하나님과 떨어질 수 없는 존재이다. 하나님은 자신의 방법으로 우리를 도우신다. 자녀에게 이러한 사실을 가르쳐라. 그리고 자녀가 약의 적절한 사용을 이해하도록 분명하게 가르쳐라.

2. 자녀에게 경쟁의식보다 팀워크를 심어줄 수 있는 게임을 하라. 대부분의 자녀들은 경쟁하는 곳에 있을 때 다른 사람들과 자신을 비교하며 지나치게 경쟁적이 된다. 또한 이러한 모습은 좋은 팀플레이어가 될 수 있는 그들의 능력을 방해한다. 주님은 우리가 우리의 몸에 대항하는 암세포 덩어리처럼 경쟁적이 되지 말고, 우리 자신을 그리스도의 몸의 일부로 생각하기를 원하신다.

3. 당신이 한 때 우상화했던 것들의 목록을 만들어라. 아마도 그 목록에는 당신이 갖고 싶었던 차, 반드시 하려고 했던 게임, 음악 CD, DVD 등과 같은 것들이 포함될 것이다. 당신이 이러한 것들을 갖게 된 이후 그것을 더 소중하게 여겼는지 그렇지 않았는지 하나씩 차례로 "예" 또는 "아니오"로 각각의 항목에 표시하라. 자녀와 함께 일시적인 물질적 만족과 지속적으로 하나님을 아는 것에 대한 만족에 대해서 이야기를 나누어라.

Chapter 9

✽

"변형"처럼 보이는 것

프레디와 매트는 농담을 주고받고 서로 장난을 쳐가며 에드너를 지나쳤다. 그들은 물풍선을 들고 맥주통 주변에 있는 사람들에게 던질 준비를 하고 있었다. 그들이 물풍선을 던졌을 때, 사람들은 물에 흠뻑 젖은 채 여기저기 흩어졌다. 사람들이 쫓아와 달려들 때까지 프레디와 매트는 히스테릭하게 웃고 있었다. 그들은 집 옆에서 땅위를 뒹굴면서 다른 두 녀석과 함께 레슬링 하는 자신들을 발견했다.

"회복"recover은 세속적 중독상담에서 요란하게 사용하는 단어이다. "회복"은 자신의 옛 모습을 "다시 얻거나"regain 되찾는 것을 의미한다.[41] 신체적 영역에서 이것은 의학적 상황을 묘사하기에 좋은 단어이다. 본래 이 단어는 우리의 "옛 모습"old self이 건강하고 좋다는 의미를 담고 있다. 영적인 영역에서 하나님은 그것이 사실이 아니라는 사실을 아시며, 우리를 위해 그러한 상태를 더 원하신다. "개혁하다"reform라는 단어조차도 하나님이 중독자들의 마음에서 행하고자 하시는 일을 설명하기에는 부적합하다. 왜냐하면 "개혁하다"라는 것은 단순히 "어떤 형

---

41) *Merriam-Webster's Collegiate Dictionary*, 10th ed. (Springfield, MA: Merriam-Webster Inc., 1996, c1993).

태를 개선하거나 다른 형태로 바꾸어 주는 것"을 의미하기 때문이다[42]
그러나 어떤 것을 "변형하는"transform 것은 그것의 "특성이나 상태"를
"바꾸어주는 것"이다.[43]

하나님은 본질의 변형에 대한 훌륭한 예를 보여주신다. 하찮은 애벌
레는 이러한 변형을 설명하는 아주 좋은 예이다. 자녀들은 이것을 통해
서 하나님을 신뢰하라는 실제적 교훈들을 배울 것이다. 그 가운데 한 가
지는 오직 하나님만이 이러한 변형을 가져올 수 있다는 사실이다.

당신은 애벌레를 묶어서 2층 창문에서 떨어뜨릴 수 있다. 그러나 애
벌레는 그냥 땅바닥에 떨어질 뿐이다. 당신은 애벌레를 "회복"시킬 수
있을지도 모른다. 당신은 애벌레에 묻은 먼지를 떨어주고, 애벌레의 옛
모습을 되찾아 줄 수도 있다. 그러나 당신은 그 애벌레의 본질을 변화시
킬 수는 없다. 이것은 애벌레도 마찬가지이다. 이것은 진리이다. 그러나
어느 날 애벌레에게 불가사의한 변화가 일어난다. 그리고 마침내 애벌
레는 아름다운 나비와 같은 새로운 생물로 근본적인 변형을 일으킨다.

이와 비슷하게 하나님은 변형이 아름다운 나비로 바뀌는 애벌레의 변
태보다 더 놀랍고 근본적이라고 말씀하신다. 하나님은 예수 그리스도의
형상으로 남자와 여자의 죄 된 마음을 변형시킨다. 우리는 우리 자신을
"개혁"할 수 없다. 우리는 우리가 아니었던 모습으로 결코 "회복"될 수
없다. 우리는 단지 하나님께 우리의 마음을 직접 수술해달라고 요청할
수 있을 뿐이다. 다윗은 시편 51편 10절에서 기도했다. "하나님이여 내
속에 정한 마음을 창조하시고 내 안에 정직한 영을 새롭게 하소서."

하나님은 새롭게 변형된 우리의 삶에 옛 습관의 일부를 남겨 두신다.
이것이 바로 우리가 하나님께 지속적으로 기도하면서 우리에게 남겨진

---

42) 앞의 책.
43) 앞의 책.

죄를 보게 해 달라고 요청해야 하는 이유이다. 또한 우리의 옛 자기를 벗어 버리고 심령이 새롭게 되어 그리스도를 닮은 새 자기를 입는 방법을 알려 달라고 요청해야 하는 이유이다.엡4:22~24 우리 안에 있는 죄의 찌꺼기는 우리의 생각과 말과 행동에 영향을 미치는 육신의 옛 습관을 포함한다. 하나님은 알맞은 때에 은혜로 그러한 옛 습관을 변형시키실 뿐만 아니라, 그리스도처럼 생각하고 말하고 행동하는 경건한 습관으로 바꾸어주실 것이다. 하나님은 당신에게 권능을 주셔서 습관적인 불경건한 생각과 말과 행동을 경건한 생각과 말과 행동으로 바꿔 주실 수 있다. 이렇게 변형된 경건한 생각과 말과 행동은 자동적 또는 습관적이 되어 겉으로 보기에는 무의식적으로 행하는 것처럼 보인다. 경건은 피아노를 연습하고 야구공을 치면서 배우는 아이들처럼, 매일 기도하는 가운데 배우고 연습하는 것이 가능하다.

변형을 위한 훈련과정을 시작하기 전에 먼저 그리스도의 권능에 의해서 마음이 변형되어야 한다. 기독교에서는 변형을 칭의또는 구원와 성화또는 구원 이후의 영적 성장 등 두 가지 방식으로 생각한다. 비록 추악한 마음이 머리를 내밀 때가 있을지라도, 구원과 관련된 마음의 변화의 진실성은 대부분 일상의 영적 성장의 여정에서 나타난다. 한 사람의 그리스도인은 날마다 내면의 전쟁에 직면한다. 그 전쟁은 육신적 생각과 말과 행동과 성령,엡4,5장 즉 새로운 인생의 생각과 말과 행동 사이에서 벌어지는 싸움이다.

처음 성령 안에 거하는 그리스도인의 새로운 습관은 그렇게 강하지 않다. 그렇기 때문에 이것을 의의 훈련과 연습을 통해서 발전시킬 필요가 있다.딤후3:16 여기가 바로 부모로서 진정한 사역이 시작되는 장소이다. 대부분의 부모들은 "이것을 하지 마라" 또는 "그렇게 하는 것을 멈춰라"고 말하면서 벗기에만 초점을 맞추기 때문에 실패한다. 이것은 자녀를 비난하기만 하고 의로는 교육하지 않는 부모들이 사용하는 말이다. 나는 한 사람의 부모로서 당신이 이 핵심 원리를 기억하고 실천하라고 권면한다. 자녀들이 옛 사람을 벗는 것만큼 새 사람을 입는 것에도 초점을 맞춰라. 예를 들어, 자녀에게 '아니야' 라고 말하는 대신 '사양할게' 라고 말하는 법을 가르쳐라. 입기put-on에 합당한 말을 강조하라. 그리고 당신이 같은 말을 계속해서 사용한다면, 싫증이 나지 않도록 하라.

이런 방식으로 당신은 성경적 변화의 과정에서 자녀들을 도우며, 격려하고, 지원하게 된다. 에베소서 4장 22~24절은 이렇게 말한다. "너희는 너희의 욕심을 따라 썩어져 가는 구습을 따르는 옛 사람을 벗어버리고 오직 너희의 심령이 새롭게 되어 하나님을 따라 의와 진리의 거룩함으로 지으심을 받은 새 사람을 입으라." 성경적 변화의 과정에서 마음을 새롭게 하는 것이 중요하다는 사실에 주목하라. "중독자"가 옛 사람을 따라 이기적으로 살아갈 때, 과거의 심리상태는 반드시 변형과정에서 우선적으로 다루어야 한다. 이것은 권리의식, 소비자의식, 희생자의식, 소멸의식, 반항의식 등 다섯 가지이며, 다음 장에서 다룰 것이다.

결론

변형은 순간적이며 지속적인 과정이다. 이 과정은 하나님의 은혜에 의해서 일어난다. 이 변형의 과정에서 자녀는 성령과 파트너가 된다. 이것은 자녀가 의롭게 되도록 최선을 다해 죄와 싸우며 그리스도를 영접해야할 책임이 있다는 것을 의미한다. 그러나 빌립보서 2장 13절에 따르면, 오직 하나님만이 성령에 의해서 하나님의 명령을 수행할 수 있는 자발성과 능력을 제공한다는 이해가 포함되어야 한다. "너희 안에서 행하시는 이는 하나님이시니 자기의 미쁘신 뜻을 위하여 너희에게 소원을 두고 행하게 하시나니."

이러한 영적 성장의 과정은 일생에 걸쳐서 이루어진다. 자녀는 성화의 과정에서 자신의 역할을 하는데 100% 책임이 있으며, 하나님은 이와 같은 성화의 과정에서 자녀를 통해서, 그리고 자녀 안에서 일할 수 있는 100%의 주권과 권능이 있다. 그런 의미에서, 영적 성장의 과정은 자녀와 그리스도의 협력과정이라고 할 수 있다. 그 과정은 옛 생각과 말과 행동을 벗어버리고, 오직 마음을 새롭게 하여 하나님을 기쁘시게 하는 새로운 생각과 말과 행동을 입으려는 지속적인 노력을 포함한다.엡 4:22~24 한 사람의 부모로서 당신은 자녀가 하나님의 말씀을 배우고, 신명기 6장 7절에 따라 그분의 방법을 적용하며 그분의 방법대로 살아가도록 지도할 책임이 있다. "네 자녀에게 부지런히 가르치며 집에 앉았을 때에든지 길을 갈 때에든지 누워 있을 때에든지 일어날 때에든지 이 말씀을 강론할 것이며."

●●●
핵심 아이디어와 실천전략

1. 에베소서 4장 21~24절을 자녀와 함께 읽고 이야기하라. 그리스도인의 변화과정
   에 대해서, 그리고 우리의 옛 생각과 말과 행동을 새로운 생각과 말과 행동으로
   바꿀 방법에 대해서 이야기하라.

2. 로마서 12장 1~2절을 자녀와 함께 읽고 이야기하라. 하나님이 어떻게 우리가
   성령에 의해서 변형되기를 원하시는지, 그리고 우리가 절대로 극복하지 못하는
   일생의 문제에서 빠져나오기를 원하시는지 이야기하라.

3. 자녀와 함께 입기/벗기 게임을 하라. 예를 들어, 우리가 하는 생각이나 말 또는
   행동을 크게 말하고, 그것이 우리가 입어야 하는 것인지 벗어야 하는 것인지 물
   어보라. 만약 이것이 벗어야 하는 것이라면, 그것을 대신해 우리가 입어야 하는
   것은 무엇인지 물어보라.

Chapter 10

✳

중독적 사고 이해하기

프레디와 매트가 밖에서 싸우는 동안 데릭과 레이몬드는 집 안에 있다가 다른 친구들과 함께 마리화나 담배를 피우려고 나갔다. 데릭은 레이몬드에게 아데랄을 별로 좋아하지 않는다고 말했다. 그러나 레이몬드는 자신은 아데랄을 아주 좋아하고, 다른 알약이나 아데랄을 두 개 더 할 수 있으면 좋겠다고 말했다. 또 레이몬드는 아데랄 처방전을 받으려고 소아정신과의사에게 ADHD로 진단 받을 수 있는지 알아보러 갈 것이라고 말했다.

중독적 사고는 무엇과 비슷한가? 우리는 이것을 어떻게 확인할 수 있는가? 중독자는 자신을 기쁘게 하고 자신의 육체의 욕구를 충족시키려고 살아간다. 내가 중독에 빠진 사람과 성경적 상담을 시작했을 때, 그는 내가 앞에서 언급했던 다섯 가지 사고패턴 또는 심리상태의 지배를 받고 있었다. 그것은 권리의식, 소비자의식, 소멸의식을 일으키는 희생자의식 그리고 마지막으로 완전히 발달한 반항의식이다. 나는 이것들을 "심리상태"mentalities라고 부른다. 왜냐하면 이것들은 삶에 대해 생각하는 탁월한 방법이기 때문이다. "심리상태"는 삶에 대한 우리의 견해에 영향을 미치는 생각의 양식 또는 방법으로 정의된다.44) 이어서 우리는 "중독"에 대한 견해를 좀 더 깊이 살펴볼 것이며, 중독에 빠진 사람들이 지닌 생각에 대한 더 좋은 통찰을 제공할 것이다.

다섯 가지 심리상태에 대한 흥미로운 사실은 각각의 심리상태가 이전 단계의 심리상태 위에 세워진다는 점이다. 먼저 부모들은 사랑으로 유아를 돌보며 양육한다. 처음에 부모들은 어린 벤이 항상 만족하고 행복하도록, 그리고 슬퍼서 울지 않도록 최선을 다해야 한다는 잘못된 신념을 가졌다. 아마도 그들은 자신들이 어린 시절 누리지 못했던 모든 것을 그들의 자녀인 어린 벤이 누리도록 해야 한다고 결정한 것 같다.

벤은 이러한 부모의 결정을 좋아한다. 그리고 곧 "권리"의식을 발전시킨다. 벤은 거대한 우리 사회에서 "소비자"가 되는 것을 배우며, 인생은 좋은 것이라고 생각한다. 그러나 벤이 자신의 권리욕구가 채워지지 않았다고 생각할 때, 그는 "희생자"의식을 발전시킨다. 벤은 현재 자신이 받는 것권리보다 더 많은 것을 받을만한 자격이 있다고 생각한다. 그래서 벤은 자신이 가진 것은 무엇이든지 소비해 버린다.소비자 만약 부모가 벤의 욕구를 받아주지 않는다면, 그는 자신이 방치된 또는 불공정한 대우의 희생자라고 믿기 시작한다. 벤의 채워지지 않는 욕구는 그를 실망시킨다. 그러나 자신을 비난하기보다 오히려 다른 사람들, 부모와 형제 심지어는 하나님을 비난한다.

벤이 지금 자신을 "희생자"처럼 생각한다면, 그는 곧 "소멸의식"에 빠질 것이다. 이 새로운 사고방식은 자기 자신에 대해 너무 많은 생각을 하게 만들며, 결국 자기동정의 늪에 빠지게 한다. 이때 벤은 "나에게는 항상 나쁜 일들만 일어난다"와 같이 하지 말아야 할 말들을 하게 된다. 심리학자들은 이것에 대해 각각 다른 이름을 붙인다. 그들 가운데 몇 사람은 이것을 좀 더 부드럽게 "학습된 무기력"learned helplessness이라고 부

---

44) *Merriam-Webster's Collegiate Dictionary*, 10th ed. (Springfield, MA: Merriam-Webster Inc., 1996, c1993).

른다. 사실 학습된 무기력은 감사의 결핍 때문에 나타나는 현상으로, 사람들을 의기소침하게 하고, 자기연민에 빠지게 하며, 자기 파괴적인 행동을 하게 만든다. 벤은 "소멸의식"을 가지고 반항아처럼 생각하고 행동하기 시작한다. 그는 자신에게 질문한다. "내가 왜 부모에게 순종해야 하지? 내가 왜 부모와 하나님을 기쁘게 해야 하지?" 결국 벤은 반항적이며, 화를 잘 내고, 어리석게 행동하는 아이가 된다. 벤은 독립하고 싶어 한다. 벤은 모든 규칙과 법 그리고 제제에서 벗어나려고 한다. 그리고 어떤 희생을 치르더라도 자신이 주인이 되기를 원한다.

우리가 할 수 있는 것

부모로서 당신은 자녀가 중독에 빠지지 않도록 성경대로 생각하라고 가르치고 싶을 것이다. 자녀는 반드시 성경에 따라서 마음을 "새롭게 함으로 변화를transformed 받아"야 한다.롬12:2; 엡4:23 사실, 우리는 하나님이 기뻐하시는 완전하신 뜻을 분별하도록 우리의 사고를 변형시켜야 한다. 다시 말해서, 사고의 변형은 우리가 하나님의 뜻을 행하려고 할 때 하나님을 기쁘시게 하고 우리에게 유익이 되는 것이 무엇인지 알게 해 준다.

변형하는 그리스도인들처럼, 모든 것은 우리의 생각에 달려 있다. 사실, 변형하는 그리스도인으로서, 우리는 새롭게 대체된 다섯 가지 "심리상태"에서 생각하고 말하고 행동하라고 부름 받았다. 그것은 겸손하고, 베풀며, 책임을 지는, 그리고 감사하고, 순종하는 심리상태이다. 이러한 심리상태는 이미 언급한 유해한 다섯 가지 심리상태와 정반대이다. 다음의 도표가 당신에게 도움이 될 것이다.

벗기	입기
권리	겸손하라
소비자	베풀라
희생자	책임을 지라순종하라
소멸	감사하라
반항	복종하라

변형은 우리의 마음에서 시작한다. 에베소서 4장 20~24절에 따르면 변형의 모든 과정은 그리스도의 진리와 함께 시작한다. "오직 너희는 그리스도를 그같이 배우지 아니하였느니라 진리가 예수 안에 있는 것같이 너희가 참으로 그에게서 듣고 또한 그 안에서 가르침을 받았을진대 너희는 유혹의 욕심을 따라 썩어져 가는 구습을 따르는 옛 사람을 벗어 버리고 오직 너희의 심령이 새롭게 되어 하나님을 따라 의와 진리의 거룩함으로 지으심을 받은 새 사람을 입으라." 이 구절은 20절에 있는 "오직 너희는 그리스도를 그같이 배우지 아니하였느니라 진리가 예수 안에 있는 것같이"와 함께 시작한다. 당신과 자녀는 성경에 나타난 참된 예수님에 대해서 배워야 한다. 다른 사람이 지닌 예수님이 어떤 분이신가에 대한 생각을 취하지 마라. 당신은 예수님 자체를 배우도록 반드시 성경을 연구해야 한다! 우리에게 정말 중요한 것은 그분과 우리의 관계이다. 요한복음 8장 31~32절은 이렇게 당신에게 말한다. "그러므로 예수께서 자기를 믿는 유대인들에게 이르시되 너희가 내 말에 거하면 참으로 내 제자가 되고 진리를 알지니 진리가 너희를 자유롭게 하리라."

위의 에베소서 4장 23절에 나타난 역동적인 벗기와 입기의 핵심은 "마음을 새롭게 하는 것"mind renewed이다. 마음을 새롭게 하는 것은 어떤 것인가? 우리의 마음이 새롭게 되는 것은 무엇보다도 내가 아니라 하나님과 다른 사람을 즐겁게 하는데 관심을 두는 것이다. 우리의 마음은 생각의 변형을 통해서 새롭게 된다. 자신에게 집중된 우리의 생각은 우리의 생각을 하나님과 다른 사람을 섬기는데 두라는 하나님의 말씀으로 대체되어야 한다. 다시 말해서, 모든 것은 우리의 생각에 달렸으며, 그것이 우리의 신념을 변화시킨다! 이것은 하나님에 대한 믿음의 행위이며, 우리 자신보다 하나님의 말씀을 신뢰하라는 의미가 담겨져 있다.

벗기	마음을 새롭게 하기	입기
권리	하나님의 말씀을 생각과 정서와 행동에 적용하기	겸손
소비자	하나님의 말씀을 생각과 정서와 행동에 적용하기	베풂
희생자	하나님의 말씀을 생각과 정서와 행동에 적용하기	책임순종
소멸	하나님의 말씀을 생각과 정서와 행동에 적용하기	감사
반항	하나님의 말씀을 생각과 정서와 행동에 적용하기	복종

당신과 자녀는 하나님의 말씀을 믿음으로 하나님을 신뢰해야 한다. 비록 성경이 당신의 감정과 경험을 부인할지라도 성경이 말하는 것을 반드시 믿어야 한다. 예를 들어, 당신이 감정을 신뢰하라는 가르침을 계속해서 받았다면, 그런데 특별한 상황에서 잘못된 정서적 반응을 보이는 자신을 발견한다면 당신은 어떻게 할 것인가? 특히 무더운 여름 날

당신의 배우자가 자신이 마실 음료수는 사면서 당신을 위해서는 그렇게 할 생각을 하지 못한다면, 그래서 당신이 화가 났다면 어떻게 할 것인가? 당신은 지금 당신 앞에서 생각 없이 혼자 음료수를 마시는 배우자를 보면서 소리를 지르며 비난하고 싶을 정도로 화가 났다. 이때 당신은 이러한 분노의 감정을 신뢰해야 하는가? 아니면 당신이 화가 났다는 사실을 알고, 다른 방법으로 그 상황을 다루어야 하는가? 에베소서 4장 26a절은 이렇게 말한다. "분을 내어도 죄를 짓지 말며." 당신이 할 수 있는 건전한 생각은 "남편^{아내}이 지금 갈증이 너무 심해서 나도 음료수를 마시고 싶다는 생각을 못하고 있구나. 내가 이해하고 남편^{아내}이 죄의식을 느끼지 않도록 해야지"라는 것이다.

화는 우리의 생각 때문에 일어나는 감정이다. 감정과 행동은 항상 우리 생각의 부산물이다. 이 상황에서 당신은 배우자를 나쁘게 생각하지 않고 의도적으로 가장 좋은 것을 생각할 수 있다. 고린도전서 13장 7절은 "^{사랑은}모든 것을 참으며 모든 것을 믿으며 모든 것을 바라며 모든 것을 견디느니라"라고 말한다. 당신은 이 상황에서 배우자에 대한 가장 좋은 것을 생각하는가, 아니면 당신의 감정에 사로잡히는가? 생각하는 것은 의도적이다. 마태복음 5장 28절에 나타난 예수님의 말씀에 의하면, 사람은 자신의 생각에 책임이 있다. "나는 너희에게 이르노니 음욕을 품고 여자를 보는 자마다 마음에 이미 간음하였느니라." 이 말씀은 행동으로 옮겨지지 않은 생각이 실제로 죄를 지은 것과 마찬가지라는 사실을 보여준다. 비록 그것이 행동으로 옮겨지지 않았을지라도 그 생각은 하나님 앞에서 여전히 죄이다. 왜냐하면 하나님만이 그 마음을 아시기 때문이다.

이러한 이유 때문에 중독예방양육은 자녀들이 성경적으로 생각하도록 하는데 초점을 맞춘다. 중독예방양육은 잘못된 생각을 벗어 버리고 올바른 생각을 입는 과정이다. "권리의식"과 "소비자의식"이라고 부르는 처음 두 심리상태는 마태복음 22장 37~40절에 있는 위대한 명령과 정반대이다. "예수께서 이르시되 네 마음을 다하고 목숨을 다하고 뜻을 다하여 주 너의 하나님을 사랑하라 하셨으니 이것이 크고 첫째 되는 계명이요 둘째도 그와 같으니 네 이웃을 네 자신 같이 사랑하라 하셨으니 이 두 계명이 온 율법과 선지자의 강령이니라." 중독적인 라이프스타일을 추구하는 자녀는 자신을 즐겁게 하고, 이 세상의 일시적 쾌락을 누릴 자격이 있다는 생각에 사로 잡혔을 것이며, 다른 사람들을 돕는 일에 헌신하기보다 자신을 즐겁게 하는데 인생을 소모할 것이다. 위에서 언급한 마태복음 22장 37절에서 예수님은 우리의 모든 것으로 하나님을 사랑하라고 그리스도인들을 부르신다. 이것은 우리가 얼마나 보잘 것 없으며 사랑받을 수 없는 존재인지, 그리고 하나님이 얼마나 위대한 분이신지를 아는 때에만 가능하다. 이러한 패러다임의 전환은 자녀가 중독에 빠지지 않도록 선행되어야 하는 요소이다. 또한 겸손이 권리의식을 반드시 대체해야 한다.

두 번째 심리상태는 "소비자"의식이다. 이것은 자녀들이 자기 자신을 생각하는 것만큼 다른 사람들을 생각할 때 바뀌게 된다[39절]. "네 이웃을 네 자신 같이 사랑하라." 이것을 이렇게 한 번 생각해 보라. "두 사람이 자기 자신보다 다른 사람의 욕구와 필요를 먼저 생각할 때 어떻게 관계가 좋아지지 않을 수 있는가?" "소비자"의식은 자신을 희생하거나 다른 사람을 위해 내어주기보다 자신을 위해 소비하는데 일차적 관심이 있다. 이러한 "소비자"의식은 반드시 다른 사람에게 베풀고자 하는 사고방식으로 대체되어야 한다. 또한 부모들은 실제 이웃뿐만 아니라 집에 있는 자녀들 앞에서도 "네 이웃을 사랑하라"는 말씀의 모범이 되어야 한다.

중독자들의 마음을 지배하는 유해한 마지막 세 가지 심리상태는 "희생자"의식, "소멸"의식, 그리고 "반항"의식이다. 이 세 가지 심리상태는 모두 에베소서 5장 18~21절에 있는 경건한 사고방식으로 대체되어야 한다. "술 취하지 말라 이는 방탕한 것이니 오직 성령으로 충만함을 받으라 시와 찬송과 신령한 노래들로 서로 화답하며 너희의 마음으로 주께 노래하며 찬송하며 범사에 우리 주 예수 그리스도의 이름으로 항상 아버지 하나님께 감사하며 그리스도를 경외함으로 피차 순종하라." 이 구절에서 자녀들은 책임지며순종하며, 감사하며, 복종하는 것을 배워야 한다. 당신은 지금 이러한 심리상태들을 분명하게 구분할 수 없을지도 모른다. 그러나 하나님의 은혜와 이 책을 통해서 명확하게 구분하게 될 것이다. 이러한 성경적 심리상태책임, 감사 그리고 복종가 유해한 "중독적" 심리상태희생자, 소멸, 반항에 정확하게 일치하는 해독제임을 기억하라.

로켓 과학이 아닌

심각한 중독 상태에 있지만, 마약에서 벗어나고 싶어 하는 사람들을 상담할 때, 나는 이 세 가지 심리상태를 먼저 알려줌으로써 그들의 생각을 바꾸도록 돕는다. 내가 원하는 것은 내담자의 삶의 모든 영역에서 겸손, 베풂, 책임, 감사, 복종을 발견하는 것이다. 게다가 나는 이러한 심리상태 뒤에 숨겨져 있는 마음의 태도와 동기를 찾는다. 왜냐하면 그리스도를 영화롭게 하는 것이 최고의 동기이기 때문이다. 만약 그들의 마음이 그리스도에 의해서 진짜 변화되었다면, 이러한 다섯 가지 심리상태와 조화를 이루는 열매를 맺을 것이다.

부모로서 당신은 자녀들에게 이러한 사고방식을 매일 가르칠 수 있다. 자녀는 책임순종과 감사 그리고 권위에 대한 복종을 배우는데 너무 늦지 않았다. 비록 자녀가 아직 그리스도를 믿지 않는다고 할지라도, 반드시 이러한 다섯 가지 새로운 사고방식대로 생각하는 법을 배워야 한다. 만약 당신이 자녀양육에 실패하여 그들이 제 멋대로 살아간다면, 그들은 자신의 권리를 주장하고, 일시적 쾌락을 위해 물질을 소비하고, 자신을 희생자라고 생각하고, 죽음을 생각하고, 반항아처럼 생각하는 심리상태에 빠져들 것이다. 그러나 그들은 이타적으로 생각하고, 겸손하고, 다른 사람들에게 베풀고, 책임을 지고, 하나님의 축복에 감사하고, 권위에 복종하는 법을 반드시 배워야 한다. 훈육을 통한 이러한 훈련의 책임은 부모에게 있다.

가짜 열매

당신은 다음 장에서 자녀가 이러한 다섯 가지 기본 영역에서 성경적으로 생각하는 것을 돕는 양육전략을 배울 것이다. 이 장은 그리스도인으로서의 진가를 시험하는 장소이다. 우리 마음의 동기는 하나님만을 영화롭게 하는 것이어야 한다. 고린도전서 10장 31절은 진술한다. "그런즉 너희가 먹든지 마시든지 무엇을 하든지 다 하나님의 영광을 위하여 하라." 자녀가 하나님의 영광을 위해 책임 있는, 감사하는 그리고 순종하는 자녀가 되도록 훈련하라. 이것이 바로 참된 동기이다. 물론 부모와 다른 사람들의 유익도 중요하지만, 이것은 두 번째 이유에 불과하다. 항상 하나님이 첫 번째로 와야 한다.

나는 지금 겸손, 베풂, 책임, 감사 그리고 복종 뒤에 숨겨진 잘못된 마음의 동기를 설명하고자 한다. 이러한 잘못된 마음의 동기는 간혹 사람들이 식탁에 올려놓는 "가짜 열매"와 같다. 이것은 멀리서 보면 진짜 열매처럼 보인다. 그렇지만, 다가가서 만지려고 하면 이것이 진짜 과일이 아니라는 사실을 알게 된다. 면밀히 검사하면 이러한 사실을 발견할 수 있다. 그리스도인으로서 우리는 가능하면 다른 사람들을 판단하지 않으려고 한다. 그러나 우리는 "과일 검열관"fruit inspectors이 될 수 있다. 당신이 이러한 다섯 가지 열매를 자녀들에게 가르치면, 그들이 당신의 열매를 면밀히 검사할 것이라는 사실을 기억하라. 당신은 먼저 자녀들에게 바라는 모습을 갖춰야 한다.

거짓 겸손은 다른 사람들에게 주목받으려고 관대함을 자랑한다. 당신이 마음대로 하려고 하면서 복종하는 척하는 것은 "거짓 열매"일 뿐만 아니라 일종의 반항이다. 또한 이기적인 이익을 위해서만 책임을 다하고 거짓으로 감사하는 것 역시 "거짓 열매"이다.

거짓 겸손, 다른 사람들에게 주목받을 때만 관대함을 보여주는 교만, 이기적인 이익을 위해서만 책임을 다하고 거짓으로 감사하는 것은 모두 "가짜 열매"의 예들이다. 성령은 하나님의 말씀을 통해서 개인의 영혼과 정신과 마음을 새롭게 한다. 내면에서 일어나는 영적인 마음의 변화는 추구할만한 가치가 있는 유일한 목표이다. 하나님만이 이러한 마음의 변화를 일으킬 수 있는 힘을 지니셨다.

결론

부모로서 당신은 매일 이루어지는 자녀들과의 상호작용 속에서 하나님의 말씀을 반드시 사용해야 한다. 두려워하지 말라. 당신은 자녀들에게 성경적 원리를 가르치는데 부적합하다고 느낄지도 모른다. 그러나 당신에게 필요한 것은 자녀에게 한 발짝 앞으로 다가가는 것이라는 사실을 기억하라. 만약 당신이 성경의 한 부분을 공부한다면, 그 부분에서 핵심 아이디어를 찾는데 최선을 다하고 그것을 자녀에게 가르쳐라. 성경암송이 자녀양육에 놀라운 조력자가 될 수 있지만, 그렇다고 당신이 성경 전체를 암기해야 하는 것은 아니다. 그러나 성령께서 우리가 성경을 적용하는 것을 도우시도록, 당신은 성경에 대한 지식을 확장해야 하며, 또한 성경을 바르게 사용해야 한다.

부록 B는 성경의 세 가지 영역인 지식, 이해 그리고 지혜를 발전시키도록 돕는데 초점을 맞췄다. 부모로서 당신은 행동의 변화에만 만족하지 말고 진심어린 마음의 변화를 위해서 힘쓰라. 주님만이 그것을 가져올 수 있다. 우리에겐 자녀들의 마음을 통제할 만큼 충분한 힘이 없다. 자녀의 마음의 변화를 위해 주님을 신뢰하라. 이것은 당신의 역할에 대한 믿음의 행위가 될 것이다. 자녀가 2살, 10대, 22살인 것에 관계없이, 이 실제적 전략은 당신에게 어렵게 보이지만, 보상이 따르는 중독예방 양육을 하도록 해 줄 것이다. 하나님은 은혜를 통해서 자녀와 당신의 마음속에 참된 변화를 가가져다 주실 것이다!

• • •
핵심 아이디어와 실천전략

1. 고린도전서 13장 4~7절을 기록하라. 여기에 있는 내용들을 보면서 다른 사람들
을 사랑하는 방법이 무엇인지 확인하라. 이 말씀을 자녀에게 조언하고 실천하라.

2. 자녀와 함께 입기/벗기 게임을 하라. 이때 당신은 벗어버려야 하는 생각과 말만
을 외치라. 그리고 자녀에게 그것을 행동으로 표현하라고 요청하라. 이 게임을
위해서 아만드 티페Armand Tiffe가 쓴 *Transformed into His Likeness* Focus
Publishing, www.focuspublishing.com을 참고하라. 이 책은 우리가 입어야 하는 성경적
자질의 목록과 이것에 대응하는 벗어야 할 죄의 목록 106개를 포함한다.

3. 자녀에게 하나님의 말씀을 가르치도록 부록 B에 있는 내용을 읽고 활용하라. 처
음에는 서두르지 말고 작은 목표를 세워라. 그리고 성경목록을 암송하는 것에서
부터 시작하라.

Chapter 11

✣

자녀를 "중독자"로
양육하는 방법

얼마 되지 않아 데릭이 레이몬드에게 가슴이 아프다면서 이렇게 말했다. "아데랄을 먹지 말았어야 했나봐. 너무 아파." 레이몬드는 데릭에게 "갓 난애처럼 굴지마"라며 그의 말을 무시했다. 데릭은 레이몬드와 떨어져서 걸었고 마침내 비틀거리기 시작했다. 데릭은 바닥에 쓰러지면서 얼굴을 땅에 박았다. 파티에 참석한 한 여자 아이가 이것을 보고 비명을 질렀다. 누군가 911에 전화했고, 구급차가 오고 있다.

만약 당신의 자녀가 "중독자"로 양육되고 있다면, 잠시 동안 당신이 그를 양육하지 않는 것처럼 행동해 보자. 당신은 부모로서 자녀에게 "중독적인" 우상숭배적 생각이나 말 그리고 행동을 일으키는데 어떤 실수를 했을까? C. S. 루이스C. S. Lewis는 『스크루테이프의 편지』*The Screwtape Letters*라는 책을 저술했다. 이 책은 늙은 악마가 어린 악마를 훈련하는 내용을 묘사한다. 늙은 악마는 어린 악마에게 하나님의 자녀들을 속이고 고통을 주려면, 그들이 육신의 욕망을 따르며 살게 하라고 가르친다. 이 책은 우리의 적이 얼마나 교활한지를 잘 보여준다. 우리의

적은 우리가 믿고 싶은 거짓말로 우리를 유혹한다. 나는 이 장을 이러한 방식으로 기록했다. 왜냐하면 나는 우리의 문화가 주장하는 양육방법이 우리를 미혹하여 우리의 양육을 잘못된 방향으로 이끈다는 사실을 알려 주고 싶기 때문이다. 우리의 문화는 사탄이 우리를 유혹하려고 사용하는 우리의 육신을 만족시키는 거짓말을 조장한다.

나는 이 장에서 "중독적" 사고와 관련된 다섯 가지 기본적 심리상태에 대한 개관을 제공하고자 한다. 이 장은 우상숭배자와 "중독자"의 심리상태를 자세히 설명하기 전에, 이런 위험한 심리상태를 조장하는 좋지 않은 양육 뒤에 숨어 있는 사고방식을 알도록 도와 줄 것이다. 이러한 사고방식은 자녀들로 하여금 "중독적" 선택과 행동을 하게 만드는 위험한 요소이다. 나는 지금 기록하는 내용이 이러한 사고방식에 대한 입문이 되게 하려고 한다. 그러면 당신은 이 책을 다 읽은 후에 다시 이 부분을 읽고 싶어질 것이다. C. S. 루이스의 『스크루테이프의 편지』*The Screwtape Letters*의 정신에서 볼 때, 지금 여기에는 자기중심적이며 무엇인가에 중독된 자녀^{손주}를 보호하도록 당신이 반드시 해야 하는 다양한 목록이 있다.

일반적 양육

* 의미 있는 주제들에 대해서 자녀들과 함께 이야기하기보다 컴퓨터에서 더 많은 시간을 보내라.
* 의미 있고 영적인 것을 자녀에게 이야기하고 가르치고 듣는 것보다 일시적인 이익을 얻는 일에 더 많은 시간을 투자하라.
* 절대로 꼭 껴안아주지 마라.
* 당신의 무조건적 사랑을 비밀로 하라.
* 당신을 위해서 무엇인가 해야만 당신의 사랑을 받도록 하라.

* 사기꾼이 되라: 자녀에게 말한 것과 다르게 행동하라.

* 자녀에게 자주 거짓말을 하라.

* 자녀가 당신의 말에 순종하도록 소리를 지르며 화를 내라.

* 회초리와 꾸지람 대신 고함을 치라. 왜냐하면 언어적 학대가 "신체적 학대"보다 더 나쁘기 때문이다.

* 소리를 지르며 과격한 행동을 하여 당신이 화가 났다는 사실을 알려라.

* 자녀에게 가능한 많은 선택권을 주라.

* 가능한 빨리 결정권을 자녀에게 넘겨주라. 결국, 당신은 그의 부모가 되지 못할 것이다.

* 하나님이나 다른 사람들이 아닌, 자기 자신만을 신뢰할 수 있다는 생각을 강화시켜라.

* 당신을 신뢰하도록 만들어라. 그는 바로 지금 하나님보다 당신을 신뢰할 필요가 있다.

* 하나님에 대해서 절대로 말하지 마라. 목사나 다른 사람이 그것을 하게 하라. 당신은 위선자처럼 보이는 것을 원하지 않을 것이다.

* 식사 전에 그것을 주신 하나님께 감사기도를 드리지 마라. 당신이 가족을 위해 그것을 주었다는 사실을 알 필요가 있다.

* 성경을 읽으라고 강요하지 마라. 특히 아이들이 지루해하거나 읽는데 어려움을 느낀다면 더욱 그렇다.[45] 이렇게 하는 것은 당신에게 대답할 수 없는 질문과 혼란만 야기할 뿐이다.

* 하기 싫어하는 일설거지, 쓰레기 버리기, 집에 앉아서 책 읽기 등은 뭐든지

---

45) 내가 지금 성경을 "지루하고", "이해하기 어려운 것"이라고 말하는 것은 실제가 아니라 빈 정거림이다. 자녀에게 잠언, 시편 그리고 성경의 다른 책들을 읽게 하라. 그러면 당신은 그들이 성경을 얼마나 잘 이해하는지 놀랄 것이다.

하라고 강요하지 마라

* 상황이 생기기 전에 예방하는 부모가 되지 말고, 상황이 생긴 후에 대처하는 부모가 되라. 이러한 부모는 자녀에게 옳은 것을 가르치기보다 발생한 문제에만 반응한다. 또한 자녀에게 앞으로 일어날 수 있는 문제나 갈등을 이야기하지 마라. 아마도 당신은 자녀가 어떤 부정적인 생각도 갖지 않기를 원할 것이다.

권리의식

* 자녀가 자신을 우주의 중심이라고 믿게 하라. 세상이 그를 중심으로 돌아간다는 사실을 알도록 모든 변덕과 욕구를 받아주라. "권리의식"를 조장하라. 그러면 자녀의 자존감이 높아질 것이다.

* 하나님나라가 하나님the King을 위해 존재하는 것이 아니라, 자녀를 위해 존재하는 것이라고 가르쳐라. 즉, 하나님나라는 하나님을 영화롭게 하려고가 아니라 당신의 자녀를 즐겁게 하려고 존재한다.

* 자녀의 "권리"를 충분히 알려주라. 권리의 대부분이 특혜라는 사실을 가르쳐주지 말라. 그 "권리"는 모두 그의 것이다. 예를 들어, 자녀는 분명히 16살에 차를 운전할 권리를 지녔다. 그 차는 이제 막 보험에 든 새 차이며, 그는 이 차를 타고 어디든지 갈 수 있는 자유가 있다. 왜냐하면 당신은 자녀가 친구들과 다르게 되기를 원치 않기 때문이다.

* 특히 자녀가 잘못된 선택을 했을 때, 그것이 초래하는 부정적 결과를 차단하라. 예를 들어, 만약 자녀가 학교에서 잘못해서

정학을 받았다면, 교장과 교사를 찾아가 자녀만 처벌을 받는 것이 불공정한 처사라고 소리를 지르며 항의하라.

* 자녀가 잘못된 선택 때문에 부정적인 결과를 경험하지 않게 하라. 왜냐하면 그 결과가 당신과 자녀를 당황스럽게 만들 것이기 때문이다.

* 자부심은 이 세상의 것들 때문에 생기는 것이지 그리스도와의 관계 때문에 생기는 것이 아니라고 가르쳐라.

* 자녀에게 "권리"가 있다는 사실을 말해 주어 권리의식을 조장하라. 그리고 자녀가 "당연히" 받아야 할 것을 받지 못했을 때 "화를 내고 짜증을 부리는 것"을 허락하라. 이것은 당연히 화나는 일이다

소비자의식

* 자녀에게 이 세상의 일시적인 것들에서 영원한 만족을 발견할 소비자가 되라고 가르쳐라. "소비자"의식을 키워주라.

* 자녀가 "없이" 살아가지 않도록 자녀에게 모든 것을 풍부하게 주라.

* 어떤 대가를 치루더라도 안락하게 지내도록 만들어주라. 자녀들이 자라나는 환경이 가장 편안해야 하지 않겠는가?

* 자녀에게 하늘이 아니라 이 세상의 즐거움과 이 땅의 것들을 향하라고 가르쳐라. 예를 들어, 고통은 어떤 것이라도 피하고 쾌락을 추구하며 살라고 가르쳐라.

* 타락하고 죄로 말미암아 저주받은 이기적인 세상에서 자녀가 어떤 고통이나 실망도 절대로 겪지 않도록 모든 고통을 의학적으로, 마음을 달래주는 음식 또는 일시적 즐거움으로 완화시켜라.

* 고통을 줄이도록 하나님보다 의학^{그리고 다른 일시적인 즐거움}에 의존하라고 가르쳐라.

* 하나님^{의 말씀}에 불순종한 인간의 잘못된 선택 때문에 저주받고 타락한 세상이나 죄에 대해서 말하지 말라. 자녀에게 왜 이 세상에 죽음, 슬픔, 고통, 아픔이 있는지에 대해서 궁금해 하도록 내버려 두라. 그러면 자녀는 이 세상의 슬픔과 고통과 불행에 대해서 사람이 아니라 하나님을 비난할 것이다.

희생자의식

* 자녀가 할 일 없이, 규율 없이, 훈육 없이, 체계 없이, 기대 없이, 결과 없이 자신의 행동에 대해 무책임한 사람이 되도록 허락하라. 어쨌든 학교는 너무 엄격하고, 해야 할 숙제 역시 너무 많다.

* 자녀가 "네 잘못이잖아"라고 말하는 것을 너그럽게 봐주라. 이 말은 잘못된 선택으로, "희생자"의식을 만들어낸다.

* 자녀가 잘못된 선택을 했을 때, 환경을 비난하라.

* 자녀가 좋지 않은 선택을 했을 때, 당신의 배우자를 비난하라.

* 자녀가 좋은 않은 선택을 했을 때, DNA와 유전적 특성을 비난하라.

* 자녀가 잘못된 선택을 했을 때, 당신 자신을 비난하라.

* 자녀의 죄를 절대로 말하지 말라. 죄는 빼고 오직 은혜에 대해서만 말하라.

* 자녀에게 복음을 제시하지 마라.

* 만약 당신이 자녀에게 복음을 제시한다면, 추악한 "죄"는 빼고 오직 하나님의 은혜에만 초점을 맞추라. 어쨌든 하나님은 우리

모두를 사랑하신다.

* 자녀가 절대로 그리스도와 함께 죄를 고백하고 회개하는 일이 없도록 하라.

* 하나님의 용서를 위해 부르짖으며 기도하는 것을 가르치지 말라.

* 자녀에게 성경을 읽으라고 권장하지 말라. 대신 컴퓨터게임^{또는} 다른 여러 가지 활동을 계속해서 하도록 하라. 다른 일을 할 시간은 앞으로도 많다. 유년 시절은 짧다.

소멸의식

* 자녀들 앞에서 감사하지 않는 모델이 되라. 이 썩어빠진 세상 도처에는 우리를 괴롭히는 무언가가 항상 있다.

* 먼저 좋아 보이는 상황을 나쁘다고 말하라. 그리고 자녀들이 원하지 않는 환경에 대해서 감사하라고 가르치지 말라.

* 당신이 어떻게 이 세상에서 나쁜 상황에 있게 되었는지, 당신의 가족이 돈, 기회, 고통 또는 고용이라는 측면에서 항상 나쁜 쪽에 서게 되었는지에 대해서 자녀들에게 어릴 때부터 자주 말해 주어라. 그래서 배은망덕과 자기연민에 빠져 있는 "소멸"의식을 조장하라.

* 즐거운 마음 대신 가지지 못한 것에 생각을 집중하라고 가르쳐라. 이것은 주위에 있는 사람들보다 더 잘되라고 동기를 부여하는 유일한 방법이다.

반항의식

* 자기 자신을 신뢰하라고 가르쳐라. 자녀는 자기 자신 이외에

다른 누군가를 의지할 수 없다는 것을 알아야 한다.

* 독립적이 되어 자급자족하고 절대로 도움을 청하지 말라고 가르쳐라. 만약 당신이 누군가에 도움을 요청하면, 그들은 나중에 당신에게 무엇인가를 원할 것이다.

* 자기 자신을 신뢰하고 절대로 잠언 3장 5~6절을 읽거나 따르지 말라고 가르쳐라.

* 자녀의 운동일정을 기준으로 당신과 당신의 가족의 일정을 조정하라. 이렇게 하면 당신은 자녀중심의 가정을 이룰 수 있다.

* 배우자보다 자녀를 우선시하라. 자녀가 더 중요하다.

* 자녀에게 당신의 모든 관계, 심지어 성인들의 관계에 대한 것까지 말하라. 분명히 당신은 자녀에게 숨기는 것이 있다는 이야기를 듣고 싶지 않다. 이렇게 하면 자녀는 성숙하게 결정하는 법을 배워 그러한 결정을 할 수 있는 준비를 갖출 것이다.

* 다른 사람에 대한 예절이나 존중을 가르치지 말라. 이렇게 하는 것은 구식이며, 더 이상 중요하지 않다. 실제로 대부분의 성인들은 존중받을 만한 자격이 없다.

* 나이든 분들을 함부로 대하라고 가르쳐라.

* 자녀의 모든 말과 행동을 통제하라. 그와 관련된 모든 것을 빠짐없이 물어보고, 그를 위해 모든 것을 대신 결정하라. 그에게 선택권을 거의 주지 말라. 그러면 자녀는 모든 일에 통제받는다고 느낄 것이다.

* 또는 음식, 옷, 친구의 선택, 미래의 목표 등 모든 결정을 혼자 하도록 허락하라. 당신은 그를 통제하고 싶지 않다.

* 교회에 가기를 원하는지 그렇지 않은지를 자녀가 결정하게 하라.

* 오직 자녀에게 최선이 되는 교회를 선택하라.

* 주님보다 자기 자신을 인생의 모든 성공의 원인이라고 생각하도록 자녀의 자존감이 높아지게 하라.
* 하나님께 영광을 돌리지 말고 자신을 자랑하라고 가르쳐라.
* 하나님에 대한 겸손한 복종보다 지위와 권력이 지닌 영광과 중요성을 증진시켜라.
* 하나님이 없다고, 또는 자녀보다 더 높은 존재는 없다고, 자녀가 자신의 인생과 선택에 대한 모든 책임을 전적으로 지고 있다고 가르쳐라. 그리고 실제로 그러한 권한을 주라.
* 당신 인생의 성취를 자녀의 스포츠 활동에서 발견하라. 어쨌거나 그들은 당신의 유전적 특징을 물려받았다. 그렇지 않은가? 그들에게 스포츠의 중요성을 알려주는 모델이 되라.
* 자녀를 당신 우주의 중심으로 만들라.
* 자녀를 위해서라면 무엇이든지 하라. 그러면 자녀는 항상 유쾌한 상황에 있을 것이다. 이것은 자녀에게 일종의 "권한을 부여하는 일"이다.
* 하나님보다 자녀를 예배하라자녀에 대해 생각하고, 자녀를 의지하고, 자녀에게 즐거움과 기쁨을 얻으라.

재차 강조하지만, 이 장에서 나열한 것을 하지 말라! 이것은 모두 거짓말이다. 독자 가운데 어떤 사람은 이미 자신이 이러한 실수를 저질렀다는 사실을 발견했을 것이다. 용기를 가져라! 너무 늦지 않았다. 위에서 언급한 내용들이 죄의 본성을 지닌 자녀들의 육신의 소욕을 강화시킨다는 사실을 기억하라. 이 목록을 읽으면서 당신은 이것이 모두 잘못되었다는 사실을 첫눈에 알아채지 못했을 수도 있다. 부모들은 자녀들을 가르치기 이전에 먼저 자신들의 죄스러운 생각을 극복해야 한다.

결론

중독예방양육은 소모적이 될 수 있지만, 나는 당신을 격려하고 싶다. 이것은 단지 하나님의 은혜로만 실천할 수 있다. 하나님은 우리가 더 성경적이 되고 더 그리스도를 닮아가도록, 우리 안에서 그리고 우리를 통해서 성령과 함께 신실하게 일하신다. 당신이 부모로서 변하기 시작할 때, 자녀들은 당신의 인도에 반응하며 당신을 닮아갈 것이다. 나는 당신이 자녀에게 의도한 것에서 단 하루도 벗어나지 말라고 강권한다. 자녀가 근본적인 자기중심성의 본성으로 돌아가는 것을 허락하지 말라. 하나님을 찾으면 하나님을 발견할 것이다. 하나님의 말씀을 읽고, 성령으로 그것을 조명해 달라고 요청하라. 그리고 하나님의 영광과 당신의 가족을 위해 하나님의 뜻을 수행할 힘을 달라고 요청하라. 당신은 반드시 하나님만 의지해야 한다. 잠언 3장 5~6절을 기억하라!

●●●
핵심 아이디어와 실천전략

1. 열 가지 우선순위 목록을 작성하고 분석하라. 그리고 당신이 지난 일주일 동안 각각의 행동에 얼마나 많은 시간을 소비했는지 기록하라. 어쩌면 당신은 당신이 실제로 소비한 시간을 토대로 당신의 우선순위를 재배열해야 할지도 모른다. 이 기록은 당신의 실제적 우선순위가 무엇인지 보여줄 것이다. 성경이 제시하는 올바른 순서에 따라 당신의 우선순위를 배열하도록 계획하라.

2. 당신은 자녀들과 더불어 질적 시간 또는 양적 시간을 보내는가? 나는 질적 시간을 추천한다. 왜냐하면 질적 시간이 거의 항상 좋은 결과를 이끌어내기 때문이다. 당신은 편안하고 조용한 환경에서 자녀들과 함께 성경을 읽고 토론하며 함께 기도할 시간을 매일 가지도록 계획하라.

특별한 중독예방양육 원리

Chapter 12

✳

권리의식

15살인 에드너는 세 명의 여자 친구들 가운데 한 명에게 마리화나를 받았다. 에드너는 허둥대며 현관 밖으로 나갔고, 친구들이 그 뒤를 따랐다. 에드너는 잠시 머뭇거리다가 마리화나를 입에 넣고 몇 초 동안 빨아들였다. 친구들은 그녀가 마리화나를 피우는 모습을 보며 재밌어서 킥킥거렸다. 그러나 그들의 웃음소리는 갑자기 멈추고 말았다. 한 남자가 손전등을 비추며 큰 목소리로 말한다. "거기 여학생들, 당장 멈춰. 나는 경찰서에서 근무하는 형사 스미스야. 너희들을 체포하겠다."

한 살짜리 아이는 "이건 전부 나에 대한 거야"라고 생각한다. 두 살짜리 아이는 형에게 장난감 퍼즐을 가로챘을 때, "내거야, 이건 모두 내거야"라고 말한다. "저요, 저요, 저요!"는 십대의 사고방식이다. 자녀가 안 된다는 말을 듣거나 하고 싶은 것을 할 수 없게 되었을 때, 어떤 부모도 자녀에게 울고불고 난리를 치라고 가르쳐서는 안 된다. 아이들은 에덴동산에서 아담과 하와가 타락한 이래 지금까지 이기심을 가지고 태어난다.

이 장에서 나는 자녀들에게 중독적 행동을 자주 일으키는 가장 해로운 심리상태를 언급하고자 한다. 이 심리상태는 근본적인 것으로서, 인간과 하나님에 대한 우리의 당연한 태도를 뒤집어엎는다. 이것은 하나님을 위해 사는 것은 부차적인 것으로, 자기를 위해 사는 것은 가장 중요한 것으로 만든다. 슬프게도, 많은 부모들은 자녀들에게 이러한 사고방식을 무의식적으로 권장한다. 이것은 "중독적"이고 우상숭배적인 욕구에 기름을 붓는다. 나는 이것을 권리의식라고 부른다.

다시 말하면, 모든 중독적 행동이 우리의 사고에 달려 있기 때문에, 나는 말의 힘을 강조한다. 전에 언급했던 것처럼, 심리상태는 삶에 관한 우리의 견해에 영향을 미치는 "생각의 양식 또는 방법"으로 정의된다.[46] 부모로서 당신은 성경을 사용하여 자녀에게 세상에 대하여 성경적으로, 비판적으로 생각하라고 가르쳐야 한다. 중독자의 권리의식에 대해서 배우는 것은 중독에 빠진 사람들에 대한 가치 있는 통찰을 얻는 데 기초가 된다. 또한 부모들이 자녀들에게 무의식적으로 이러한 문제 있는 사고패턴을 조장하는 일반적인 방법을 잘 설명하게 될 것이다.

위대한 명령

권리의식은 마태복음 22장 37~38절에서 유추할 수 있다. "예수께서 이르시되 네 마음을 다하고 목숨을 다하고 뜻을 다하여 주 너의 하나님을 사랑하라 하셨으니 이것이 크고 첫째 되는 계명이요." 모든 "중독"은 기본적으로 온 마음heart과 목숨soul과 뜻mind을 다하여 주님을 사랑하지 않는 모습으로 나타난다. 다시 말해서, "중독"에 빠진 사람은 우선적으로 주님이 아니라 자기 자신을 즐겁게 하는데 관심이 있다. 그의 모든 것마음, 목숨, 뜻은 자기를 감싼다. 그는 자기를 사랑하는 데만 관심이 있기 때문에 주님과의 애절한 사랑이 없다. 중독은 하나님과 다른 사람이 빠

---

46) *Merriam-Webster's Collegiate Dictionary*, 10th ed. (Springfield, MA: Merriam-Webster Inc., 1996, c1993).

진 일인관계one person relationship이다. 이런 현상에서 예외인 중독은 없다.

권리의식은 마태복음 22장 37~38절에 있는 그리스도의 말씀의 정반 대편에 있다. 권리의식의 특징은 하나님이 주신 은사나 특권에 대한 권리를 자신이 지녔다고 생각하는 것이다. 성인은 자신의 소유를 자신이 열심히 일해서 얻은 대가라고 생각할 수 있으며, 그러한 생각은 자신의 소유를 가지고 자신의 욕구를 충족시키는 것이 정당하다는 생각을 하게 한다. 이러한 사고방식을 지닌 사람은 자신이 얻은 것 이상을 받을만한 자격이 있다고 생각한다. 그리고 이렇게 자주 말한다. "나는 더 좋은 대우를 받을 자격이 있어", "내가 이것을 얻지는 못했지만, 그래도 나는 이것을 받을만한 자격이 있어". 이러한 사고방식을 지닌 "중독자"는 이 세상에 있는 것이 자기 자신을 만족하게 하고 기쁘게 하려고 존재한다고 잘못 생각한다. 이러한 생각은 그리스도 중심적 사고방식이 아니라 자기중심적 사고방식이다. 이 세상에 존재하는 모든 것은 주님께 속했다. 그러므로 우리는 왕 중의 왕이신 주님을 섬겨야 한다.

이것이 그만한 가치가 있는가?

나는 내가 다니던 학교에서 한 가지 이야기를 들었다. 이 이야기는 권리의식의 좋은 예가 된다. 아이들이 한 남자의 집 옆에 있는 공터에서 야구를 하고 있었다. 그곳은 그의 소유가 아니었다. 그는 아이들이 학교를 마치고 매일같이 그곳에서 소란스럽게 노는 것 때문에 매우 괴로웠다. 결국 그는 아이들을 몰아낼 계략을 짰다. 그는 공터에서 노는 아이들에게 돈을 주기로 결심했다. 그리고 이렇게 말했다. "애들아, 너희들이 공터에서 야구를 하면 매일 돈을 줄게. 야구가 끝나면 우리 집에 와. 1달러씩 줄게." 다음 날 아이들은 야구를 마치고 그의 집에 갔다. 그는 약속대로 아이들에게 1달러씩 주었다.

두 주 후에 그는 아이들을 만나 이렇게 말했다. "얘들아, 시간이 적당하지 않은 것 같으니까 반만 줄게." 한 주 동안 그는 약속대로 아이들에게 야구를 한 대가로 50센트씩 주었다. 다음 주에 그는 아이들에게 25센트를 주겠다고 말했다. 그리고 그는 3주에 걸쳐 10센트, 5센트 그리고 달랑 1센트로 금액을 낮추었다.

아이들은 1센트를 받았을 때 손에 있는 동전을 쳐다봤다. 그리고 이렇게 말했다. "얘들아 더 이상 여기 와서 놀지 말자. 그럴만한 가치가 없어." 그 후 아이들은 절대로 그곳에 다시 놀러가지 않았다.

두 말할 필요도 없이 그는 매우 행복해했다. 아이들은 놀이에 대한 대가가 너무 적어서 "그렇게 할 만한 가치가" 없다고 생각했다. 그들은 자기들이 원래 그곳에서 자유롭게, 재미있게 놀았다는 사실을 잊었다. 그들은 그곳에서 노는 것에 대한 대가가 너무 적어 "그럴만한 가치가" 없었기 때문에 그곳을 떠났다. 비록 여러 주가 걸렸지만, 그는 아이들이 그의 집 옆에 있는 공터에서 야구를 하지 않도록 하는데 성공했다. 이 이야기가 부모들에게 주는 교훈은 자녀들에게 어떤 보상이나 동기를 제공하지 않아도 그들이 집안일을 하거나 놀게 된다는 사실이다. 때때로 당신은 자녀들이 한 일에 대해서 대가를 지불하다가 그렇게 하지 않을 수 있다. 그러면 자녀들은 실망하게 된다. 이것이 "권리의식"을 만들어 낸다. 이럴 때 부모에게 가장 나쁜 적은 바로 부모 자신이다. 권리의식은 자녀들로 하여금 감사하다는 생각을 하지 못하게 한다.

부모는 자녀들이 원하는 것을 해 줌으로써 권리의식을 조장한다. 예를 들어, 자녀들은 가게에서 "엄마, 나 이 장난감 갖고 싶어" 또는 "아빠, 나 이 사탕 먹고 싶어"라고 말한다. 이것은 일상적인 말이다. 그러나 부모들은 자녀들의 모든 요구를 들어줄 수 없다. 그렇기 때문에 반드시 "안 돼"라고 말하는 법을 배워야 한다. 부모로서 우리는 자녀들이 원하는 것을 매번 들어주고 싶지만, 그렇다고 그들을 기쁘게 하는 것이 그들을 위한 최선은 아니다. 사실, 자녀들이 원하는 것을 모두 주는 것은 권리의식을 조장한다. 왜냐하면, 그들이 부모 앞에서 울기만 하면 언제든지 원하는 것을 가질 수 있다는 기대를 갖기 때문이다.

자녀들은 과도하고 비현실적인 것을 기대할 수 있다. 이러한 자녀들은 부모에게 그것을 요구하며, 나이가 들수록 더 많은 것을 요구하게 된다. 만약 이러한 기대가 채워지지 않는다면, 그들은 실망하거나 화내는 것을 배운다. 그리고 그들이 원하는 것을 얻으려고 부모를 조종하려고 한다. 분노는 기대가 채워지지 않을 때 일어난다. 이러한 분노는 종종 이기적인 그리고 "중독적인" 선택과 행동을 유발한다.

나는 이러한 사실을 충분히 강조할 수 없다. 권리의식을 조장하는 부모는 반드시 자녀들에게 상처를 준다. 그 결과 자녀들은 화를 내고, 분노하며, 괴로워하고, 완고해진다. 만약 부모가 자녀들에게 권리의식을 허락한다면, 그들은 이렇게 행동하게 될 것이다. 그럼에도 부모들은 종종 자녀들이 권리의식을 갖도록 만든다. 왜냐하면 부모들이 자녀들에게 기대를 갖게 하거나 그들이 원하는 것을 모두 들어주려고 하기 때문이다.

권리의식의 다른 측면은 자녀들이 대가 없이 허드렛일을 하면 안 된다는 생각이다. 부모들은 종종 자녀들에게 매주 용돈을 준다. 그리고 그 돈을 어떻게 써야 하는지에 대해서 간략하게 알려 준다. 실제로 이것은 자녀들이 어떻게 돈을 관리해야 하는지를 배울 수 있는 좋은 방법이다. 자녀들은 십일조와 저축하는 법을 배워야 한다. 그렇게 할 때 여분에 대한 선한 청지기가 될 수 있다. 자녀들이 집안일을 도울 때 주어지는 대가에 주의하라. 다시 말하면, 자녀들은 그들의 삶을 편안하게 하려고 일하는 엄마 또는 아빠를 소유할 "권리를 가지고" 있지 않다.

부모는 자녀들에게 자기중심적이 아니라 그리스도 중심적이 되라고 가르쳐야 한다. 자녀들은 하나님이 갈망하는 것을 갈망해야 한다. 자녀들은 하나님이 원하시는 것을 원해야 한다. 부모들은 이것을 위해 많이 노력해야 하며, 그렇게 할 때 자녀들이 이것을 배울 수 있다. 예를 들어, 부모는 장난감을 갖고 싶어 하는 아이에게, 그것은 단지 일시적인 만족일 뿐이며 더 중요한 것은 영원한 것에 있다는 사실을 가르쳐야 한다. 부모는 자녀들에게 장난감을 사지 않으면, 그 돈이 가족을 위한 음식을 마련하는 일에, 또는 음식을 먹지 못하는 아이들을 돕는 일에 사용할 수 있다고 이야기해 줄 수 있다. 당신은 자녀들에게 제3세계 국가의 많은 어린이들이 먹지 못하고, 쉴 곳이 없고, 옷을 제대로 입지 못하고, 신을 신발이 없고, 마실 물이 없다는 사실, 즉 다른 사람들의 현실적인 필요를 숨길 필요가 없다!

자녀를 위해 "필요"와 "욕구"를 구분하라. 예를 들어, 아이가 "엄마, 나 장난감 필요해"라고 말한다면, 당신은 자녀에게 그 말의 의미를 정확하게 다시 말해 주어야 한다. "너는 장난감을 가지고 놀고 싶은 거지, 장난감이 필요한 것은 아니야. 필요는 음식이나 물이나 옷이나 집 같은 것을 가리키는 거야. 장난감은 네게 필요한 것이 아니라 네가 원하는 거야." 또한 당신 역시 이러한 단어들을 올바르게 사용하는지 점검해야 한다. 많은 부모들은 자녀들의 욕구와 바람 그리고 선호를 그들의 "필요"로 잘못 가르친다. 부모로서 당신은 "필요"와 "욕구"를 구분할 때, 반드시 그것을 이해하고 있어야 한다.

너무 많은 사람들이 마음의 욕구를 "필요"라고 한다. 그리고 소위 "필요"라는 것이 채워지지 않을 때, 그것을 자신의 삶의 중심에 놓는다. 자녀들이 혼란을 일으키거나 잘못된 것을 기대하지 않도록 "필요"와 "욕구"라는 단어를 올바르게 사용하라. 당신은 자녀들이 "이것이 필요해요"라고 말할 때, 자녀들과 함께 "필요"의 정의를 다시 검토하는 것을 주저하지 말라. "필요"와 "욕구"를 구분하는 것은 자녀들에게 좋은 일이다.

자녀들의 정욕을 자라게 하지 말라. 그렇지 않으면, 자녀들은 자연스럽게 일시적인 이 세상의 모든 것을 갈망하게 된다. 대신에 사랑, 희락, 화평, 오래 참음, 자비, 양선, 충성, 온유, 절제와 같은 영적인 것을 갈망하는 영원한 사고방식이 자라게 하라.갈5:22~23

나는 종종 청중들에게 이런 질문을 한다. "이 방에 있는 것 가운데 영원한 것 두 가지는 무엇일까요?" 정답을 말하는 사람은 없다. 정답은 그 방에 있는 사람들의 영혼과 하나님의 말씀이다. 다른 것은 마지막에 모두 불타 없어질 것이다. 그러므로 의도적으로 자녀들에게 일시적 관점 보다는 영원한 관점을 지니라고, 즉 영원히 지속될 것에 관심을 두라고 가르쳐라. 영혼은 가장 중요하다. 자녀들의 영혼은 그리스도와 함께 영원히 거하려면 그분의 인도를 받아야 한다는 사실을 배워야 한다. 자녀들에게 그들이 썩어서 죽게 될 이 땅의 몸을 지니고 살아가는 살아 있는 영이라는 사실을 가르쳐라. 마지막에 하나님은 자신의 자녀들을 부활시킬 것이며, 그들에게 영원히 소멸되지 않는 새로운 몸을 주실 것이다.고전15:50~58 자녀들에게 아래 있는 것 보다 위에 있는 것을 마음에 품으라고 가르쳐라.골3:2

결론

권리의식은 자신의 가치를 거짓으로 높게 평가하는 반면, 하나님과 다른 사람들의 가치는 낮게 평가한다. 어떻게 이런 거짓말을 할 수 있는가! 권리의식은 실제로 우리를 지나치게 높이며, 하나님과 다른 사람들을 지나치게 낮춘다. "세상은 당신의 주위를 돌지 않는다." 이 말은 지나치게 이기적으로 살아가는 사람이 듣는 말이다. 세상이 "모두 자신의 것"이라고 생각하는 아이는 세상에서 자신의 위치를 이해하지 못하며, 타락한 세상이 만들어내는 수많은 실망에 좌절하게 된다. 자신의 인생에 권리가 있다고 생각하는 아이가 중독에 빠지는 것은 시간문제이다. 야고보서 4장 6절을 기억하라. "그러나 더욱 큰 은혜를 주시나니 그러므로 일렀으되 하나님이 교만한 자를 물리치시고 겸손한 자에게 은혜를 주신다 하였느니라." 자녀들의 삶에 하나님의 은혜가 임하기를 원하는가? 그렇다면, 자녀들에게 자신보다 하나님과 다른 사람들을 더 높게 생각하도록 가르쳐라.

핵심 아이디어와 실천전략

1. 자녀들과 함께 창세기 1~3장을 읽고, 하나님의 형상, 죄의 타락, 그리스도의 재림까지 타락한 세상에서 살아가기에 대해서 이야기하라. 자녀들에게 다른 방법이 아니라 하나님이 그들을 창조했다는 사실을 잊지 않도록 가르쳐라.

2. 비록 받을 만한 자격은 없었지만, 주님께서 당신과 자녀들에게 주셨던 복을 나열하라.

3. 당신과 자녀들보다 어려운 조건에 있는 사람들을 만날 수 있는 요양원이나 어린이병원에 가라. 그들의 이야기를 듣도록 선물을 준비하고, 그들의 이야기에 귀를 기울이며 대화하라.

4. 한 달 동안 "필요"라는 말 대신 "욕구"라는 단어를 사용하라. 만약 당신이 이 단어를 잘못 사용한다면, 빨리 정신을 차리고 음식, 물, 옷, 집 등 기본적인 필요 네 가지를 암송하라.

Chapter 13

✼

겸손하라

프레디와 매트 그리고 다른 두 녀석의 싸움을 말리려고 여러 아이들이 달려들었다. 프레디는 코피를 흘렸고, 매트는 그의 오른 팔을 붙잡고 있었다. 다른 두 녀석은 몹시 두들겨 맞아서 타박상에, 살이 베이고, 옷이 찢기고, 얼굴이 피범벅이 됐다. 프레디는 사이렌 소리를 듣고 두려움에 휩싸였다. 그는 현관에서 파란불이 번쩍이는 것과 경찰관이 에드너를 체포하는 것을 목격했다. 그는 그곳을 향해 신속히 걸어가면서 "안 돼"라고 말한다.

권리의식을 대신할 수 있는 것은 겸손이다. 자녀들에게 권리의식보다 겸손한 사고방식을 가르치는 것은 부모의 책임이다. 겸손은 저절로 생기는 덕목이 아니다. 겸손은 반드시 배워야 한다. 우리가 겸손에 도달했다고 생각했을 때가 바로 우리가 겸손하지 않다는 사실을 알아야 하는 지점이다. 회중이 목사에게 "세상에서 가장 겸손한 설교자"라고 말했을 때, 만약 목사가 그것을 받아들인다면, 회중은 목사에게서 멀어지게 된다.

빌립보서 2장 5~11절은 부모와 자녀에게 모범이 되도록 기꺼이 자신을 낮추셨던 주 예수 그리스도에게 주목한다.

너희 안에 이 마음을 품으라 곧 그리스도 예수의 마음이니 그는 근본 하나님의 본체시나 하나님과 동등됨을 취할 것으로 여기지 아니하시고 오히려 자기를 비워 종의 형체를 가지사 사람들과 같이 되셨고 사람의 모양으로 나타나사 자기를 낮추시고 죽기까지 순종하셨으니 곧 십자가에 죽으심이라 이러므로 하나님이 그를 지극히 높여 모든 이름 위에 뛰어난 이름을 주사 하늘에 있는 자들과 땅에 있는 자들과 땅 아래 있는 자들로 모든 무릎을 예수의 이름에 꿇게 하시고 모든 입으로 예수 그리스도를 주라 시인하여 하나님 아버지께 영광을 돌리게 하셨느니라

겸손은 요즘 우리 사회에서 반문화적인 개념이다. 사람들은 교만을 권장하고, 겸손에 눈살을 찌푸린다. 우리의 문화는 겸손을 온유함meekness이 아니라 연약함weakness으로 잘못 인식한다. 온유함은 성령의 통제 아래 발휘되는 능력이다. 예수님 다음으로 온유한 사람은 모세이다. 모세는 자신의 언어 장애가 이스라엘 백성을 인도하라는 하나님의 부르심을 방해하게 될까봐 두려워했다. 모세의 초점은 주님이 아니라 자신의 부적합한 모습에 있었다. 결국 하나님에 대한 신앙이 부족했던 모세는 출애굽기 4장 10~17절에 기록된 바와 같이 주님을 화나게 했다. 모세의 신앙 부족은 자기 자신에게 초점을 맞추는 데서 비롯되었다.

모세가 여호와께 아뢰되 오 주여 나는 본래 말을 잘 하지 못하는 자니이다 주께서 주의 종에게 명령하신 후에도 역시 그러하니 나는 입이 뻣뻣하고 혀가 둔한 자니이다 여호와께서 그에게 이르시되 누가 사람의 입을 지었느냐 누가 말 못하는 자나 못 듣는 자나 눈 밝은 자나 맹인이 되게 하였느냐 여호와가 아니냐 이제 가라 내가 네 입과 함께 있어서 할 말을 가르치리라 모세가 이르되 오 주여 보낼만한 자를 보내소서 여호와께서 모세를

향하여 노하여 이르시되 레위 사람 네 형 아론이 있지 아니하냐 그가 말 잘하는 것을 내가 아노라 그가 너를 만나러 나오나니 그가 너를 볼 때에 그의 마음에 기쁨이 있을 것이라 너는 그에게 말하고 그의 입에 할 말을 주라 내가 네 입과 그의 입에 함께 있어서 너희들이 행할 일을 가르치리라 그가 너를 대신하여 백성에게 말할 것이니 그는 네 입을 대신할 것이요 너 는 그에게 하나님 같이 되리라 너는 이 지팡이를 손에 잡고 이것으로 이적 을 행할지니라

하나님은 모세 때문에 언짢으셨다. 그러나 아론을 보내 모세의 연약 함을 도우실 정도로 은혜로우셨다. 하나님은 화가 나셨을 때도 여전히 은혜로우시다. 오직 하나님만이 사랑이시기 때문이다. 당신은 연약한 부모로서 자녀들을 경건하게 양육하는 것이 벅찬 일이라는 사실을 수용 해야 한다. 당신의 연약함 때문에 신실하신 하나님의 은혜와 능력이 필 요하다. 당신의 신앙부족은 모든 일에 주님을 신뢰하지 않고, 그분을 두 려워하고 의심하는데서 비롯된다.

자녀의 겸손 촉진하기

사람들은 대부분 참된 겸손이 무엇과 유사한지 모른다. 참된 겸손은 "그리스도의 사고방식종의 사고방식, 즉 하나님과 다른 사람들에 대한 초 점, 하나님에 대한 인식과 찬양의 추구 그리고 하나님이 주신 모든 것으 로 범사에 하나님을 기쁘시게 하고 영광을 돌리고자 하는 욕구"로 가장 잘 정의할 수 있다.[47] 겸손은 우리의 육체에 부자연스러운 것이다. 왜냐 하면 겸손은 오직 성령에 의해서 그리스도인 안에 만들어지고 나타나기 때문이다. 겸손은 자녀들에게 낯선 개념이다. 그러므로 우리는 반드시

---

47) Stuart Scott, *From Pride to Humility* (Bemidji, MN: Focus Publishing, 2002), 18~21.

자녀들에게 겸손을 가르쳐야 한다. 만약 우리의 생각이 그리스도 안에서 변형되지 않는다면, 우리의 겸손은 우리를 교만하게 만들 것이며, 우리의 거룩함을 지나치게 주장하게 할 것이다.

스튜어트 스코트Stuart Scott 박사는 겸손에 관한 훌륭한 소책자에서, 겸손에 대한 24가지 표현과 교만에 대한 24가지 표현을 나열한다. 그는 성경을 사용하여 겸손과 유사한 그리스도인의 삶이 어떤 것인지 말한다. 그 가운데는 우리의 자녀들이 일상에서 일찍부터 배울 수 있는 것들이 몇 가지 있다.

* 하나님의 성품을 인식하고 신뢰하기시119:66
* 당신 자신이 전능하시고 완전하신 하나님께 의문을 제기하거나 판단할 권리가 없다는 사실 알기시145:17; 롬9:19~23
* 그리스도에게 초점 맞추기빌1:21; 히12:1~2
* 성경적 기도와 많이 기도하기살전5:17; 딤전2:1~2
* 하나님의 넘치는 은혜와 선하심에 깊이 빠지기시116:12~19
* 다른 사람들에게 대체로 감사하고 고마워하기살전5:18
* 온유하고 오래참기골3:12~14
* 당신 자신을 다른 사람보다 더 나은 존재로 보지 않기롬12:6; 엡3:8
* 당신의 은사와 능력에 대해 정확한 관점 갖기롬12:3
* 좋은 경청자 되기약1:19, 빌2:3~448)
* 다른 사람들에게 대체로 감사하고 고마워하라. 겸손한 사람들은 하나님과 다른 사람들에게 자주 감사한다살전5:18
* 온유하고 오래 참으라. 겸손한 사람들은 하나님이 다른 사람을

---

48) 앞의 책, 18~19.

사랑하신 방법으로 그들을 사랑하고 싶어 한다골3:12~14

* 당신 자신을 다른 사람들보다 더 나은 존재로 보지 말라롬12:16; 엡3:8

* 좋은 일이나 다른 사람의 좋은 점에 대해서만 다른 사람들에게 말하라잠11:13

* 권위에 있는 사람들에게 기쁨으로 순종하고 복종하라.롬12:1~2; 13:1~2

* 당신 이상으로 다른 사람들을 좋아하라롬12:10

* 책망과 징계에 대해 감사하라잠9:8, 27:5~6

* 당신이 틀렸을 때 빨리 인정하라잠29:23

* 다른 사람들로 말미암아 진심으로 기뻐하라. 겸손한 사람들은 다른 사람들에게 좋은 일이 생겼을 때 그들과 함께 즐거워한다 롬12:549)

나는 당신에게 적극 추천한다. 당신이 이 소책자를 사서 이러한 태도를 공부하면, 당신은 그리스도를 더 많이 닮는 방법을 배우게 될 것이며, 이러한 자질이 당신의 자녀에게도 스며들 것이다. 중독과 싸우는 사람들은 종종 그들이 완전하고 하나님은 부족하다고 생각한다. 이것은 교만이다. 우리는 그 반대가 참이라는 사실을 안다. 우리는 흠이 있으며, 하나님만이 완전하다. 겸손한 그리스도인은 이것을 안다. 가장 중요한 사실은 부모가 겸손의 본보기가 되어야 한다는 점이다. 겸손에 대한 어떠한 가르침도 그것을 가르치는 사람의 겸손한 태도를 대신할 수 없다.

모세의 연약함에도, 하나님은 이스라엘을 인도하도록 그를 부르셨다. 상식적으로, 말하는 능력은 모세가 지도자가 되려면 갖추어야 하는 중

---

49) 앞의 책, 18~21

요한 덕목이 분명하다. 그러나 하나님은 모세의 연약함을 하나님의 능력을 증명하려고 사용한다. 고린도전서 1장 27~29절은 진술한다. "그러나 하나님께서 세상의 미련한 것들을 택하사 지혜 있는 자들을 부끄럽게 하려 하시고 세상의 약한 것들을 택하사 강한 것들을 부끄럽게 하려 하시며 하나님께서 세상의 천한 것들과 멸시 받는 것들과 없는 것들을 택하사 있는 것들을 폐하려 하시나니 이는 아무 육체도 하나님 앞에서 자랑하지 못하게 하려 하심이라."

자녀가 범사에 하나님께 영광을 돌리도록 훈련하라. 고린도전서 10장 31절은 진술한다. "그런즉 너희가 먹든지 마시든지 무엇을 하든지 다 하나님의 영광을 위하여 하라." 이보다 더 분명할 수 있는가? 당신 자신이 아니라 하나님의 영광을 위해 모든 것을 하라. 당신은 자녀들이 그들의 강점과 능력을 알았으면 할 것이다. 그러나 당신은 반드시 그러한 강점과 능력을 주신 분이 하나님이라는 사실을 자녀들이 알도록 가르쳐야 한다.

당신은 하나님이 영광을 원하시는 이유에 대해 궁금해본 적 있는가? 나는 그 이유 가운데 하나가 하나님께 영광을 돌리는 것이 사람들로 하여금 하나님이 진실로 어떤 분인가에 대해서 알게 만들기 때문이라고 믿는다. 하나님은 인간에 대한 애정loving-kinds이 가득한, 완전하신 아버지이다. 하나님의 영광을 보면 우리의 눈은 그분으로 가득하게 된다. 하나님은 이미 위대하며, 온 땅은 그분의 영광으로 충만하다. 그러나 때때로 우리는 그러한 사실을 알지 못한다. 왜냐하면 우리의 초점을 우리 자신에게 맞추기 때문이다.

하나님은 영광을 받으시기에 합당한가? 그렇다. 사실 하나님만이 영광을 받으실만하다. 그분 홀로 찬양을 받으실만한 자격이 있다. 하나님은 영광을 우리의 자녀를 포함해, 다른 어떤 피조물과도 함께 나누려 하시지 않는다. 하나님은 우리가 "우리 자신을 극복하고" 그분을 드러내기 원하신다. 우리는 생존을 위해 하나님과 다른 사람들을 필요로 하는 피조된, 궁핍한, 의존적인, 나약한 인간들이다. 아기는 돌봐줄 사람과 음식과 안식처를 제공할 사람이 있어야 한다. 아기는 다른 사람들에게 의존적이다. 실제로 우리는 모든 삶을 하나님과 다른 사람들에게 의존한다.

마찬가지로 당신은 자녀가 그의 연약함과 무능력을 알기 원한다. 당신은 이러한 사실을 사용하여 하나님께서 모세를 통해서 하셨던 것처럼, 하나님이 당신의 자녀를 통해서 그에게 주신 소명을 이루실 것이라는 사실을 보도록 그의 눈을 열어줄 수 있다. 당신은 자녀가 연약함에 사로잡히는 것이 아니라 단지 그것을 인식하여 모든 일에 하나님을 의지하고 신뢰하고 의뢰하기를 원한다. 하나님은 두려워하는 사람들을 신실한 사역으로 부르신다. 하나님은 겸손한 사람들을 불러 위대한 방법으로 하나님을 섬기게 하신다. 하나님은 영광을 원하며, 영광을 받으시기에 합당한 분이다.

결론

중독예방양육은 반드시 겸손의 토대 위에 세워져야 한다. 겸손은 일생에 걸쳐 배양되어야 하는 사고방식이다. 우리 가운데 어느 누구도 완전한 겸손을 소유할 수는 없다. 왜냐하면 우리는 자신을 신뢰하고 자랑하려는 경향이 있기 때문이다.잠3:5~8 어떤 일이 우리의 계획대로 진행되지 않을 때, 하나님은 우리의 교만을 사용하여 우리를 겸손하게 하신다. 그리고 하나님은 이 겸손을 사용하여 우리로 하여금 하나님을 신뢰하게 하신다.

겸손은 자기의 능력이 아니라 그리스도의 능력을 발견하게 한다. 겸손은 모든 권세를 지니신 하나님께 기도하게 한다. 겸손은 하나님의 은혜와 자비에 대한 종과 청지기의 사고방식이다. 자녀들이 그리스도의 필요성을 절실히 깨닫고, 그러한 필요를 채우려면 하나님을 절대적으로 의지해야 한다는 사실을 깨달을 때, 그들은 영원히 구원받을 것이다. 하나님을 겸손히 의지하는 것은 중독예방양육을 위한 전제조건이며, 저절로 그렇게 되지 않기 때문에 자녀들 안에 스며들게 해야 한다.

● ● ●

핵심 아이디어와 실천전략

1. 출애굽기에 나타난 모세의 생애를 읽고, 하나님이 어떻게 겸손하고 온유한 모세를 사용하셔서 영광을 받으셨는지 알아보라.

2. 앞에서 언급한 스튜어트 스코트 박사의 목록과 제시된 성경구절을 읽고, 삶의 모든 영역에서 당신이 더 겸손해질 수 있는 실제적 방안을 기록하라.

3. 잠언 3장 5~8절을 종이에 기록하라. 당신이 과거에 하나님을 믿어서 복을 받았던 일과 자신을 믿어서 실망과 고통을 겪었던 일을 나열하라. 그리고 당신의 신실하지 않음에도, 신실하셨던 하나님을 증거 하도록 이것을 자녀들과 함께 나누라.

Chapter 14

✼

소비자의식

구조대는 도착하자마자 거실 바닥에 의식을 잃고 누워있는 데릭에게 곧
장 갔다. 그들은 심폐소생술^{CPR}을 실시하고, 잠시 후 데릭을 병원으로 데
려가기로 결정했다. 레이몬드, 프레디, 매트 그리고 다른 사람들은 데릭
이 의식을 잃은 것을 보고 구급차에 태운다.

우리는 소비자 사회에 산다. 자녀들과 십대들은 역사상 그 어느 때보
다도 더 마음껏 소비를 한다. 대기업은 자녀들의 소비 경향을 연구하고
텔레비전과 잡지에서 공세적으로 자녀들을 유혹한다. 생일과 크리스마
스는 유행이 바뀌면 곧 버려질 지나치게 비싸고 사치스러운 선물이나
장난감, 옷 등으로 축하한다.

이러한 상황은 부모들이 자녀들에게 조장하는 두 번째 심리상태, 즉
소비자의식을 묘사한다. 소비자의식은 권리의식과 여러 면에서 유사하
다. 소비자는 무엇인가를 "파괴하고, 헛되이 소비하고, 낭비하고, 다 써
버리는" 누군가이다.⁵⁰⁾ 생산물을 소비한다는 것은 그것을 완전히 사용
하는 것을 가리킨다. 집을 소비하는 불은 집을 땅에서 완전히 태워버린

---

50) *Merriam-Webster's Collegiate Dictionary*, 10th ed. (Springfield, MA: Merriam-Webster Inc.,
   1996, c1993).

다. 소비자인 자녀는 사람들을 포함한 모든 것을 그것의 한계까지 사용한다!

소비자의식을 가진 사람들은 감사하는 마음으로 생각하지 않는다. 그들의 욕구는 다른 사람들을 돕기보다 자신의 이기심을 채우고 모든 자원을 소비하는데 있다. 이러한 심리상태는 마태복음 22장 39절에 나오는 위대한 명령의 두 번째 부분을 따르는데 대한 실패에 기초한다. "둘째도 그와 같으니 네 이웃을 네 자신 같이 사랑하라 하셨으니." 이 구절에서 "이웃"은 "가까이 있는 사람"을 의미한다. 우리는 종종 이 구절을 읽을 때 우리 집 옆에 사는 사람을 생각한다. 그러나 여기서 "이웃"은 일상생활에서 가까이에 있는 누군가를 의미하는 "가까이 있는 사람"이라고 이해하는 것이 최선이다. "가까이 있는 사람"은 가족, 직장 동료, 학교에 있는 다른 학생, 친구 그리고 가게에서 정기적으로 보는 사람들을 포함한다.

그러면 우리는 어떻게 가까이 있는 사람들을 사랑해야 하는가? 그러한 방법 가운데 하나는 우리의 시간과 재능 그리고 재산을 다른 사람들의 필요를 돕는데 사용하는 것이다. 다른 사람들을 축복하는 것은 헌신된 그리스도인의 삶에서 중요한 구성요소이다. 그러나 "소비자"는 기본적으로 한 사람, 자기를 즐겁게 하는데 관심이 있다. 그러므로 소비자는 시간과 재능 그리고 재화를 다른 사람들은 생각하지 않고 오로지 자신의 이기적인 목적을 위해 잘못 사용한다. 그들은 자신의 돈으로 전기세는 내지 않아도 쾌락을 위한 "중독적" 쇼핑에는 사용할 수 있다.[51]

성경에 나타난 "소비자"의 예는 누가복음 15장 11~32절에 나오는 방탕한 아들이다. 이 젊은이는 미래의 유산을 호화로운 삶에 낭비했으며,

---

51) 쇼핑을 탐닉하는 행위를 묘사하는 "중독적"이라는 단어는 세속적 개념이며, 성경은 이것을 우상숭배로 이해한다. 중독은 하나님이 주신 자원을 잘못 운영하는 청지기의 삶을 가리킨다.

마침내 가난에까지 이르렀다. 지나친 소비자에 대한 성경의 경고는 잠언 23장 19~21절에서 발견된다. "내 아들아 너는 듣고 지혜를 얻어 네 마음을 바른 길로 인도할지니라 술을 즐겨 하는 자들과 고기를 탐하는 자들과 더불어 사귀지 말라 술 취하고 음식을 탐하는 자는 가난하여 질 것이요 잠자기를 즐겨하는 자는 해어진 옷을 입을 것임이니라." 사람이 지나친 소비자의식을 갖게 되면, 그 사람은 결국 가난해진다. 이것은 이러한 심리상태의 자연스러운 결과이다. 왜냐하면 이들은 자신의 재산을 다 써버릴 것이기 때문이다. 이 얼마나 깔끔하고 단순한 개념인가?

소비자가 되는 것이 때로는 죄가 아니라는 사실을 부디 이해하라. 절제가 핵심이다. 당신이 자동차를 샀다면, 이것을 본래의 목적을 위해 사용해야 하며 하나님이 주신 복으로 알아야 한다. 당신이 자동차를 자신의 쾌락을 위해 지나치게 사용한다면, 소비자의식은 해로운 것이 된다. 주님은 우리가 "받는 자"보다 "주는 자"가 되기를 원하신다. 사도행전 20장 35절은 이러한 사실을 다음과 같이 진술한다. "범사에 여러분에게 모본을 보여준 바와 같이 수고하여 약한 사람들을 돕고 또 주 예수께서 친히 말씀하신 바 주는 것이 받는 것보다 복이 있다 하심을 기억하여야 할지니라." 소비자는 자기와 자신이 소유한 자원에 초점을 두기 때문에, 자신을 복 받은 사람이라고 생각하지 못하고 빈궁하다고 여긴다. 그래서 소비자는 받는 것보다 다른 사람에게 주는 것을 생각하기 어렵다.

소비자의 자기중심적 사고방식은 사람과 사물을 쾌락의 "대상"으로 보며, 이기적인 목적으로 사용하고 소비한다. 오늘날 많은 부모들은 자신이 자녀들에게 소비자가 되라고 가르친다는 사실을 인식하지 못한다. 텔레비전과 경제는 소비주의에 의존한다. 그러므로 세상은 다양한 광고와 뉴스를 통해 이러한 메시지를 당신의 자녀에게 계속해서 전달한다.

나는 상담을 하면서 다양한 "중독"과 싸우는 많은 사람들이 "소비자" 의식을 지녔을 뿐만 아니라 재화를 다 써 버림으로써 현재의 문제에서 벗어나고자 하는 강한 욕구를 지닌다는 사실을 발견했다. 예를 들어, 깊은 상처와 분노처럼 강한 정서를 다루고자 과도하게 먹는 사람세상에서는 음식 "중독"이라고 불리는은 음식을 사용해서 현실을 바꾸려고 한다. 음식의 소비는 이 사람에게 일시적인 기쁨과 깊은 상처와 분노를 지연하는 효과를 주지만, 이러한 효과는 배가 고파지거나 상처와 분노가 다시 일어나면 사라진다. 음식의 소비가 상처와 분노를 마술적으로 사라지게 하지 않으며, 단지 내면에 "쌓이게" 만든다. 이것은 상처를 다루는 것이 아니기 때문에 아무런 변화도 일어나지 않는다.

부모들은 때때로 울고, 징징대고, 따분해 하는 자녀들의 기분전환을 위해 음료수나 과자를 준다. 비록 의도한 것은 아니지만, 이때 자녀들은 외부의 무엇인가가 자기들의 상태를 "고치고" 바꿀 수 있다는 메시지를 받는다. 이때는 먹을 것이 그 역할을 한다. 이 외에도 부모들은 자녀들의 기분전환을 위해 텔레비전, 컴퓨터게임과 같은 것들을 하게 한다. 의도하지는 않았지만, 자녀들에게 전달되는 메시지는 위험하고 분명하다. "네 외부에 있는 무엇인가가 네 상태를 바꾸어 줄거야."

나는 자녀들에게 필요한 무엇인가가 외부에 있다는 사실에 동의한다. 그러나 "무엇인가"가 영적인 "해결책"이지 물질적인 것은 아니라고 강조한다. 당신의 사랑을 자녀들이 확신하도록 꼭 안아주어라. 이것은 정서적 해결책처럼 보이지만, 자녀들이 하나님의 사랑을 확신하는데 도움을 주기 때문에 영적 해결책이다. 부모는 자녀들에게 물질적이고 일시적인 쾌락의 소비자가 아니라 그리스도의 예배자가 되라고 가르쳐야 한다. 자녀들에게 진짜 필요한 것은 그리스도이다. 그렇기에 부모는 자녀들의 눈이 물질이 아니라 그리스도를 향하도록 지도해야 한다. 나는 이것을 통해서 부모가 자녀들에게 주님께 기도하고 하나님의 말씀을 읽으며 시간을 보내는 것이 생산적이라는 사실을 가르칠 수 있다고 생각한다. 이렇게 시간을 보내는 것은 자녀들이 소비자에게 조정당하는 대신 하나님께 지속적으로 초점을 맞추도록 도와준다. 부모의 목표는 예배행위와 영적 성장 그리고 다른 사람을 돕는 행위로서 하나님의 말씀을 공부하고 기도하도록 자녀들을 훈련하는 것이어야 한다.

자녀들이 감정에 지배되도록 내버려두거나 권장하는 부모들은 중독예방양육에 실패할 것이다. 당신은 자녀들에게 그들이 어떻게 느끼는가와 상관없이 옳은 일을 하는 책임 있는 사람이 되어야 한다고 가르쳐야 한다. 자녀들이 감정에 이끌려 결정하도록 내버려두는 것은 그들을 권리의식과 소비자의식으로 인도할 뿐이다. 예를 들어, 당신의 자녀가 친구의 생일파티에 초대받지 못했다는 사실을 알게 되었다고 하자. 이것 때문에 자녀는 마음이 상했고 울적하다. 이때 당신은 자녀에게 "이런 일은 잊어버리고 아이스크림이나 먹으러 갈까?"라고 말할 수 있다. 아마도 이런 식으로 자녀의 상한 마음을 달래는 것이 쉬울지 모른다. 이것을 통해서 당신이 자녀에게 주는 메시지는 무엇인가? 분명히 달콤한 먹거리는 상처받은 우리의 마음을 달래줄 것이다.

그러나 더 좋은 성경적 접근이 있다. "애야, 나는 네가 이 일 때문에 친구들에게 버림받았다고 느낀다는 사실을 안단다. 그러나 네 최고의 친구는 예수님이시지. 예수님은 너를 결코 떠나지 않겠다고, 버리지 않겠다고 말씀하신단다."히13:5 자녀에게 감정보다 하나님의 말씀을 따라서 상황에 반응하라고 가르쳐라. 상처, 분노, 두려움과 같은 감정을 통한 결정은 인생의 문제를 해결하기보다 악화시킨다. 이러한 상황에서 다른 아이들에게 악의를 품는 것은 죄가 된다.

마찬가지로 부모인 우리는 자녀들이 일시적 즐거움과 영원한 기쁨의 차이를 보도록 가르쳐야 한다. 생일파티는 일시적 즐거움이다. 일시적 즐거움과 영원한 기쁨의 차이에 대해서 당신의 자녀와 대화를 나누라. 그리고 자녀들이 이와 관련된 더 큰 안목을 지니도록 도우라.

희생은 소비자의식을 상대할 수 있는 핵심적 사고방식이다. 심슨A. B. Simpson은 한 때 지금 기독교 선교 동맹the Christian and Missionary Alliance이라고 불리는 조직을 강력하게 추진했다. 이 조직은 복음의 기쁜 소식을 세상의 잃어버린 사람들에게 전하고자 지상명령을 따르는 선교사들을 희생적으로 지원하려고 했다. 심슨 박사는 '당신이 할 수 있는 것 이상으로, 더 커다란 믿음을 가지고, 더 희생적으로' 선교사들에게 많은 재정을 지원해야 한다고 주장했다. 이것은 너무나 힘든 일이다. 그러나 심슨 박사는 이렇게 일생을 그리스도께 전적으로 헌신했다.

"중독적" 사고방식은 어떤 대가를 지불하더라도 고통을 피하라고 말한다. 소비자의식은 고통에서 벗어나려는 욕구를 촉진함으로써 중독을 유발한다. 사실 "즐거움"amusement이라는 단어는 "생각 없이"라는 의미를 지닌다. 소비자들은 일시적이고 분별없는 육체적 쾌락을 통해서 생각하는 것을 피한다.

자녀가 다른 사람을 돕는 것과 같은 영적 즐거움을 소중히 여기도록 가르쳐라. 나는 상담회기 중에 내담자들에게 자주 다음과 같이 말한다. "저는 이 세상이 우리의 집이라고 생각하지 않습니다. 이 세상의 일시적 즐거움은 덧없이 지나갑니다. 사실, 이 세상이 저에게 제공하는 최고의 육체적 즐거움은 콜라 한 잔을 마시고 좋은 식사를 하는 것입니다. 이것이 저를 위한 일시적 즐거움입니다. 이것은 일시적이기 때문에 좋은 것입니다. 그러나 저의 가장 큰 영적 즐거움은 경건의 훈련과 성경적 상담에 시간을 보내는 것입니다. 이러한 즐거움은 저에게 영원한 것이며, 현세와 내세의 삶 모두에 커다란 영향을 미칩니다."

부모들은 이러한 목표를 달성하려고 자녀들이 그리스도에게 속한 책임 있는 청지기로서 소비자처럼 생각하지 않도록 도와야 한다. 하나님은 당신의 자녀를 지으셨기에 그의 소유자가 되신다. 하나님은 선하시며 사랑이 넘치시기에 당신에게 돌보라고 주신 자녀를 어떻게 양육해야 하는지 제일 잘 아신다. 당신의 자녀가 그리스도와 그리스도의 행동강령을 지향하게 하라.

소비자의식의 이러한 면을 고려하라. 소비자인 자녀는 가족의 성공에 "투자"하지 않는다. 예를 들어, 당신이 좋아하는 가게에서 쇼핑을 한다고 상상하라. 갑자기 누군가가 바닥에 음료수를 엎지른다. 매니저가 걸레를 들고 달려와서 당신에게 말한다. "여기요. 이 걸레로 당신이 쏟은 것을 깨끗이 닦으세요. 고맙습니다!" 그리고 떠나간다. 당신은 거기에 의아한 상태로 서 있다. 그때 당신은 어떻게 할 것인가? 걸레로 엎질러진 음료수를 닦을 것인가? 그 가게의 소비자이자 단골인 당신은 십중팔구 매니저가 당신에게 그런 것을 기대해서는 안 된다고 생각할 것이다. 당신은 거기서 좋은 물건을 사서 떠나면 된다. 당신은 거기에 투자하지 않는다. 매니저가 소비자인 당신에게 가게를 청소하라고 하는 것은 불합리하다!

그러나 당신이 그 가게의 주인이라면 어떨까? 주인인 당신은 음료수가 엎질러진 것을 보았을 때, 더러워진 바닥을 청소하려고 제일 먼저 걸레를 가지러 갈 것이다. 당신의 태도는 다르다. 왜냐하면 주인은 가게의 성공을 위해 투자했고, 이해관계를 지니기 때문이다. 주인인 당신은 더러워진 바닥을 깨끗하게 만들고 싶어 한다. 그러나 권리의식을 지니거나 소비자의 태도를 지닌 사람은 그렇지 않다. 그러므로 자녀들의 모든 변덕을 들어주는 것은 희생이나 타인에 대한 봉사 또는 가족의 성공을 위한 공헌을 가르칠 수 없게 만든다. 당신은 이것을 이해할 수 있는가?

부모인 우리는 자녀를 섬겨야할 필요가 있는가? 그렇다. 우리의 섬김은 자녀가 하나님과 다른 사람들을 섬기도록 가르친다. 교회의 많은 프로그램은 자녀들과 어른들을 소비자로 만들려 하기 때문에 부족한 부분이 있다. 하나님은 그리스도인들이 사역의 구경꾼이 아니라 참여자가 되기를 원하신다.[52] 자녀들이 다른 사람을 생각하도록 동기를 부여하는 기본적 방법은 그들의 초점을 일시적 기쁨에서 영원한 풍요로 바꾸어주는 것이다. 자녀는 그리스도의 몸에서 중요한 역할을 할 수 있다. 그러나 먼저 당신이 그를 영적으로 생각하도록 가르쳐야만 한다. 영적 실재를 가르치는 것은 결국 육체적 실재를 충족하게 한다.

자녀들에게 권리의식과 소비자의식을 심어주지 않으려면, 그들의 책임을 다하라고 가르쳐라. 여기서 책임은 하나님께서 주신 것에 대한 것이기 때문에 자녀들에게 설명하기 어려운 부분이 있다. 자녀들은 **주인**으로서가 아니라 **청지기**로서 책임이 있다. 소비자들은 자신을 주인으로 생각한다. 그들은 자신이 종과 재산을 가진다고 잘못 생각한다. 그러므로 그들은 자신에게만 책임이 있다. 이 중요한 개념은 자녀들이 생일에 받은 장난감부터 십대가 되었을 때 하나님이 성적 순결을 요구하는 그들의 몸에 이르기까지 삶의 모든 영역에 해당한다. 당신은 하나님이 주신 것(장난감 또는 몸)을 돌봐야 한다. 그것이 궁극적으로 하나님께 속하기 때문이다. 또한 당신은 자녀에게 "하나님이 주인이시며, 나는 청지기일 뿐이다. 청지기로서 나는 하나님께 영광을 돌릴 것이다"라고 말하도록 가르쳐야 한다. 이것을 위해서는 전적인 패러다임의 변화가 필요하다. 이것은 성경적 원리로 당신과 자녀의 마음을 새롭게 하는 새로운 사고방식이다.

---

52) 나의 책 *Strength in Numbers*는 교회 안에 있는 평신도들을 신앙훈련과 성경적 상담의 영역에 구경꾼이 아니라 참여자가 되게 하고자 썼다.

마지막으로 우리가 일차적으로 영혼이라는 사실을 부디 기억하라. 지금 우리는 타락하고 죄로 더럽혀진 몸에 사는 영혼이다. 그러나 우리는 언젠가 영원히 지속될 다음의 삶에서 새롭게 변형된 몸을 지닐 것이다. 우리의 집은 이생이 아니라 내세에 있다! 우리의 사고방식은 반드시 골로새서 3장 1~5절처럼 되어야 한다.

> 그러므로 너희가 그리스도와 함께 다시 살리심을 받았으면 위의 것을 찾으라 거기는 그리스도께서 하나님 우편에 앉아 계시느니라 위의 것을 생각하고 땅의 것을 생각하지 말라 이는 너희가 죽었고 너희 생명이 그리스도와 함께 하나님 안에 감추어졌음이라 우리 생명이신 그리스도께서 나타나실 그 때에 너희도 그와 함께 영광 중에 나타나리라 그러므로 땅에 있는 지체를 죽이라 곧 음란과 부정과 사욕과 악한 정욕과 탐심이니 탐심은 우상숭배니라

결론

소비자의식과 권리의식은 자녀들에게 필요한 관점을 흩어버린다. 왜냐하면 이러한 심리상태는 정욕을 강화하고, "중독적" 사고와 행동을 촉진하며, 다른 사람들을 섬김으로써 그리스도를 예배하기보다 오히려 자기를 즐겁게 하는데 대부분의 관심을 기울이기 때문이다. 또한 이러한 심리상태는 "지금 여기"에만 초점을 두기 때문에 파괴적이다. 영원성은 자녀들과 어른들이 소비자의식과 권리의식을 지닌 사람들처럼 생각할 때 발견할 수 없다. 그러한 사람들은 이 세상의 고통에서 벗어나고자 일시적 기쁨을 받을만한 자격이 있다고 잘못 생각한다. 이 세상의 고통은 자녀들에게 합당한 행동을 위한 동기를 부여하려고 계획되었는지도 모른다. 합당한 행동은 그리스도의 몸을 세우려고 기도하고, 복음을

나누고, 상처받은 영혼들을 돕고, 그리스도인을 훈련하고, 하나님의 말씀을 연구하는 일이다.

우리의 목표는 고통을 피하고 쾌락을 추구하거나 자녀들에게 그러한 유형의 태도를 조장하는 것이 되어서는 안 된다. 자녀들에게 예수님이 하셨던 것처럼 다른 사람을 섬김으로 하나님을 예배하고자 하는 목표를 갖도록 가르쳐라. 마태복음 20장 28절에 따르면, 예수님은 자신의 생명을 많은 사람의 구원을 위한 대속물로 주심으로써, 섬김을 받으러 오신 것이 아니라 오히려 섬기러 오셨다. 마찬가지로 당신도 이러한 그리스도의 마음을 품어야 하며, 자녀들이 어릴 때부터 이것을 가르치고 직접 모범이 되어야 한다! 골로새서 3장 12~17절은 그리스도의 마음을 닮는 것이 무엇인지에 대해서 설명한다. 당신은 자녀가 그리스도의 마음을 품도록 도와야 한다.

그러므로 너희는 하나님이 택하사 거룩하고 사랑 받는 자처럼 긍휼과 자비와 겸손과 온유와 오래 참음을 옷 입고 누가 누구에게 불만이 있거든 서로 용납하여 피차 용서하되 주께서 너희를 용서하신 것 같이 너희도 그리하고 이 모든 것 위에 사랑을 더하라 이는 온전하게 매는 띠니라 그리스도의 평강이 너희 마음을 주장하게 하라 너희는 평강을 위하여 한 몸으로 부르심을 받았나니 너희는 또한 감사하는 자가 되라 그리스도의 말씀이 너희 속에 풍성히 거하여 모든 지혜로 피차 가르치며 권면하고 시와 찬송과 신령한 노래를 부르며 감사하는 마음으로 하나님을 찬양하고 또 무엇을 하든지 말에나 일에나 주 예수의 이름으로 하고 그를 힘입어 하나님 아버지께 감사하라

핵심 아이디어와 실천전략

1. 개인적으로 다른 사람에게 자선을 행하거나 도움을 줌으로써 다른 사람에게 은혜를 베풀 수 있는 일을 세 가지 나열하라.

2. 교회에서 주님의 사역을 더 감당하도록 당신이 희생할 수 있는 것이 무엇인지 나열하라. 예를 들어, 당신은 케이블 TV를 해약하고 그 돈으로 선교헌금을 할 수도 있다. 창조적이 되라. 어떤 희생도 너무 작은 것은 없다. 마가복음 12장 42~44절에서 예수님이 칭찬했던 과부를 떠올려 보라. 만약 당신이 아무런 생각도 떠올릴 수 없다면, 마태복음 26장과 27장을 읽고, 예수 그리스도가 어떻게 자신의 생명을 십자가 위에서 주셨는지 살펴보고, 그분에게 무엇을 돌려드릴 수 있는지 생각해 보라.^{마16:24}

3. 자녀들에게 청지기직분과 하나님의 주되심에 대한 성경적 원리를 가르쳐라. 또한 하나님이 그들과 그들의 모든 소유의 주인이라는 사실과 우리는 그분이 일시적으로 맡기신 모든 것에 대한 청지기라는 사실을 상기시켜라.

Chapter 15

베풀어라

데릭의 어머니는 경찰에게 연락을 받았다. 그녀가 병원에 도착할 때, 데릭은 이미 심장마비로 죽어 있었다. 그는 다시 살아날 수 없었다. 데릭의 어린 몸은 알코올, 마리화나 그리고 아데랄과 같은 많은 양의 유독성 혼합물을 조절하기에는 역부족이었다. 이것은 "재미있게 파티를 즐기는" 십대 후반의 청소년들이 하룻밤에 경험할 수 있는 가장 심각한 결과이다.

소비자는 "받는 사람"이지 "주는 사람"이 아니다. "받는 사람"은 그들이 소비하는 것에 절대로 만족하지 못하며, 더, 더, 더, 더 원한다. 중독에 빠진 사람들은 "받는 사람"이며, "소비자"이다. 이러한 사람들의 생각은 대부분 무엇인가 얻을 수 있는 곳에 집중되기 때문에, 다른 사람에게 무엇을 줄 생각을 거의 못한다. 혹시 떠오르는 자녀가 있는가? 소비자의식은 결코 일시적 쾌락으로 만족하지 못하기 때문에 우리를 감사하지 않는 마음으로 인도한다. 오직 영원한 보물만이 만족시킬 수 있다.

아마도 당신은 이러한 현상을 크리스마스나 자녀의 생일에 관찰할 수 있을 것이다. 자녀는 선물이 너무 많아서 선물 하나를 다른 선물 옆에 놓기도 전에 또 다른 선물을 받으며 간단하게 기쁨을 표현한다. 그러나 선물을 모두 열어보고도 여전히 더 많은 것을 원하는 자녀의 모습은 보는 사람의 마음을 불편하게 한다.

우리가 일단 그리스도인이 되면, 우리의 마음은 주님을 찬양하는 것으로 가득할 것이다. 그러한 사건이 일어났을 때, 우리는 그분에게 기도하고, 그분을 찬양하고, 그분의 말씀을 연구함으로써 그분을 예배한다. 우리는 그분이 우리를 우리의 죄에서 구속하신 것 때문에, 감사의 마음으로 그분께 감사를 돌려 드린다. 하나님의 은혜와 자비가 우리를 압도할 때, 우리는 다른 사람들을 사랑하기 시작하며, 하나님의 사랑을 그들에게 증명하고 싶어 한다.

소비자의식을 대체할 방법은 베푸는 마음을 지니는 것이다. 하나님의 진정한 마음은 다른 사람들에 베푸는 것이다. 소비자의식을 지닌 사람들은 감사하다는 생각을 하지 않는다. 그들의 욕구는 절대 채워지지 않는다. 왜 그들은 감사하지 않을까? 그들은 반드시 사도 바울이 빌립보서 4장 11절에서 말한 것처럼 만족하는 것을 배워야 한다. "내가 궁핍하므로 말하는 것이 아니니라 어떠한 형편에든지 나는 자족하기를 배웠노니." 바울은 매우 조금 가졌을 때나 매우 많이 가졌을 때나 만족하는 것을 배웠다. 바울의 힘은 주님과의 관계에서 온 것이지 일시적으로 욕구를 채워주는 이 세상의 것들을 소유하는 데서 오지 않았다.

베풂이라는 주제를 다루는 이 장은 다른 사람들에게 은혜를 베푸는 것이 헌신된 그리스도인의 삶의 중요한 구성요소이기 때문에 중요하다. 종종 우리는 중독자의 삶이 더 편하다는 사실을 발견한다. 중독에 빠진 사람들 가운데 많은 사람은 세상 사람들이 소위 "버릇없는 녀석"이라고 부르는 요소를 지녔다. 그들은 모든 것이 그들에게 주어졌으며, 심지어 그것 이상을 받을만한 자격이 있다고 믿는다. 이러한 믿음은 권리의식과 소비자의식에 뿌리 내린다. 이러한 자녀들은 감사하지 않으며, 권리를 지닌 소비자처럼 화난 목소리로 다음과 같이 말한다.

"나한테 다른 사탕도 줘, 엄마."
"지금 당장 장난감 갖고 싶어."
"안 돼, 넌 이것을 가질 수 없어. 이건 내거야."
"나한테. 나한테. 나한테." 또는 "내거야. 내거야. 내거야." 당신은
이런 식으로 이기적으로 생각하는 자녀들이 '나, 나한테, 내거야'
라고 말하는 것을 자주 듣게 될 것이다.
"나는 이것을 받을만한 자격이 있어요, 아빠."
"이것은 공정하지 않아요!"

이러한 자녀들은 동생이 무엇인가를 얻으면 "나는요, 엄마?"라고 말
한다.

다시 말하면, 자녀들이 원하는 것을 모두 주는 부모는 그들의 소비자
의식을 촉진하게 된다. 우리 아이가 다니는 주일학교에서 일어났던 일
이다. 한 아이는 선생님이 시키는 대로 색칠을 하고 선생님의 말씀을 잘
들은 대가로 매주 값싼 장난감을 선물로 받았다. 몇 주가 지나자 그 아
이는 장난감을 기대하기 시작했다. 그러다가 선생님이 사정이 생겨 한
주 다른 선생님이 가르치게 되었는데, 그 선생님이 장난감을 주지 않자
그 아이는 신경질을 부렸다. 장난감이 그 아이에게는 어쩌다 받는 보상
이 아니라 매주 받아야 하는 당연한 것이 되어 버렸던 것이다. 실제로
많은 부모들이 자녀들에게 이같이 행동한다.
자녀들은 종종 매우 적은 것을 가지고도 더 잘한다. 그들은 장난감이
많이 없어도 잘 논다. 실제로 자녀들은 놀면서 즐거운 시간을 보내는데

많은 장난감을 필요로 하지 않는다. 그들은 무엇을 가지던지 즐겁게 놀수 있는 방법을 찾아낸다. 심지어 막대기 하나로도 아주 즐겁게 놀 수있다! 만약 당신이 가게에 갈 때마다 자녀에게 무엇을 사준다면, 당신은 부모로서 자녀에게 소비자의식을 심어주는 것이다. 자녀들은 이것을 기대하며 자랄 것이고, 당신은 탐욕스러운 괴물을 키우는 것이다!

그러므로 당신은 자녀에게 베푸는 삶을 가르쳐라. 만약 자녀가 이미 쇼핑을 좋아한다면, 다른 사람들을 위해 쇼핑을 하도록 가르쳐라. 자녀들이 다른 사람들을 위한 마음을 갖도록 "이건 네 할머니가 갖고 싶어하실 거야. 할머니를 위해서 이것을 사자!"라고 말하라. 그리고 자녀들이 다른 사람들을 생각하는 것을 보면 칭찬하라. 또한 "네 사촌에게 줄 셔츠를 찾아보자"라고 말함으로써, 특별한 누군가를 위해 무엇인가를 사고 싶은 마음이 들게 하라. 이러한 행동은 자녀들이 물건을 사서 다른 사람에게 베푸는 과정의 일부가 되게 한다.

자녀들에게 몰래 선물하는 기쁨을 가르쳐라. 만약 당신이 누군가에게 선물을 주거나 아는 모든 사람을 위해서 특별한 일자선행위 등을 할 때, 당신은 그 자리에서 보상을 받는다. 사람들은 당신을 알아볼 것이며, 당신에게 다가와 칭찬과 감사의 마음을 전할 것이다. 그러나 몰래 선물하는 것은 선물을 주는 사람과 받는 사람 모두에게 커다란 축복이다.[마6:2~4] 주의할 점은 어린 자녀들은 다른 사람에게 몰래 선물하기 전에 반드시 엄마 또는 아빠에게 점검을 빈으라고 기르쳐야 한다.

자녀를 격려하여 교회에서 헌금하게 하라. 헌금은 그들이 받은 것의 일부를 드리는 것으로, 다른 사람들에게 베푸는 습관을 심어준다. 또한 헌금은 돈을 드리는 것일 뿐만 아니라 시간과 재능을 드리는 것을 포함한다. 당신이 하는 교회사역에 자녀들도 참여하게 하라. 또한 교회청소에 자녀와 함께 자원하라. 이렇게 자녀가 당신과 함께 교회사역에 연루

된다면, 그는 당신을 보고 닮아가면서 베푸는 사람이 되는 법을 배울 것이다!

목사, 교회 직원, 선교사 그리고 복음을 위해 고통을 겪는 사람들을 위해 기도하라. 자녀들이 어느 정도 성장했을 때 지역교회를 통해 선교여행을 하게 하여 세상에 대해 애통하는 마음을 지니도록 가르쳐라. 야고보서 2장 15~17절은 진술한다. "만일 네 형제나 자매가 헐벗고 일용할 양식이 없는데 너희 중에 누구든지 그에게 이르되 평안히 가라, 덥게 하라, 배부르게 하라 하며 그 몸에 쓸 것을 주지 아니하면 무슨 유익이 있으리요 이와 같이 행함이 없는 믿음은 그 자체가 죽은 것이라."

공휴일에, 각자에게 다른 크리스마스 선물들을 주는 것 대신에, 불쌍한 사람들에게 음식을 주는 일을 도우러 무료 급식소에 가라. 우리는 여러 사촌들_{지금까지 모두 22명의 조카가 있다}에게 선물을 주기보다 오히려 자녀들과 조카들에게 그 돈을 가치 있는 일에 사용하라고 요청하며, 매년 다른 자선활동에 참여한다.

종합적으로 볼 때, 이러한 생각은 자녀들이 자신에게 초점을 덜 맞추고 다른 사람들의 실제적 필요에 더 많은 초점을 맞추게 한다. 만약 당신이 그렇게 하라고 하지 않았음에도, 자녀들이 도움이 필요한 다른 사람들이나 자선활동에 돈을 기부한다면, 이들에게 얼마나 많은 보상이 따를지 생각해 보라. 이러한 일이 제때에 일어나려면, 자녀들에게 마태복음 22장 39절을 따르라고 가르쳐야 한다. "네 이웃을 네 자신 같이 사랑하라."

결론

부모로서 당신은 자녀들에게 마태복음 22장 37~40절의 명령을 따라서 살아가라고 의도적으로 가르쳐야 한다. 하나님께서 우리에게 행하라고 하신 모든 계명은 우리가 이미 우리 자신을 사랑하는 것처럼 다른 사람을 사랑하고, 우리의 모든 것으로 하나님을 사랑하라는 것이다. 당신이 이러한 두 가지 계명하나님을 사랑하고 이웃을 사랑하는 것을 동시에 성취하고자 한다면, 도움이 필요한 사람들에게 당신의 것을 내어놓으면 된다. 한 번에 두 계명을 성취할 수 있다니 얼마나 대단한 일인가!

● ● ●

핵심 아이디어와 실천전략

1. 마태복음 22장 37~40절을 쓰고 자녀들과 함께 암기하라.

2. 당신의 시간과 재능 그리고 재산을 자신을 위해 소비하기보다 다른 사람들에게 줄 수 있는 방법을 나열하라.

3. 당신의 가정에 청지기의식을 발전시킬 방법이 있다. 일주일 내내 가족들 사이에서 "나의, 나의 것 또는 나"라는 단어들을 쓰지 않기로 하는 것이다. 만약 진짜로 해보고 싶다면, 직장에서 다른 사람들에게 말하지 말고 일하면서 해보라.

Chapter 16

�֍

희생자의식

에드너는 부모님과 통화를 해야만 했다. 그러나 이것은 그녀에게 가장 어려운 일이었다. 에드너는 부모님 말고 다른 누구가에게 전화를 할 수 있을까 고민했으나 아무도 떠오르지 않았다. 에드너는 의자에 앉아서 지금 이 순간이 영원히 지속될 것처럼 전화기를 빤히 바라보고 있었다. 마침내 전화번호를 눌렀지만 아빠가 "여보세요?"라고 말할 때까지 이 상황이 꿈처럼 여겨졌다. 에드너는 나지막한 소리로 "아빠, 저예요. 정말 죄송해요"라고 말하며 울먹였다. 이것이 그녀가 할 수 있는 말의 전부였다. 에드너는 잠시 동안 전화기를 들고 눈물을 흘린다.

중독예방양육은 기본적으로 이 세상과 당신의 육신이 당신에게 생각하라고 하는 것과 다른 것을 생각하도록 하는데 관심이 있다. 만약 우리가 의도적으로 주의를 기울이지 않는다면, 우리는 우리와 우리 사회 그리고 그리스도의 몸에 해로운 사고방식에 완전히 빠져들 수 있다. "중독자"들은 육신의 마음이 원하는 우상숭배적 욕구들을 조장하고 성령의 역사를 훼방하는 사고패턴을 지닌다. 이번 장부터는 남아 있는 세 가지 심리상태,또는 사고방식, 견해, 사고패턴 즉 내가 다양한 중독자들을 상담하면서 확실히 알게 된 내용들을 살펴보고자 한다.

마지막 세 가지 심리상태는 "희생자", "소멸" 그리고 "반항"이며, 이것은 각각 에베소서 5장 18~21절에 기초한 특별한 명령으로 나타난다. "술 취하지 말라 이는 방탕한 것이니 오직 성령으로 충만함을 받으라 시와 찬송과 신령한 노래들로 서로 화답하며 너희의 마음으로 주께 노래하며 찬송하며 범사에 우리 주 예수 그리스도의 이름으로 항상 아버지 하나님께 감사하며 그리스도를 경외함으로 피차 복종하라."

자기중심적인 자녀들은 부모가 그들이 원하는 것은 무엇이든지 먹도록^{은유적으로, 영적으로} 허락하기 때문에 작은 육신의 욕구를 키우게 된다. 이렇게 키워진 욕구는 그들의 정욕을 부채질하는 생각을 하게 한다. 모든 자녀는 주변에서 일어나는 사건과 행동을 끊임없이 해석한다. 물론 그들이 해석하는 방법은 유치하다. 예를 들면 만약 부모가 자녀들에게 "이건 모두 너를 위한 거야"라고 가르친다면, 자녀는 "이게 모두 나를 위한 것이구나!" 하고 생각한다.

자녀가 태어나면 많은 부모는 자녀의 행동에 구실을 만들어준다. 이러한 부모들의 행동은 자녀들에게 무의식적으로 계속해서 죄를 짓게 만들며, 자신을 희생자처럼 생각하게 한다. 예를 들어, 네 살짜리 아이가 처음 보는 어른에게 무례한 행동을 했을 때 부모는 "아휴 이런, 얘가 너무 피곤한가 봐요"라고 말한다. 또한 부모는 식당에서 자녀들이 나쁜 행동을 했을 때, "얘가 아직 어려서요"라면서 용서한다. 만약 우리가 이렇게 한다면, 우리는 이 세상을 "중독자들"의 나라로 만드는 것이다. 자녀들이 죄를 지었을 때 필요한 것은 용서가 아니라 사랑의 훈계이며, 자신의 행동에 대해서 책임을 지는 것이다. 자녀들은 아주 어렸을 때부터 부모에게 순종하도록 교육 받아야 한다. 이러한 교육을 받지 않은 자녀들은 무책임하고 불순종한 행동을 하며 더 쉽게 "중독"에 빠진다.

희생자의식을 키우는 방법

이 책은 "희생자"의식을 '한 사람이 잘못된 것은 다른 사람 때문이라는 신념'으로 정의한다. 이러한 심리상태는 자신의 인생이 패배했다고 생각하는 데서 비롯한다. 비록 인생이 패배하지 않았더라도 이들은 무력감을 느낀다. 때때로 공격이 실재한다. 이 세상에는 진짜 희생자가 있다. 자녀들이 부모에게 상처를 받았을 때, 그들은 고통을 피하거나 고통과 맞서고자 또는 고통을 치료하고자 마약을 하거나 다른 형태의 우상숭배를 할 수 있다. 그러나 이러한 선택은 자녀들을 위한 하나님의 최선이 아니며, 그 이상의 문제들을 일으킬 뿐이다.

때때로 자녀들은 실제로는 그렇지 않더라도 자신들이 불공정한 대우를 받았다고 인식한다. 이때 자녀들을 향한 공격은 단지 '인식'에 불과하다. 자녀들은 다양한 이유로 자신들이 받은 대우보다 더 좋은 대우를 받아야 한다고 믿는다. 자녀들은 많은 상황에서 자신들이 연약하기 때문에 인식하게 된 상처를 실제적으로 고통스러워한다. 자녀들은 상처를 잘못 해석한다. 이러한 자녀들은 부모의 사랑과 진리를 통해서 성경적으로 생각하고 느끼고 행동할 수 있어야 한다. 희생자들은 그들이 억압과 이용을 당했다고 믿기 때문에 무력감을 느낀다.

희생자의식이 발달할수록 자녀들은 삶에 대한 중독적 관점을 더욱 많이 지니게 된다. 당신은 절대로 자녀들이 희생자의식을 지니지 않도록 해야 한다. 희생자의식은 자녀들로 하여금 자기 자신을 불공정한 부모에게 이용당한 무력한 사람처럼 느끼게 한다. 예를 들어, 창세기 3장 12절에서 아담은 자신의 죄 때문에 아버지 하나님을 비난한다. 그러나 하나님은 아담이 죄를 짓게 하는데 아무 것도 하신 일이 없다. "아담이 이르되 하나님이 주셔서 나와 함께 있게 하신 여자 그가 그 나무 열매를 내게 주므로 내가 먹었나이다." 여기서 아담의 죄에 대해 하나님의 책임이 있다는 것을 암시하는 "하나님이 주셔서 나와 함께 있게 하신 여자"라는 말에 주목하라. 하나님은 아무 것도 잘못한 일이 없다. 그러나 아담은 하나님을 비난한다. 그리고 자신의 죄를 하나님의 책임으로 바꾸어 놓았다.

내가 아는 많은 사람들은 때때로 자신의 잘못을 하나님께 전가하려는 경향성 때문에 괴로워한다. 많은 "희생자들"은 하나님께 화가 나 있다.

하나님께서 아담에게 주신 명령은 창세기 2장 17절에 분명하게 나타난다. 하나님은 아주 명료하게 말씀하셨다. 그러나 아담은 하나님의 말씀에 대한 철저한 불순종을 선택했다. 그러므로 당신은 자녀들에게 그들의 분명한 책임을 다하도록 해야 한다. 자녀들에 대한 기대와 명령을 분명하게 전달하라. 그리고 그들이 들은 것을 다시 말해보라고 요구하라. 사전가정양육preparatory parenting은 부모의 훌륭한 의사소통에 달려 있다.

예를 들어, 나는 가족들과 함께 행사에 참여했던 것을 기억한다. 우리는 서둘러서 급하게 행사가 열리는 교회로 갔다. 그때 나는 우리 아이들이 행동하는 모습을 보고 매우 당황했다. 그들은 기본예절을 지키지 않았으며, "안녕하세요"라고 인사하며 사람들을 맞이하지 않았다. 아내와 나는 값비싼 교훈을 얻었고, 다음 교회 행사에 앞서 아이들을 준비시켰다. 우리는 아이들에게 기대하는 바, 즉 사람들에게 친절하게 인사하는 방법을 가르쳤다. 집에서 웃는 얼굴로 상대방과 눈을 맞추면서 "안녕하세요, 집사님"이라고 인사하며 예의 있게 악수하는 법을 연습한 것이다. 이 시간은 우리 모두에게 즐거운 시간이었으며, 아이들에게는 좋은 교육의 기회가 되었다. 우리는 다음 행사가 열리기 바로 전에 이것을 복습했다. 아이들이 잘 따라주었다. 우리는 다음 행사에서 아이들이 예의

바르게 다른 사람들에게 인사하는 모습을 보며 너무 기뻤다. 그리고 그 사실을 아이들에게 말해 주었다. 사전가정양육은 기대를 분명히 하고 연습했던 집에서 시작되었다.

희생자의식은 부모가 자녀들에게 다섯 번째 계명"네 부모를 공경하라"에 순종하도록 가르치지 못했을 때 발생한다.[53] 중독에 빠진 사람의 사고방식은 자신이 환경의 희생자라는 것이다. 게다가 하나님의 기준을 따라서 올바르게 살아가지 않기 때문에 그의 삶은 통제불능이다. 그는 성령 충만하지 않다. 또한 패배적 심리상태는 중독과 싸우려는 시도를 멈추게 한다. 종종 그는 진짜 "희생자"는 아니지만, 자신의 문제를 극복하기에는 자신이 "무기력"하다고 믿으면서, 자신을 희생자라고 생각하고 그렇게 행동하기 시작한다.

책임전가Blame-shifting는 우리의 죄가 드러났을 때 일어나는 우리 육신의 자연스러운 현상이다. 자녀들이 누군가를 비난할 때, 그들은 자신의 죄가 지금 자신이 비난하는 사람의 잘못 때문이라고 믿는다. 다시 말해, 자녀들은 자신의 죄가 그 사람의 잘못에서 생겨났기 때문에, 자신이 지금 비난하는 사람이 자신을 "희생자"로 만들었다고 생각한다. 이 부분을 놓치지 말라. 자녀는 자신의 죄 또는 잘못에 대해 다른 사람을 비난하는 것이 허용될 때, 자신의 잘못된 선택이 진짜로 다른 사람의 잘못 때문이라고 믿게 된다.

자녀들이 자신의 죄가 다른 사람의 죄 때문이라고 믿도록 내버려두면 문제가 더 복잡해진다. 궁극적으로 자녀들이 자신의 죄 때문에 하나님

---

53) 희생자의식은 엡5:18에 기초한다. "술 취하지 말라 이는 방탕한 것이니 오직 성령으로 충만함을 받으라." 이 말씀의 배후에는 사람들을 방탕이나 "전적인 파멸"로 인도하는 무책임한 행동을 하지 말라는 명령을 받은 사람들이 있다. 이런 식으로 살아가는 사람들은 자신의 잘못된 선택을 비난하지 않고 다른 사람들을 비난하는 경향이 있다. 그래서 희생자 심리상태가 탄생한다.

을 비난할 것이기 때문이다. 또한 자녀들은 하나님이 자신을 "희생자"로 만든다는 잘못된 사고를 하게 된다. 이것은 절대로 사실이 아니다! 만약 자녀들이 이렇게 생각하도록 내버려두면, 그들은 예수 그리스도의 사랑과 용서에서 멀어지게 될 뿐이다. 예수 그리스도는 죄를 회개하는 사람들을 간절히 용서하고자 하신다! 당신은 자녀들이 자신의 잘못된 선택에 대해서 무책임하게 행동하고, 하나님 말씀에 순종하지 않으며, 다른 사람에게 책임을 전가하도록 내버려두는 것이 얼마나 심각한 결과를 가져오는지 알게 되었는가?

말하지 말아야 할 것

부모들은 다음과 같은 말을 통해서 자녀들의 희생자의식을 키운다.

* 자녀의 잘못이 분명할 때, "이건 네 잘못이 아니라 엄마 잘못이란다, 애야"
* 자녀가 분명히 그것을 말하려고 했을 때, "너는 그것을 말하려고 하지 않았어"
* 자녀가 분명히 그 행동을 하려고 했을 때, "이것은 우연히 일어난 일이 분명해"
* 자녀가 생각을 더 잘 하는 방법과 감정을 더 잘 조절할 수 있는 방법을 배울 수 있을 때, 자녀에게 직접적으로 "너는 제대로 생각할 수 없어" 또는 "너는 두려움에서 벗어날 수 없어" 빌립보서 4장 8절에 따르면, 자녀는 인생의 초기에 순수한 것을 생각하는 방법을 배울 수 있다.54)

---

54) [역주] "끝으로 형제들아 무엇에든지 참되며 무엇에든지 경건하며 무엇에든지 옳으며 무엇에든지 청결하며 무엇에든지 사랑 받을만하며 무엇에든지 칭찬 받을만하며 무슨 덕이 있든지 무슨 기림이 있든지 이것들을 생각하라"(빌4:8)

* 딸과 사위가 서로에 대해 실제로 사랑하지 않는다는 생각을 하기 시작했을 때그러한 생각은 두 사람을 감정과 행동으로 사랑하지 않게 만든다, "너희 둘은 정말 사랑이 식었어." 두 사람의 관계에서 성경적이지 않은 기대가 채워지지 않을 때, 서로 사랑하지 않는다는 생각을 하는 때가 자주 있다. 사랑은 사랑하기로 선택한 사람을 향해서 사랑한다는 생각을 하기로, 애정이 깃든 행동을 하기로 선택하는 것이다. 비록 소극적일지라도, 실제로 사랑이 식은 것은 아니다. 사랑은 적극적이다!

* "아빠 말은 그런 뜻이 아니었어." 이런 말은 부모가 자신이 한 말에 대해서 책임을 지지 않아도 되게 하지만, 자녀들에게 어른이 되면 책임을 지지 않아도 된다는 메시지를 분명하게 전달한다.

* 자녀들의 잘못된 선택을 용서해 주려고, "애가 피곤해서 그러네요", 또는 "애가 몸이 좀 안 좋아서 그래요." 그러나 자녀는 피곤하거나 아파서 그랬더라도 자신의 행동에 대한 책임이 있다.

* "애가 부끄러움이 좀 많아요." 이것은 정말일 수 있다. 그러나 자녀들은 무례하지 않고, 그리스도와 같이 친절하게 "안녕하세요"라고 말하는 법을 배울 필요가 있다. 우리 사회는 예절을 잊어버렸다!

우리는 창세기 3장에서 아담과 하와가 에덴동산에서 했던 것처럼, 자신의 책임을 회피하고 다른 누군가에게 또는 다른 어떤 것에 자신이 받아야 할 비난을 전가하는 진술에 대해 더 많이 생각해 볼 수 있다.

* "내 문제는 부모님의 양육방법 때문이야." 이것은 중독에 빠진 사람이 자신의 중독에 대해 부모와 형제를 비난하는 것이다.이것은 사실일지도 모르지만, 그래도 변명에 불과하다.

* "내가 도박을 하는 것은 아빠도 그렇게 했기 때문이지. 이것은 가계에 흐르는 저주야." 이것은 가계에 흐르는 저주 때문에 부모의 발자취를 따랐을 뿐이라는 의미이다. 어떤 사람은 사탄을 비난한다. 아담과 하와가 뱀에게 유혹을 받았지만, 자의로 하나님께 불순종하기로 선택했다는 사실을 기억하라.

* "나는 가난했기 때문에 인생에서 더 좋은 것을 가져보지 못했어." 이것은 환경을 비난하는 것이다.

* "악마가 나에게 이것을 하게 했어" 또는 "사탄이 나를 죄짓게 만들어". 이것은 사탄을 비난하는 말이다. 이것은 반은 진실이다. 그러나 문제는 대부분 잘못된 선택에서 기원한다.

* "나는 쇼핑을 안 할 수가 없어." 이것은 실제로 "나는 무책임하게 쇼핑을 하며 돈을 낭비하는 것을 멈추고 싶지 않아"라는 의미이다.

* "사람들이 나를 화나게 할 때, 나는 내 살을 도려내면서 자해를 해." 이 사람은 다른 사람들이 자신을 화나게 할 때 어떻게 하는 것이 올바른 것인지 배우지 못했다. 감정대로 사는 것은 중독지들의 일성이다. 그러나 중독자늘은 어떻게 느끼는가와 상관없이 올바르게 행동하는 법을 배워야 한다. 그들은 육신에 대해서는 "아니오", 성령에 대해서는 "예"라고 말해야 한다.엡 5:18

* "나는 두려움과 화에서 벗어날 필요가 있어." 두려움과 화는 삶을 살아가는데 필수적 요소이기 때문에, 우리는 두려움과 화와

같은 감정에서 절대로 "벗어날" 수 없다. 적절한 두려움은 누군 가를 보호하는데, 적절한 화는 문제를 해결하는데 도움이 된 다. 두려움과 화는 우리가 살아가는데 필수적 감정이다.

* "나를 성욕에서 구원해줄 하나님이 필요해" 또는 "나를 일에 대한 과욕에서 구원해줄 하나님이 필요해." 섹스, 일, 잠, 음식, 음료는 하나님이 선한 목적을 위해 우리 안에 두신 육체적 기호들이다. 그러므로 하나님은 감정과 마찬가지로 이러한 자연스러운 기호들에서 우리를 "구원하지" 않을 것이다. 대신 하나님은 우리가 이러한 기호들을 채우려고 할 때, 균형을 유지하는 방법을 배우도록 인도하실 것이다. 기호들에 대한 이러한 욕구는 너무 많거나 너무 적지 않으면 건강한 것으로 반드시 건전한 방법으로 채워져야 한다.

* "나는 인터넷게임을 할 때 정말 시간가는 줄 몰라." 이것은 사실이다. 그러나 우리는 컴퓨터게임을 하면서 보내는 시간의 범위와 한계를 정해야 할 책임이 있다. 그렇게 우리는 모든 책임을 다하게 된다.

* "당신이 도대체 뭐 길래 나보고 술 취하지 말라고 하는 거요?" 이 말은 중독자에게 쏠린 관심을 불완전한 부모에게 돌리려는 삐뚤어진 행동이다. 기준은 부모가 아니라 그리스도와 그분의 말씀이다.

* "나는 기도하고 성경을 읽는데 지쳤어요. 그래도 하나님은 성적인 죄에서 나를 도우려고 나타나시지 않아요."

* "이건 내 잘못이 아니야."

* "이건 내 잘못이 아니기 때문에 나는 아무 것도 할 수 없어." 이 말에는 깊은 절망이 담겨 있다. 이것이 바로 "희생자의식"이 너

무 곤혹스러운 이유이다. 희생자의식은 우리를 절망으로 인도한다.

위와 같은 예는 무수히 많다. 이러한 것들은 어느 정도의 책임전가를 포함한다. 책임전가는 성경에서 가장 오래된 변명이며, 자녀들은 책임전가를 배워서는 안 된다. 책임전가는 우리 모두, 특히 자녀들에게 매우 자연적으로 나타난다.

나는 당신이 책임을 전가하고 희생자의식을 키우는 당신의 말이 무엇인지 생각해 보았으면 한다. 당신과 자녀들이 책임을 회피하고 누군가를 또는 다른 무엇을 비난하고자 사용했던 말을 생각해 보라. 만약 그러한 말이 특별히 생각나지 않는다면, 신실한 그리스도인 친구에게 도와달라고 부탁하라. 때때로 우리는 "우리가 모르는 우리의 모습"blind spot을 알도록 다른 사람의 도움을 받아야 한다.

죄는 주님과 나의 문제이다.

다윗은 시편 51편 4절에서 이렇게 기록한다. "내가 주께만 범죄하여 주의 목전에 악을 행하였사오니 주께서 말씀하실 때에 의로우시다 하고 주께서 심판하실 때에 순전하시다 하리이다." 비록 다윗이 사람들에 대해서 죄를 지었다 하더라도, 그는 간통죄와 살인죄가 궁극적으로 주님께 대한 것이라는 사실을 알았다. 이러한 사실은 다윗이 사람들에게 회개하지 말아야 한다거나 그들에게 용서를 구하지 말아야 한다는 의미가 아니다.

자녀들이 죄를 짓는 것은 당신에 대한 개인적 공격이 아니다. 부모들은 대부분 자녀들이 말을 듣지 않을 때, 마음이 상하고 놀라며 매우 화를 낸다. 당신은 하나님이 자녀들 위에 두신 권위의 형상이다. 자녀들의 죄는 하나님에 대한 신뢰의 부족과 육신의 반란의 부산물이다. 히브리서 3장 12절에 따르면, 죄는 하나님을 믿지 않는 악하고 파괴적인 마음을 포함한다. "형제들아 너희는 삼가 혹 너희 중에 누가 믿지 아니하는 악한 마음을 품고 살아 계신 하나님에게서 떨어질까 조심할 것이요."

만약 당신이 자녀들의 잘못된 선택에 대해 책임을 묻지 않는다면, 당신은 그들을 하나님의 은혜로 인도할 기회를 잃어버리게 된다. 하나님은 예수 그리스도를 통해 모든 불의에서 그들을 기꺼이 용서하신다. 다음의 예는 자녀들에게 책임을 묻지 않고 희생자의식을 키우는 부모들이 사용하는 말이다.

* "네가 아웃당한 것은 네 실수가 아니야. 공이 바깥쪽으로 빠졌어. 심판이 제대로 못 본거야."
* "애야, 나는 네가 그렇게 하려고 하지 않았다는 것을 안단다."
* "나는 네 선생님을 존경하지 않아. 그녀는 좋은 선생님이 아니야."
* "네가 지쳐서 그런 거야. 낮잠을 자는 것이 좋겠어."
* "네가 지금 아파서 그렇게 하는구나."
* "분명히 그건 실수야." 정말 의도적으로 나쁜 행동을 했을 때
* "그 아이는 여자애들하고 놀아본 적이 없어서 좀 거칠어."
* "그녀의 어머니는 마약중독자였어. 그래서 그녀도 마약을 하는 거야."
* "중독은 집안내력이야. 그것을 피할 수 있는 사람은 없어."
* "그녀와 헤어지기 전에 그는 항상 행복했어. 그녀가 떠나자 마음을 잡지 못하더군. 결국 마약을 시작했지."
* "이것은 단지 중독이라는 병의 일부분일 뿐이야."

＊ "이것은 네 잘못이 아니기 때문에 네가 할 수 있는 일은 아무 것도 없어."

자녀들은 교회, 학교 또는 주일학교 교실에서 가만히 앉아 있지 못한다. 많은 부모는 이러한 자녀들과 함께 앉아 있지만, 그 행동은 이해하지 못한다. 결국 그들은 자녀를 손바닥으로 때리며 화난 목소리로 "여기는 교회야. 가만히 앉아 있지 못해!"라고 말한다. 부모들은 말을 듣지 않는 자녀들 때문에 마음이 상한다. 그 이유는 자녀들이 완전하기를 원하는 부모들의 기대가 비현실적이기 때문이다. 분명히 자녀들은 잘못된 선택을 하고 죄를 지을 것이다. 그러므로 당신은 자유롭게 체벌과 책망을 할 수 있는 가정에서 예배를 위한 사전가정양육을 하라.

원치 않는 상황이 일어났을 때 당황하지 않도록 자녀들은 완전하지 않으며 잘못된 선택을 할 수 있다고 생각하라. 자녀들의 잘못된 선택은 그들을 즐겁게 하려는 마음의 결과이다. 나는 부모로서 자녀들의 죄의 본성을 이해한다. 그러므로 나는 자녀들이 잘못했을 때 크게 놀라거나 충격 받지 않는다. 나는 잘못된 선택으로 말미암은 결과를 용납하거나 감소시키지 않는다. 나는 하나님의 말씀에 따라 자녀들을 훈계할 계획을 세운다. 나는 비현실적이고 율법적이며 완벽주의자와 같은 부모가 만든 율법적 기준이 아니라 하나님의 기준으로 자녀들에게 책임을 묻는다.

완벽주의적 요소들은 자녀들을 노하게 할 것이다. 사탄의 거짓말에 속는 부모가 되지 말라. 당신의 기준을 하나님의 말씀에 기초한 기준으로 만들어라. 자녀들에게 책임감을 심어주더라도 완전함을 기대하지는 말라. 완벽주의는 하나님의 은혜를 잊어버리게 하고, 우리가 하나님을 절실히 필요로 하는 존재로 창조되었다는 사실을 간과하게 만든다. 이

러한 두 가지 요소가 균형을 이루는 양육을 하라. 그러면 당신은 중독예
방양육을 하게 될 것이다.

결론

성경은 하나님이 통치자이며, 인간은 책임이 있다고 가르친다. 하나
님은 100% 통치자이이며, 인간은 100% 자신의 선택에 대한 책임이 있
다. 이러한 두 가지 개념은 진리이며, 성경이 동시에 가르치는 사실이
다. 이것은 하나님만이 충분히 이해할 수 있다는 의미에서 불합리한 것
이 아니며, 우리의 논리를 초월한다.

이러한 성경적 진리를 통해 하나님은 통치자이시며, 인간인 우리는
죄를 선택할 수 있다는 사실을 자녀들에게 가르쳐라. 하나님은 이러한
우리를 구속하신다. 또한 우리의 죄를 복으로 바꾸어주신다. 창세기 37
장에 보면, 요셉의 형제들은 그를 노예로 팔았다. 이것은 죄이다. 그러
나 하나님은 요셉이 애굽의 총리가 되었을 때 그들의 잘못된 선택에도
불구하고, 그들의 생명을 구원했다.창41:37~56 그들의 잘못된 선택은 결
과적으로 그들에게 음식과 새로운 땅을 주었다.창45:21~24, 47장 오직 하나
님만이 우리의 최악의 선택을 우리의 생명을 구원할 무엇인가로 바꾸실
수 있다. 비록 항상은 아니지만, 하나님은 우리를 죄와 죄의 결과에서
구원하신다.

핵심 아이디어와 실천전략

1. 에베소서 5장 18~21절을 읽고 기록하라. 가정예배시간에 이것을 가지고 자녀들과 함께 토론하라.

2. 하나님이 당신에게 주신 책임을 나열하고, 당신이 그것을 얼마나 잘 감당하는지 1~10의 척도를 사용하여 평가하라.

3. 당신이 사용하는 말을 당신이 희생자의식을 고취시킬 때 사용하는 단어로 평가하라. 한 주 동안 당신이 희생자 용어를 사용할 때마다 기록하고, 다음으로 그러한 단어나 구를 믿을만한, 수용할 수 있는 성경의 용어로 바꾸라. 필요하다면, 신실한 그리스도인 친구에게 도움을 청하라.

Chapter 17

✱

너무 많은 책임

말할 필요도 없이, 에드너의 부모는 소년원에 앉아서 망연자실했다. "우리는 너를 이보다는 잘 키웠다고 생각했다." 이것은 에드너가 감옥에 들어가기 전에 부모에게 들은 마지막 말이었다. 에드너의 부모는 그녀가 잘못한 일에 대해서 대가를 치르게 하자고 결정했다. 그 후 에드너는 술이나 마약을 절대로 하지 않았다.

부모가 자녀들의 책임의 한계를 분명히 하지 않을 때, 자녀들은 혼란을 일으키게 되고, "부모님은 내게 무엇을 기대할까?"라는 궁금증을 갖게 된다. 불분명한 책임은 자녀들을 좌절시킨다. 이러한 좌절은 자녀들에게 희생자의식을 심어주거나 자신이 희생을 당해 부당한 대우를 받았고 이용당했다는 생각을 갖게 한다.

자녀들은 책임에 대한 두 가지 잘못된 극단을 배울 수 있다. 이것은 그들이 어른이 된 이후의 생산성에 영향을 미친다. 첫째로 그들은 책임을 충분히 다하는 것을 배우지 못할 수 있다. 그들은 성인으로서 하나님과 사회가 그들에게 요구하는 것이 무엇인지 배우지 못하거나 그들의 잘못에 대해 다른 사람들을 비난하는 것을 배운다. 둘째로 자녀들 가운데 일부는 그들이 하지 않아도 되는 많은 책임을 강요당하여 많은 부담을 느낀다. 그들은 하나님이 성경에서 그들에서 무엇을 요구하시는지 배우지 못하거나 필요 이상의 책임에 순종해야 한다고 잘못 믿고 있다. 이러한 두 가지 극단은 모두 자녀들에게 해를 입힌다.

불행히도 이러한 극단은 비일비재하다. 특히 한부모 가정에서 자라는 자녀들이 그렇다. 한부모 가정의 자녀들은 너무 많은 책임을 지며, 심지어 부모의 역할을 하기도 한다. 이것은 누구에게도 유익이 되지 않는다. 너무 많은 책임을 지는 것은 술취함주의: 성경은 이것을 알코올중독이라고 말하지 않는다의 죄와 비교해 볼 수 있다. 이것을 통해서 알 수 있는 것은 너무 많은 책임이 강요되어서는 안 된다는 사실이다.

성령에 대한 책임과 순종의 문제는 에베소서 5장 18~21절 가운데 술취함과 "중독"을 말하는 구절19절에서 먼저 언급한다. "술 취하지 말라 이는 방탕한 것이니 오직 성령으로 충만함을 받으라"18절. 다른 방법은 없다. 성령충만한 삶은 하나님을 기쁘시게 하는 의로운 결정을 하는 것이다. 성령에 대한 책임과 순종은 술 취함에 대항하는 첫 번째 명령이다. 술고래는 무책임하다. 술고래는 하나님께 순종하지 않는다. 술고래는 성령의 권능 아래 있지 않고 육신의 권능 아래 있다. 그러므로 술고래는 성령이 아니라 육신으로 충만하며, 하나님의 욕구가 아니라 육신의 욕구를 충족시키려고 한다.

에베소서 5장 18절은 술 취함에서 벗어나는 길이 성령충만이라고 말한다. 성령충만은 우리로 하여금 그리스도에 대한 책임과 순종을 다하는 올바른 선택을 하게 한다. 성령충만은 하나님이 중독에 빠진 사람을 변형시키는 방법 가운데 가장 우선이 되는 요소이다. 술에 취해 인사불성이 되는 것보다 책임감을 지니는 것이 낫다.

대부분의 술고래들은 두 가지 극단 가운데 하나에서 살아간다. 그들은 너무 적은 책임을 지녔거나 너무 많은 책임을 지녔다. 이러한 극단들은 모두 희생자의식을 키우는데 공헌한다. 너무 적은 책임을 지닌 사람들은 "중독"에 빠질 수 있는 자유로운 시간을 가졌으며, 너무 많은 책임을 지닌 사람들은 억눌린 감정과 "탈출"의 욕구라는 핑계를 가졌다.

너무 많은 책임

자녀들의 책임이 아닌 일을 책임지게 하는 양육을 하지 말라. 예를 들어, 부모가 자녀들에게 "내일 시험이니까 공부 열심히 해. 그래야 100점 맞을 수 있어"라고 말하면, 자녀들은 무의식적으로 불안해한다. 이러한 말은 자녀들이 통제할 수 없는 결과를 책임지라고 하는 것과 같다. 성경적 사고를 하는 부모들은 이렇게 말한다. "오늘밤 네가 할 수 있는 만큼 열심히 공부해라. 그러면 너는 내일 최선을 다할 수 있을 거야. 하나님께 네가 최선을 다하도록 도와달라고 기도해라." 여기서 강조하는 것은 노력이다. 부모로서 당신은 자녀들에게 능력보다 노력을 강조하고 싶어 한다. 비록 자녀들이 능력은 부족하더라도 그들의 노력에 대해서는 항상 책임이 있기 때문이다.

자녀들은 각자 다른 능력을 지녔다. 나는 네 아이가 있는데, 그들은 각자 독특한 은사와 재능을 지녔다. 나는 그들이 모든 영역에서 완벽하기를 기대하지 않는다. 능력은 노력에 따라 달라진다. 내가 기대하는 것은 집안일, 숙제, 성경읽기 등 그들이 해야 할 일에 최선을 다하는 것이다. 능력이라는 관점에서 보면, 어떤 분야에서 한 아이는 다른 아이가 노력하며 하는 것보다 탁월하다. 그러므로 나는 능력에 따라 그들을 평가하지 않고 노력에 따라 평가한다. 나는 아이들에게 "최선을 다했니?"라고 묻는다. 그들이 "예"라고 대답하면 나는 그들을 칭찬한다. _{내가 더 잘}
알지 못한다면!

그리스도 중심이 아니라 지나치게 자녀 중심되기

가정이 그리스도 중심이 아니라 자녀들 중심이 될 때, 자녀들은 희생자의식을 발전시키게 된다. 이때 자녀들은 자신들이 가정에서 "왕"이라는 착각 속에 빠져 있다. 만약 부모가 가정에서 정당한 권위를 회복한다면, 자녀들은 좌절하게 된다. 이때 부모들은 자녀들 안에 "괴물을 창조하고" 있었다는 사실을 알게 된다.

예를 들어, 엄마는 점심식사로 스파게티를 만들려고 했다. 그렇지만, 아직 어린 자녀에게 "오늘 점심 뭐 먹고 싶니?"라고 물었다. 자녀는 "감자칩하고 쿠키요"라고 대답했다. 엄마는 감자칩과 쿠키가 건강에 좋지 않다는 사실을 알았고, 자녀에게 더 좋은 음식을 주고 싶었다. 그러나 자녀에게 선택권을 주려고 무엇을 먹을 것인지 물어보았기 때문에 누구도 만족할 수 없는 상황이 되고 말았다! 엄마는 "우리를 위해 스파게티를 만들었어. 이것을 먹어야 감자칩과 쿠키를 먹을 수 있어"라고 말한다. 아이는 화가 나서 대답한다. "엄마, 저 스파게티 싫어요." 그리고 크게 소리를 지르며 운다. 엄마의 실수는 지혜로운 결정을 할 수 없는 자녀에게 선택권을 주었다는 사실이다. 결과적으로 자녀의 선택권은 없었으며, 오히려 희생자의식을 심어주는 무력감만 안겨주었다. 또한 엄마는 문제를 일으킬 수 있는 생각 없는 질문으로 자녀를 화나게 했다.

부모로서 당신은 자녀들의 선택을 제한해야 한다. 실제로 나는 당신의 명령에 순종하는 것을 가르칠 목적으로 자녀들에게 처음 몇 년은 선택권을 아예 주지 않거나 아주 조금만 줄 것을 권장한다. 우리는 자녀들이 매우 어렸을 때 이것과 관련된 교훈을 얻었다. 뒤집어놓은 깔때기를 상상하라. 처음에는 "책임의 깔때기"funnel of responsibility를 좁게 유지하고, 시간이 지나 자녀들이 스스로 경건한 선택을 할 만큼 성장했을 때

"책임의 깔때기"를 넓혀라. 자녀들의 선택을 제한하는 것은 그들뿐만 아니라 부모를 위해서도 좋은 일이다.

자녀들에게 "뭐 하고 싶니?", "뭘 원하지?" 또는 "어디에 가고 싶어?"라는 질문을 하지 말라. 자녀들은 그러한 결정을 할 필요가 없다. 자녀들에게 필요한 것은 그러한 결정을 하는 부모에게 순종하는 것이다. 자녀들은 반드시 어린 시절에 부모의 명령을 받아들이고 순종하며 책임을 다하는 것을 배워야 한다. 당신의 가정은 자녀들에게 부모와 동등한 투표권을 주는 민주주의가 아니다!

선택의 제한이 책임의 제한이 아니라는 사실을 이해하라! 자녀들에게 그들이 할 수 있는 일에 대한 책임을 확실히 지우라. 그들이 그 일을 하고 싶은지 하고 싶지 않은지에 상관없이 선택권을 주지 말라. 자녀들이 그들에게 주어진 일을 분명히 완수하도록 하여 순종으로의 부르심을 강화하라. 그러나 두 살짜리 아이가 쓰레기를 내다놓기를 기대해서는 안 된다. 자녀들의 연령에 맞는 책임을 주라.

내 아내는 이러한 주제와 관련된 이야기를 자주 한다. 우리의 첫 아이가 겨우 세 살이 되었을 때, 그녀는 자녀의 자존감을 키워주라는 유아잡지를 읽었다. 그 후 우리는 그 아이에게 가능한 많은 결정권을 주어야할 필요가 생겼다. 부모로서 우리는 그 아이가 화를 내지 않도록 하려고 그가 통제할 수 있는 영역을 찾아야 했다. 이것은 성경이 말하는 것과 정반대이다. 그러나 우리는 아직 이러한 사실을 알지 못했다. 그래서 아내는 여름에 그 아이가 입고 싶어 하는 옷을 3년 동안 스스로 고를 수 있게 하기로 결정했다.

그들은 장롱서랍을 열고 매일 같은 대화를 나누었다. "오늘은 뭘 입고 싶니, 애야?" "호수 무늬 옷이요, 엄마." 아이는 매일 같은 옷을 입겠다고 했다. "오케이, 엄마, 그것이 좋아요." 이런 대화는 아내가 아이에게 더 이상 호수 무늬 옷을 주지 않기로 결심할 때까지 여러 주 동안 계속 되었다. 아내는 아이에게 안 된다고 말하는 것이 불가능하다고 생각했다. 오히려 18개월 된 동생을 씻길 때 호수 무늬 옷을 세탁통에 넣는 것이 쉬웠다. 아내는 이것 때문에 불편해 하지 않았다. 때로는 아이에게 더러운 옷을 여러 날 입히기도 했다. 그러다가 아내는 "이것이 아이에게 얼마나 해로울까?"라는 생각을 하기 시작했다. 그녀는 만약 아이에게 "엄마는 네가 호수 셔츠를 다시 입지 않았으면 좋겠어"라고 말한다면, 그가 마음이 상하고 자존감이 낮아질 것이라고 생각했다. 그러나 아내는 매일 같은 옷을 입히는 것이 그를 위한 최선이 아니라는 것을 알았다! 그녀는 이것이 아이에게 왜 좋지 않은지 몰랐다. 이것은 단지 호수 무늬 셔츠에 불과하다!

아내는 어디가 잘못되었는지 생각하기 시작했다. 그때부터 아내는 많은 번민과 눈물로 여러 날을 보냈다. 결국, 아내는 육아 잡지에서 하라는 대로 했다. 3년 후에 우리는 양육에 대한 깔때기 비유와 하나님이 성경에서 양육에 대해 무엇이라고 말씀하시는지를 배웠다. 우리가 자녀를 양육하는 중요한 시기에 그러한 것을 배웠다는 것이 얼마나 신선한가?

만약 당신이 자녀들에게 그들의 책임이 아닌 것을 하게 하려고 너무 많은 선택권을 준다면, 그것은 또한 자녀들에게 그들이 할 수 없는 것을 결정하는 너무 많은 권한을 주는 것이다. 당신이 그들에게 준 권한을 축소하려고 할 때, 자녀들은 좌절하며, 화를 낸다. 이것은 자녀들을 노하게 하지 말라는 하나님의 말씀에 순종하지 않는 하나의 방법이다.엡6:4 비록 진짜 희생자는 아닐지라도, 이러한 상황에서 그들은 희생자라고 느낀다.

인생에는 진짜 희생자가 있다. 진짜 희생자는 누군가를 화나게 하거나 문제를 일으키지는 않았지만, 누군가 다른 사람의 죄 때문에 불행한 일을 겪는 사람이다. 누군가가 당신의 차에서 물건을 훔쳤을 때, 당신은 그 사람의 잘못된 행동에 의해 희생자가 된다. 희생자는 누군가가 십계명 가운데 하나를 어기거나, 사람들을 보호하고 다른 사람들을 존중하며 사랑하도록 만들어진 사회법 가운데 하나를 어겼을 때 나타난다.

그러나 "중독"이라는 함정에 빠진 많은 사람은 그들이 실제로 희생자가 아니지만, 희생자라고 믿으며, 다른 사람들에게 가혹하고 불공정한 대우를 받았다고 확신한다. 이것은 잘못된 신념이며, 왜곡된 지각이다. 부모로서 당신은 자녀들에게 너무 많은 책임과 권한을 주지 말라. 그렇지 않으면 자녀들은 이와 같은 파괴적 사고방식을 키우게 될 것이다. 그리고 자녀들이 가정에서 자신에게 맞는 역할을 하도록 허락하라.

너무 많은 책임을 지운 결과

자녀들 가운데 일부는 가족 안에서 그들의 역할보다 큰 힘과 영향력을 지니게 된다. 이러한 자녀들은 일찍 "어른처럼" 될 수 있는 기회를 가지며, 때로는 부모보다 더 부모처럼 되기도 한다. 이러한 일은 알코올이나 마약에 의해 엉망이 된 가정에서 주로 일어난다. 부모가 알코올과 마약에 빠져 있을 때, 자녀들은 영적 또는 신체적으로 준비되지 않은 상태에서 어른의 세계로 들어간다. 그들은 어른이 되어서도 마약에 빠진 무책임한 부모를 계속해서 돌봐야 한다고 믿는다. 이것은 잘못이다. 자녀들은 성경적으로 자신의 책임을 구분하는 것을 매우 혼란스러워 한다. 이것은 성인 되더라도 마찬가지이다.

예를 들어, 인생의 대부분을 술고래로 살기로 작정한 어머니의 아들은 "내가 엄마를 도와야 해"라는 생각을 하면서 성장할 수 있다. 그는 결혼한 다음에도 어머니의 상태를 확인하려고 집으로 전화한다. 그때 그는 창세기 2장 24절에 나오는 "부모를 떠나 배우자와 연합하는" 결혼의 원리를 습관적으로 간과하게 된다. 만약 그가 어머니에게 할 수 있는 것 이상으로 용돈을 드리거나 물건을 사드리면, 아내는 위협과 공포를 느끼게 된다. 때때로 어머니는 재정적 도움을 받으려고 아들의 동정심을 이용할 수 있으며, 그를 속여 조정하려고 할지도 모른다. 그는 아내와 어머니 사이에서 옴짝 달싹 못한다고 믿는다. 그는 어머니에 대한 책임을 떨쳐버리지 못한다. 오래지 않아 그는 이런 정서적 삼각관계 속에서 자신이 희생자라고 믿으며, 자신의 삶에 대한 통제력을 잃는다. 결국 그는 알코올이 스트레스를 해소하는데 도움이 될 것이라고 생각하면서, 그러한 삶에서 벗어나려고 알코올을 의지하게 된다.

이러한 모든 행동은 복잡한 감정으로 가득 차 있다. 이것은 어린 시절부터 계속된 성경의 책임에 대한 잘못된 해석에서 비롯된다. 세상에서는 이 문제를 "중독자의 성인아이"되기라고 부른다. 그 이유는 가정에서 부모와 자녀의 역할이 뒤바뀌기 때문이다. 결국 이것은 자녀에게 혼란을 일으킨다.

주님은 당신이 가족들을 위해 그분의 지혜를 적용하기 원하신다. 주님은 당신이 그분의 말씀에 기초한 청사진에 따라 영적 가정을 세우기를 원하신다. 하나님은 당신의 가정에 평화와 조화와 사랑을 가득 채우려고 가족들의 역할을 만드셨다.

●●●
핵심 아이디어와 실천전략

1. 하나님이 당신에게 주신 부모로서의 책임을 나열하고, 그것이 정말 당신에게 속한 것인지 아닌지를 결정하도록 신실한 그리스도인 친구에게 도움을 요청하라. 그리고 하나님이 당신에게 원하시지 않는 것에 밑줄을 그어라.

2. 당신이 자녀들에게 지운 과도한 책임을 나열하라. 그러한 책임은 반드시 다른 것으로 대체되거나 지연되어야 한다. 당신이 자녀들에게 너무 많은 책임을 지울 때 사용하는 말을 평가하라.

3. 밀톤 빈센트Milton Vincent가 저술한 *Gospel Primer*를 자녀들과 함께 읽으며 강력한 복음의 메시지를 스스로 상기하라.

Chapter 18

너무 적은 책임

프레디의 부모는 한밤중에 전화를 받고 호숫가에 있는 별장에서 집으로 돌아왔다. 프레디는 자신의 선택에 실망한 부모에게 모든 것을 고백했다. 그러나 프레디의 부모는 그리스도와의 관계 속에서 용서를 알고 있었다. 그들은 프레디가 잘못된 선택에 대한 책임을 받아들이게 하고, 성경적 상담자를 만나도록 했다. 성경적 상담의 과정을 통해서 프레디는 그리스도의 용서를 인격적으로 경험했으며, 그리스도에 대한 믿음을 고백했고, 자신의 인생을 하나님의 영광을 위해서 드리기로 헌신했다.

우리는 하나님의 영광을 위해 하나님의 형상대로 창조되었다. 하나님은 그러한 우리에게 우리의 생각, 말 그리고 행동에 대한 책임을 지라고 말씀하신다. 이러한 책임에서 어느 정도 자유로울 수 있는 사람은 선천적인 신체적 문제로 말미암아 정상적인 생각이나 말 또는 행동이 어려운 사람들이다. 그러나 세속적 시스템은 사람들이 처한 환경이나 그들이 걸린 병에 책임을 전가하면서 개인의 나쁜 행동을 너무 빨리 용서한다. 현재 중독에 대한 두드러진 관점은 중독을 신체를 옭아매는 본질적 문제인 죄가 아니라 병으로 보는 것이다. 그러나 하나님 앞에서 "중독자"들은 그들을 "중독"에 빠지게 한 그들의 생각과 행동에 대한 책임이 있다.

하나님이 사람들에게 맡기신 책임은 무엇인가? 그러한 책임은 두 가지 종류가 있다. 하나는 온 인류에게 맡기신 책임이며, 다른 하나는 정해진 역할이 있는 특별한 사람들에게 맡기신 책임이다. 온 인류에게 맡기신 책임은 성경에 기록된, 모든 사람이 존중하고 성취해야 할 하나님의 명령과 십계명에 대한 순종이다. 예를 들어, "도둑질 하지 말라"는 계명은 나이나 성별 또는 다른 차이에 상관없이 모든 사람에게 주어진 명령이다. 특별한 사람들에게 맡겨진 책임은 그리스도가 교회를 사랑하신 것처럼 아내를 사랑해야 하는 남편엡5:25과 주 안에서 부모에게 순종해야 하는 자녀들엡6:1 그리고 베드로전서 2장 18절 말씀처럼 주인오늘날은 고용주에게 순종해야 하는 종들오늘날은 노동자나 고용인에게 주어진 명령을 포함한다. 하나님이 우리에게 기대하시는 것은 우리가 하나님의 말씀을 읽고 그분의 명령에 순종하는 것이다. 이것은 우리의 최고의 관심사이며 하나님께 영광을 돌리는 행위이다. 하나님만이 우리를 위한 최선이 무엇인지 아신다. 그러므로 우리는 하나님을 신뢰해야 한다. 하나님의 명령에 순종하는 것은 하나님을 신뢰하고 그분에 대한 우리의 책임을 다하는 유일한 길이다.

어떤 부모들은 하나님 앞에서 자녀들이 맡아야할 책임이 너무 많다고 생각하기 때문에 자녀들에게 너무 적은 책임을 맡기기도 한다. 이것은 일반적으로 "권한을 부여하는 일"enabling이라고 불린다. 성인아이에게 이것은 노동을 하고, 청구서를 지불하고, 프로젝트를 마감하는 일일 수 있다. 어린자녀에게 이것은 가정에서 자신이 맡은 역할을 면제받는 것을 의미할 수도 있다. 이러한 자녀들의 부모는 더 많은 책임을 지며, 나중에 자녀들의 잘못에 대해서 자신을 비난한다. 창세기 4장에 나오는 가인처럼, 자녀들은 자신들이 하나님이 원하시는 대로 살지 못한다는 사실을 알며, 그것 때문에 분노하고 의기소침해 한다.

"권한을 부여하는 일"은 자녀들에게 희생자의식을 일으킨다. 하나님은 자녀들에게 책임을 맡기셨지만, 부모는 자녀들의 책임을 대신 지려고 한다. 그러나 이것은 자녀들을 위한 일이 아니다. 이러한 부모의 행동은 자녀들이 하나님의 말씀에 순종하지 못하게 만들뿐이다.

하나님은 자녀들의 생각과 말 그리고 행동에 책임을 부과하신다. 예를 들어, 강박적으로 게임을 생각을 하는 아이는 유난히 게임에 대해서 많은 이야기를 하며, 게임을 할 수 없을 때 성질을 부리고 난리를 친다. 하나님은 게임을 하고 싶은 욕구에 사로잡혀 이렇게 행동한 자녀의 모든 생각과 말 그리고 행동에 대해 책임을 물으신다. 이것은 가장 낮은 차원의 우상숭배이다. 이런 상황에서 자녀들이 성질을 부리며 난리를 치는 것을 허락하지 말라. 반드시 하나님의 말씀에 대한 불순종의 결과에 대해서 자녀들을 사랑으로 훈육하라.

분명히 당신은 자녀들이 실패하거나 상처받는 것을 보고 싶지 않을 것이다. 그러나 이것보다 부모가 자녀에게 "권한을 부여하는 일"이 더 나쁘다. 부모로서 당신은 때때로 자녀들이 실패하는 것을 허용해야 한다. 자녀들이 실패할 때마다 그들을 구해주는 것이 당신의 일이 아니다. 만약 자녀들이 그들의 생각과 말 그리고 행동에 대해서 책임을 지지 않는다면, 부모는 그들이 죄를 짓도록 "권한을 부여하는 일"을 한다고 할 수 있다.

예를 들어, 5학년에 다니는 아이가 학교에서 몰래 도망쳤다가 발각되어 정학을 당했다고 하자. 이때 그 아이의 어머니는 부끄럽고 마음이 불편하다. 그녀는 이 사실을 받아들이고, 이것을 자녀를 위한 교육의 기회로 활용할 수 있었지만, 그녀는 그렇게 하지 않고 교장을 찾아가서 항의하며 커다란 소동을 일으켰다. 결국 그녀는 교장을 설득했고, 자녀는 정학을 당하지 않았다. 이때 그녀는 자신이 "성공적으로" 자녀가 학교에서 정학을 당하는 것을 막았고, 자녀와 자신의 이미지self-image를 망치지 않을 수 있었다고 생각한다. 그녀의 일관적 패턴은 지각된 "해로운" 결과에서 자녀를 구하는 것이다. 그러나 실제로 자녀에게 전달되는 메시지는 무엇인가? 그것은 어머니가 언제든지 자신을 구해줄 것이기 때문에 규칙을 지키지 않아도 된다는 것이다.

자녀는 빠르게 성장해서 대학에 간다. 그의 잘못된 선택은 계속해서 더 커다란 문제들을 일으킨다. 그는 지금 "나쁜 친구들"과 어울리며 마리화나를 피우고, 마약에 취해서 운전을 한다. 그에게는 "하나님을 두려워 함"55)이 없다. 항상 잘못된 선택의 결과에서 벗어났기 때문에, 경찰에 붙잡히는 것에 대한 두려움도 없다. 그가 더 이상 잘못된 선택의 결과에서 벗어나지 못하는 상황에 직면하는 것은 시간문제이다.

자녀들에게 "권한을 부여하는 일" 대신에 회개를 통해서 그리스도를 향하게 하라. 그러면 자녀들이 그리스도와 화해할지도 모른다. 부모로서 당신은 자신만이 아니라 자녀들도 주님 앞에서 책임을 지게 하라. 자녀들이 인간의 것이 아니라 하나님의 것에 마음을 두도록 도와주라.마 16:23

통제하기

부모가 너무 많은 책임을 질 때, 자녀들은 부모를 "통제하는" 존재로 인식한다. "엄마는 통제광이야"라는 말은 자녀의 책임을 부모가 질 때 십대들이 하는 말이다. 나는 부모들의 사기가 떨어지는 것을 원하지 않는다. 그러나 부모가 자녀의 책임을 지고 자녀는 무책임하게 되는 "권위를 부여하는 일"은 모두에게 도움이 되지 않는다. 이것은 부모의 통

---

55) 시14:1.

제에 대한 사랑이다. 이러한 사랑은 자녀들이 죄를 짓게 만들고, 자녀들을 무책임하게 만드는 "권한을 부여하는 일"을 키운다. 핵심적으로 이러한 부모는 하나님을 신뢰하지 않는다.

통제를 사랑하고 너무 많은 책임을 지는 부모는 다음과 같이 말한다.

"나는 이것을 이런 방법으로 하고 싶어요."
"나는 이것을 다른 사람들보다 더 잘 할 수 있어요."
"내가 이것을 하지 않으면, 아무도 이것을 하지 않을 거예요."
"이건 모두 제 잘못이에요."
자녀들이 진짜로 책임을 져야 할 때, 부모들이 이 말을 한다!

지나치게 통제적인 부모는 자신이 자녀를 위한 최선이 무엇인지 아는 유일한 사람이며, 자녀를 구원하고 변화시키는 사람이 되어야 한다고 생각한다. 통제적 부모는 자주 두려움, 분노, 죄책감으로 가득 차 있다. 또한 이들은 하나님을 신뢰하지 않는 문제를 지녔다.[56] 자신이 주님보다 더 잘 안다고 생각하는 통제적 부모의 마음속에는 주로 죄에 대한 두려움이 있다.

통제적 부모의 자녀들은 최소한의 책임만을 질 것이다. 하나님은 재정적, 사회적, 신체적, 종교적 그리고 개인적 삶의 영역에서 생산적이고 순종적인 그리스도인이 되라고 우리를 부르셨다. 그러나 중독에 빠진 사람들은 이러한 책임을 수행하지 않는다. 그들은 하나님 또는 다른 사람들이 그들의 일을 해주기를 바란다. 이런 일이 일어났을 때, 자녀들은 희생자처럼 느끼고 그들의 환경을 통제하기에는 무기력하다고 생각한

---

56) 부모들은 "우상숭배자"이자 "중독자"인 가족을 어떻게 대해야 하는지 배우도록 내 책, *Divine Intervention*을 읽을 수 있다.

다. 인생의 후반부에 자녀들에게 권위를 부여한 배우자나 부모는 자녀들이 해야 할 너무 많은 일을 대신할지도 모른다.

실제적인 예를 들어보자. 중독에 빠진 한 어머니는 자녀들을 제대로 양육하지 못한다. 그녀는 자녀들을 시부모님 댁에 자주 맡긴다. 시부모님은 그녀가 부모로서의 역할을 하지 못하는 동안 손주들을 양육한다. 그녀는 하나님이 주신 부모로서의 책임과 권한을 시부모님에게 넘겨주고 자신의 역할을 포기했다. 이러한 상황은 연관된 모든 사람에게 매우 혼란스럽다. 비록 시부모님의 마음이 단순히 그녀를 돕는 것이었을지라도, 자신의 책임을 기피한 그녀는 시부모님에 대해 불편한 마음을 갖는다.

희생자의식의 주기

희생자의식의 주기가 초래하는 사고방식은 더 파괴적인 결과를 가져온다. 자녀가 자신의 책임을 다하지 않고 부모가 자녀의 책임을 대신 질 때, 자녀는 분노와 우울한 태도를 보인다. 왜 그럴까? 정답은 자녀가 그 영역에서 실패하기 때문이다. 또한 자신이 변화를 원하지 않는다는 사실을 알기 때문이다. 이러한 내적 갈등은 부모를 향한 분노를 낳는다.

주님께서 정당하게 요구하시는 것을 실천하지 않거나 태만하여 죄를 짓는 사람은 누구나 그 죄에 대한 책임이 있다. 인류는 창세기 3장의 아담과 하와의 타락에서 기인한 죄의 저주 아래 있기 때문이다. 우리가 중력의 법칙 아래 있는 것처럼, 우리는 또한 죄와 죄의 결과사망의 법아래 있다. 그것은 언제나 하나님과의 분리, 죄로 말미암은 감정 반응 그리고 영원한 죽음을 가져온다. 창세기 3장에서 아담과 하와가 죄를 지었을 때, 두려움과 부끄러움의 감정이 인류 역사상 처음으로 나타났다. 책임을 지지 않는 중독자들의 잘못된 모습은 희생자심리에서 비롯되며, 전형적인 주기가 있다.

* 중독자는 책임을 지는데 실패한다.
* 한 부모가 중독자를 위해 책임을 떠안는다.
* 중독자가 책임을 지지 않은 것에 대해서 죄책감을 느낀다.
* 죄는 필연적인 감정^{우울}을 유발한다.
* 중독자는 자신에게 책임이 없으며, 부모에게 책임이 있다고 믿기 시작한다.
* 중독자는 때때로 부모에게 무의식적으로 화를 낸다.

중독자들은 믿을 수 없을 정도로 부모에게 피해와 고통을 안겨다 준다. 부모는 단지 중독자들이 하지 않은 일을 하려고 할 뿐이다. 부모는 책임을 지지 않을 수 있는 "권한을 부여받은"은 자녀들의 화난 태도에 충격을 받는다. 부모는 생각한다. "나는 단지 자식을 도우려고 했을 뿐인데, 왜 이것을 모를까?" 부모는 이것이 자신의 삶을 통제하고 싶은 욕구를 지닌 자녀들을 희생^{좌절}시킬 수 있다는 사실을 모른다. 부모는 단지 자녀의 책임을 대신함으로써 옳은 일을 한다고 믿을 뿐이다. 그러나 죄의 결과는 사람들을 그리스도에게 돌아가게 하려고 주님께서 고안하신 것이다. 이것은 사람들에게 고백과 용서와 회개 그리고 하나님을 뜻을 행할 힘을 세공한다. 자녀들의 책임을 대신 짐으로써 그들을 "구출하는" 또는 그들에게 "권한을 부여하는" 부모는 죄를 짓는 것이며, 이것 때문에 자녀들은 화를 낸다.

비록 자녀들이 말로 하지는 않지만, 하나님이 그들에게 부여한 책임을 다하지 않는다는 사실을 안다. 고등학생이라면 가정의 규칙을 지키지 않는 것, 자신의 일정을 고집하거나 부모에게 말하지 않는 것, 학교

과제를 하지 않는 것 등이 여기에 포함된다. 하나님은 모든 죄가 죄책감, 분노, 우울과 같은 감정을 동반하도록 계획하셨다. 이러한 죄의 결과는 죄를 짓는 사람이 죄를 고백하고 회개하도록 인도한다. 비록 부모가 자녀들을 돕는다고 믿을지라도 실제로는 죄를 짓는 것이며, 자녀들이 책임을 다하지 않는 죄에 기여하는 것이다. 불행히도, 이것은 부모와 자녀에게 주어진 죄의 이중적 저주이다!

가인의 잘못된 반응

이점을 더 분명히 하려면, 가인의 죄와 주님과의 관계에 대해서 언급하는 창세기 4장 1~16절에 나오는 긴 구절을 읽어라.

> 아담이 그의 아내 하와와 동침하매 하와가 임신하여 가인을 낳고 이르되 내가 여호와로 말미암아 득남하였다 하니라 그가 또 가인의 아우 아벨을 낳았는데 아벨은 양 치는 자였고 가인은 농사하는 자였더라 세월이 지난 후에 가인은 땅의 소산으로 제물을 삼아 여호와께 드렸고 아벨은 자기도 양의 첫 새끼와 그 기름으로 드렸더니 여호와께서 아벨과 그의 제물은 받으셨으나 가인과 그의 제물은 받지 아니하신지라 가인이 몹시 분하여 안색이 변하니 여호와께서 가인에게 이르시되 네가 분하여 함은 어찌 됨이며 안색이 변함은 어찌 됨이냐 네가 선을 행하면 어찌 낯을 들지 못하겠느냐 선을 행하지 아니하면 죄가 문에 엎드려 있느니라 죄가 너를 원하나 너는 죄를 다스릴지니라

> 가인이 그의 아우 아벨에게 말하고 그들이 들에 있을 때에 가인이 그의 아우 아벨을 쳐죽이니라 여호와께서 가인에게 이르시되 네 아우 아벨이 어디 있느냐 그가 이르되 내가 알지 못하나이다 내가 내 아우를 지키는 자니

이까 이르시되 네가 무엇을 하였느냐 네 아우의 핏소리가 땅에서부터 내게 호소하느니라 땅이 그 입을 벌려 네 손에서부터 네 아우의 피를 받았은즉 네가 땅에서 저주를 받으리니 네가 밭을 갈아도 땅이 다시는 그 효력을 네게 주지 아니할 것이요 너는 땅에서 피하며 유리하는 자가 되리라

가인이 여호와께 아뢰되 내 죄벌이 지기가 너무 무거우니이다 주께서 오늘 이 지면에서 나를 쫓아내시온즉 내가 주의 낯을 뵈옵지 못하리니 내가 땅에서 피하며 유리하는 자가 될지라 무릇 나를 만나는 자마다 나를 죽이겠나이다 여호와께서 그에게 이르시되 그렇지 아니하다 가인을 죽이는 자는 벌을 칠 배나 받으리라 하시고 가인에게 표를 주사 그를 만나는 모든 사람에게서 죽임을 면하게 하시니라 가인이 여호와 앞을 떠나서 에덴 동쪽 놋 땅에 거주하더니

죄와 불순종의 중대함 때문에 하나님은 아담과 하와에게 "가죽옷"을 지어 입히셨다. 이러한 사실은 하나님이 그들에게 옷을 입히시려고 동물의 피를 희생으로 요구하셨다는 사실을 의미한다.창3:21 바로 이 사실을 기억하라. 또한 하나님은 합당한 의를 위해 완전히 의로운 피를 요구하셨으며, 인간의 죄를 속량하시려고 갈보리 십자가 위에 뿌려진 예수님의 피가 하나님의 진노를 진정시켰다.요19:34; 벧전1:19 희생제물은 언제나 흠 없는 어린양이었다. 예수님은 하나님의 완전한 어린양이었다.요1:29

가인의 희생제물은 피의 희생을 요구하시는 하나님의 기준에 미치지 못했다.5절 설상가상으로 가인은 분노하여 안색이 변했다. 가인은 하나님의 기준을 따르지 못했을 뿐만 아니라 잘못된 반응을 했다. 가인의 행동과 희생제물은 하나님을 기쁘시게 하지 못했고, 회개로 인도하는 감

정이 나타났지만, 회개하지 않고 더 많은 죄를 지었다. 우리는 하나님이 가인에게 던지시는 6, 7, 9, 10절에 나타난 네 가지 질문을 통해서 하나님이 가인을 "양육"하시고 "상담"하시는 모습을 볼 수 있다. 하나님은 모든 질문에 대한 답을 아셨지만, 가인은 그것을 인식하지 못한 것으로 나타난다. 좋은 부모나 좋은 상담자와 같이 하나님의 질문들은 가인이 자신을 성찰하게 하고, 그의 잘못된 선택 뒤에 숨겨진 마음의 동기와 그 결과로 나타난 감정을 분석하도록 한다. 그러나 가인은 슬프게도 자신의 잘못된 행동에 대한 책임을 절대로 인정하지 않았다. 가인은 절대로 자신의 죄를 고백하지 않았으며, 하나님에게 용서해달라고 울부짖지 않았다. 16절에서 가인은 하나님과 동행하지 않았으며, 오히려 그분과 멀리 떨어져서 걸었다.

하나님은 좋은 부모이다. 부모로서 하나님은 가인에게 책임 있는 사람이 되라는 경고를 7절에서 한다. "네가 선을 행하면 어찌 낯을 들지 못하겠느냐 선을 행하지 아니하면 죄가 문에 엎드려 있느니라 죄가 너를 원하나 너는 죄를 다스릴지니라." 가인에게는 죄를 다스릴 책임이 있었다. 이때 죄는 들짐승처럼 묘사되었다. 만약 가인이 죄를 다스리지 않고 그냥 내버려둔다면, 죄는 가인을 따라잡아 게걸스럽게 먹어치울 것이다. 불행히도 가인은 다음 구절에서 고의로 동생 아벨을 죽이고 죄에 따라잡히고 말았다. 하나님은 가인에게 다시 질문하셨다. 이 질문은 정직하게 죄에 대한 책임을 받아들이라는 하나님의 은혜로운 요청이었다. 그러나 가인은 화를 내고 안색이 변하는데 이어 거짓말을 더했다.9절 그리고 13~14절에서 하나님 아버지에게 빈정거리는 반응을 보였다. "가인이 여호와께 아뢰되 내 죄벌이 지기가 너무 무거우니이다 주께서 오늘 이 지면에서 나를 쫓아내시온즉 내가 주의 낯을 뵙지 못하리니 내가 땅에서 피하며 유리하는 자가 될지라 무릇 나를 만나는 자마다 나를 죽이겠나이다." 심지어 가인의 말 속에는 하나님의 정당한 결정에 대한 비난이 포함되어 있었다.

하나님의 정당한 결정이 분명해진 후에도 가인은 여전히 회개하지 않고 13절에서 자신의 벌이 너무 크다고만 주장했다. 자비하신 하나님은 가인이 해를 당하지 않도록 보호하셨다. 그러나 가인은 여전히 하나님의 은혜를 거절하며 회개하지 않았다. 하나님은 죄와 싸워 이겨야하는 가인의 책임을 결코 제거하지 않으셨다. 하나님이 가인의 삶에 개입하셨지만, 그는 자신의 선택에 대한 책임을 받아들이지 않았다. 이 성경구절을 통해 볼 때 가인은 절대로 자신의 책임을 인정하지 않았다.

은혜로우신 하나님은 가인의 회개를 준비하며 기다리고 있었다. 가인이 해야 할 일은 자신의 잘못된 선택에 대한 책임을 받아들이는 것이었다. 그러나 가인은 그렇게 하지 않았다. 가인은 기준미달의 희생제물과 그것으로 말미암은 동생 아벨에 대한 분노와 우울한 감정에 대한 책임을 받아들이지 않았다. 설혹 이러한 태도가 옳았다고 하더라도, 가인은 여러 면에서 자신의 환경과 감정의 희생자처럼 행동했다!

한동안 마약판매상과 살며 마약을 했던 어머니는 사회복지기관 Department of Human Resources에 딸을 **빼앗겼다**. 딸은 더 좋은 양육을 받도록 이집 저집을 옮겨 다녔다. 어머니는 마약판매상과 헤어진 후 양육권을 되찾아 딸을 집으로 데려올 수 있었다. 10살 난 딸은 한동안 낯선 사람들과 살아야했기 때문에 어머니에게, 그리고 하나님께 화가 나 있었다. 어머니는 어린 딸에게 잘못된 설명을 해 주었다. "하나님이 왜 이렇게 하셨는지 모르겠어. 하나님이 이렇게 하신 거야."

이런 말은 딸을 화나게 만들 뿐이다. 어머니는 하나님에 대해서, 그리고 진짜 사실에 대해서 잘못 말했다. 진짜 사실은 어머니가 이기적인 잘못된 선택을 했다는 것이다. 정부는 이러한 선택에서 딸을 보호하고자 절차를 밟았다. 만약 어머니가 진짜 회개했다면 이렇게 말했어야 한다. "내 잘못 때문에 하나님이 이렇게 하셨단다. 하나님은 엄마의 잘못된 선택에서 너를 보호하려고 하신 거야. 그리스도가 나를 용서하신 것처럼 너도 나를 용서해주겠니?"

하나님은 정부의 권위를 이용하여 사랑하는 딸을 해로운 것에서 보호하셨다. 그러나 어머니는 하나님의 모습을 책망하는 사람으로 묘사했다. 하나님은 가인이 죄를 선택하도록 허락하셨던 것처럼 그녀에게도 그렇게 하셨다. 하나님은 그녀의 딸이 죄의 결과죄책감, 분노, 우울과 같은 감정 등에 빠지지 않게 하셨다. 그러나 이날 딸에게 전달된 메시지가 있었다. 딸은 지금도 여전히 하나님과 어머니에게 화가 나 있다. 딸은 하나님에 대한 잘못된 관점을 가졌기 때문에 교회를 경멸하며 교회예배에 참석하는 것을 두려워한다. 이 딸은 진짜 희생자이다. 중독자인 어머니는 진짜 희생자가 아니지만, 그렇게 행동한다. 그리고 자신과 딸의 마음속에 잘못된 생각을 심어놓는다. 희생자의식의 주기적 역동성은 그러한 의식을 가진 사람과 주변사람들을 황폐하게 만든다.

책임전가: 너무 적은 책임

어떤 사람은 너무 적은 책임을 진다. 성경에서 그런 사람이 사용하는 가장 오래된 속임수는 무엇인가? 정답은 책임전가이다. 특히 우리가 죄책감을 느낄 때 그러하다! 창세기 3장 8~13절은 하나님을 사랑하는 것과 상반된 첫 불순종의 행위에 대한 성경적 설명을 우리에게 제공한다. 누군가에게 또는 다른 어떤 것에 책임을 전가하는 지속적인 인간의 반응은 성경의 첫 번째 책에서 분명하게 나타난다.

그들이 그 날 바람이 불 때 동산에 거니시는 여호와 하나님의 소리를 듣고 아담과 그의 아내가 여호와 하나님의 낯을 피하여 동산 나무 사이에 숨은 지라 여호와 하나님이 아담을 부르시며 그에게 이르시되 네가 어디 있느냐 이르되 내가 동산에서 하나님의 소리를 듣고 내가 벗었으므로 두려워하여 숨었나이다 이르시되 누가 너의 벗었음을 네게 알렸느냐 내가 네게 먹지 말라 명한 그 나무 열매를 네가 먹었느냐 아담이 이르되 하나님이 주셔서 나와 함께 있게 하신 여자 그가 그 나무 열매를 내게 주므로 내가 먹었나이다 여호와 하나님이 여자에게 이르시되 네가 어찌하여 이렇게 하였느냐 여자가 이르되 뱀이 나를 꾀므로 내가 먹었나이다

아담과 하와는 하나님이 나타나셨을 때 숨었을 뿐만 아니라 그들의 죄를 가리려고 무화과나무 잎으로 옷을 만들어 입었다. 얼마나 슬픈 일인가? 그들은 잘못되었다는 사실을 알았다. 왜냐하면 그들이 ① 무화과나무 잎으로 옷을 만들고, ② 나무들 사이에 숨어 죄를 숨기려고 했기 때문이다. 자녀들 역시 증거가 명백함에도, 진실을 숨기려고 할지 모른다. 자녀들의 얼굴에 쿠키 조각이 붙어 있다. 그러나 자녀들은 얼굴에 붙은 쿠키 조각을 손으로 훔치면서 "아니에요, 엄마! 저 쿠키 안 먹었어요"라고 말한다. 이때 부모는 웃고 싶은 마음이 생긴다. 이것이 바로 무화과나무 잎으로 옷을 지어 입고 나무들 사이에 숨어 있다가 하나님에게 발견된 아담과 하와의 모습이다!

자녀들은 분명히 죄의 본성을 지니고 태어났기 때문에, 책임전가를 할 능력을 이미 지녔다.창5:3; 엡4:17~22; 골3:7~11 그러나 부모들 역시 어린 자녀들에게 책임전가를 강요한다. 부모들은 자녀들의 "자존감"을 떨어뜨리지 않으려고 "네가 동생을 일부러 때리지 않았다는 사실을 알아"라고 말한다.57) 이런 말은 부모들이 자녀들 안에 있는 죄의 실재를 부정하는 반면 부모들의 양심에 메시지를 보낸다.

부모는 자녀들이 이기적이고, 자기중심적이며, 작은 죄인이라는 생각을 하고 싶지 않다. 죄는 현세에서 자녀들의 삶에 문제를 일으키고 내세에는 지옥으로 인도한다. 이러한 죄가 자녀들 안에 있다는 사실은 생각만 해도 끔찍하다. 그렇기 때문에 부모는 이러한 사실을 억압하고 부정한다.롬1:18 그러나 이렇게 하면, 부모는 자녀들과 복음, 즉 "기쁜 소식"을 나눌 수 없게 된다. 복음은 죄의 용서를 위해 예수 그리스도를 부르는 회개한 죄인들자신의 죄에 대해 책임이 있는을 하나님이 용서하시는 것이다. 이러한 복음은 자녀들에게 필요한 것으로서, 죄를 지적하고 궁극적으로 구원자를 향하게 한다.

책임을 전가하는 자녀들에게 책임을 지도록 가르치는 것은 중독예방 양육에서 가장 필수적인 요소이다. 아주 소수의 "중독자"만이 자신의 행동에 책임을 진다. 왜 그럴까? 정답은 중독자가 계속해서 마약을 복용하려고 자기 안에 죄가 있다는 사실을 부정하기로 선택했기 때문이다. 로마서 1장 18~25절은 책임의 결핍하나님의 말씀의 진리를 부정하는이 어떻게 우리를 어두운 마음과 죄로 물든 삶으로 인도하는지 그 과정을 평이하게 진술한다.

하나님의 진노가 불의로 진리를 막는 사람들의 모든 경건하지 않음과 불의에 대하여 하늘로부터 나타나나니 이는 하나님을 알 만한 것이 그들 속에 보임이라 하나님께서 이를 그들에게 보이셨느니라 창세로부터 그의 보이지 아니하는 것들 곧 그의 영원하신 능력과 신성이 그가 만드신 만물에

---

57) 부모들은 "자존감"을 지나치게 높게 평가하며, 자녀들 안에 있는 죄를 인정하고 싶어 하지 않는다. 우리 가운데 어느 누구도 우리의 귀여운 아기가 마음속에 사악한 욕망을 지닌 이기적 존재라고 믿고 싶어 하지 않는다. 그러나 정확하게 말해서 이것이 그리스도가 우리를 위해서 십자가 위에서 격렬하게 돌아가신 이유이다. 우리는 자기가치self-worth가 그리스도 안에서만 발견되기 때문에, "자기존중"self-esteem이라는 용어보다 "그리스도 존중" Christ-esteem이라는 용어를 더 좋아한다.

분명히 보여 알려졌나니 그러므로 그들이 핑계하지 못할지니라 하나님을 알되 하나님을 영화롭게도 아니하며 감사하지도 아니하고 오히려 그 생각이 허망하여지며 미련한 마음이 어두워졌나니 스스로 지혜 있다 하나 어리석게 되어 썩어지지 아니하는 하나님의 영광을 썩어질 사람과 새와 짐승과 기어다니는 동물 모양의 우상으로 바꾸었느니라 그러므로 하나님께서 그들을 마음의 정욕대로 더러움에 내버려 두사 그들의 몸을 서로 욕되게 하게 하셨으니 이는 그들이 하나님의 진리를 거짓 것으로 바꾸어 피조물을 조물주보다 더 경배하고 섬김이라 주는 곧 영원히 찬송할 이시로다 아멘

성중독, 마약중독 또는 다른 어떤 "중독"의 노예가 된 사람들은 자신들의 선택에 대한 책임을 다른 사람들에게 전가하며, 하나님에 대한 진리를 거짓말로 대체한다. 그들은 자신들을 계속해서 예배하고, 자신들의 욕구를 충족시키려고 거짓말을 더 믿고 싶어 한다. 그들은 죄를 선택한다. 그들은 신이 되고 싶은 피조물이다. 그래서 그들은 자신이 원하는 것은 무엇이든지 할 수 있다. 비록 그것이 자신을 파괴할지라도 말이다. 그러나 그들은 창조자가 아니다. 언젠가 그들은 그들의 행동과 말과 생각에 대해서 하나님에게 설명하라는 요구를 받을 것이다.

부모로서 당신은 자녀들이 자신들의 인생의 주인이 되기를 원한다는 사실에 매일같이 자극을 받아야 한다. 당신의 가정에서 자녀들이 왕과 통치자처럼 행동하며 "왕좌"에 앉아 있는가? 당신의 가정은 자녀들의 일정, 좋아하는 음식, 낮잠 시간 또는 행복을 중심으로 움직이는가? 자녀 중심의 가정은 그들에게 분노와 좌절을 일으킨다. 왜냐하면 어떤 단계에서 그들이 가정에서 잘못된 위치를 차지한다는 사실을 알기 때문이다. 자녀들은 가정에서 권위 있는 부모들에게 순종하고 책임을 다하는

대역배우understudy가 되어야 한다. 자녀들에게 안일과 쾌락의 삶보다 책임감 있는 신실한 삶을 권장하라. 자녀들이 어린이처럼 즐거운 시간을 보내는 것을 허락하되 그 과정에서 인생에 대한 책임을 가르쳐라.

죄 다루기

어떤 부모들은 자녀들에게 "은혜"라는 이름으로 계속해서 죄를 지을 "권한을 부여"한다. 이것은 근본적으로 잘못된 것이다! 성경은 절대로 한 사람이 다른 사람에게 죄를 지을 수 있는 권한을 부여해야 한다고 말하지 않는다. 더욱이 성경은 "은혜"로 생각하고 행동하는 유형을 절대로 인정하지 않는다. 하나님은 우리가 계속해서 죄를 짓도록 은혜를 주시지 않는다. 하나님이 주시는 은혜의 온전한 목적은 우리가 그분에게 울부짖으며 우리가 지은 죄를 그분에게 고백하게 하려는 것이다. 하나님께서 이렇게 하시는 이유는 우리를 향한 하나님의 크신 사랑을 우리에게 주시고, 죄로 가득 찬 세상에서 우리를 구속하시기 위해서이다.

궁극적으로 부모인 당신은 자녀들을 마음으로만 격려하지 말고 실제로도 그렇게 해야 한다. 그러나 자녀들이 자신들의 잘못된 선택에 대해서 다른 사람이나 다른 어떤 것에 책임을 전가하는 것을 절대로 허락해서는 안 된다. 로마서 12장 21절에 의하면, 하나님은 다른 사람들이 자녀들에게 죄를 지었을 때조차도 그렇게 하라고 요구하신다. "악에게 지지 말고 선으로 악을 이기라." 죄에 대한 변명은 있을 수 없으며, 모든 죄는 절대로 실수가 아니다. 하나님은 정당한 신체적 질병과 같이 유기적으로 발생한 요인들을 제외하고는 그분의 도덕적 기준에 따라서 모든 것을 생각하고 행동하라는 책임을 사람들에게 지우신다.

우리가 우리의 죄를 고백하고 그것에 대한 책임을 질 때, 그리고 우리의 죄를 속죄하시는 그리스도 예수만을 신뢰할 때 하나님은 우리를 용서하신다. 이것을 자녀들에게 가르쳐라. 성경에서 볼 때, 죄를 회개하지 않고 하나님께 반항하며 예수님을 믿지 않는 사람들에게 어떤 일이 일어나는가? 하나님은 그들이 죄에 대한 형벌로 지옥에서 영원을 보낼 것이라고 말씀하신다. 우리가 거룩하신 하나님 앞에서 우리의 죄에 대한 책임을 질 때, 우리는 그분의 자비를 풍부하게 발견할 것이다. 그분의 자비는 오직 그리스도에 기초해서 우리의 죄에 대해 우리를 용서하시는 것으로 나타낸다.

"오 이런, 오늘 우리 아이가 많이 피곤한가 봐요. 그래서 무례하게 행동한 것 같군요. 오늘은 우리 아이에게 별로 좋은 날이 아니에요"와 같이 자녀들의 책임을 제거하는 말을 하지 말라. 당신이 자녀들의 책임을 제거할 때, 당신은 스트레스를 받는 자녀들에게 죄에 대한 구실을 만들어 주는 셈이다. 그러는 대신, 잠의 부족이나 스트레스와 같은 환경에도 불구하고 자녀들이 책임 있는 사람이 되도록, 잘못된 결과에 대한 책임을 받아들이게 격려하라.

자녀들은 변명하는 방법을 배울 필요가 없다. 학습장애아동을 가르치는 한 교사가 숙제를 하지 않은 학생들을 꾸짖었다. 한 학생이 질문을 했다. "선생님은 장애가 있는 학생들에게 도대체 무엇을 기대하시는 건가요?" 우리는 웃었을지 모르지만, 그 학생은 가장 기본적인 책임에 대해서조차 이미 자신을 변명하고 있었다. 그 교사는 적절하게 대답했다. "너는 장애가 있을지도 몰라. 그러나 너는 여전히 믿을만한 사람이고, 네 행동에 책임질 수 있어."

자녀들을 위해 죄에 이름을 붙이고 자녀들에게 그 죄가 있는지 확인하라. 그것을 위해 성경의 단어들을 사용하라. 예를 들어, 당신의 성인 아이가 과도하게 술을 마시면서 자신의 문제를 "병"이나 "질병"으로 부르지 못하게 하라. 성경은 이 죄를 분명하게 "술 취함"과 "우상숭배"로 묘사한다. 우리는 절대로 죄에 다른 이름을 붙이거나 변명하지 말아야한다. 우리가 죄를 다른 이름으로 부를 때, 거룩하신 하나님은 진노하시고, 죄인들의 내면에는 희생자의식이 자라게 된다. 죄인들은 자신의 죄를 고백하고 하나님께 용서해 달라고 요청할 필요가 있다. 만약 우리가 술 취함을 성경의 이름으로 부르지 않고 병 또는 질병으로 다시 이름 붙인다면, 우리는 이것을 절대로 죄로 인식하지 못할 것이며, 그리스도의 용서를 받을 수 있는 장소로 나아가지 못할 것이다. 그들이 "질병"을 지닌 것이라면, 그리스도의 용서를 필요로 하는 사람은 누구인가?

술 취함을 "질병"이라고 부르는 의학적 모델은 많은 사람을 타락시킬 뿐만 아니라 십자가에서 멀어지게 만든다. **어느 누구도 질병 때문에 하나님께 용서를 받을 필요는 없다.** 그러므로 죄를 질병으로 부르는 것은 사람들을 그리스도의 용서로 인도하지 못한다. 진리는 당신을 자유롭게 할 것이다. 그러나 당신이 성경과 상반되는 인간의 생각을 받아들인다면, 당신은 그러한 생각에 묶이게 될 것이다. 골로새서 2장 8절은 이렇게 말한다. "누가 철학과 헛된 속임수로 너희를 사로잡을까 주의하라 이것은 사람의 전통과 세상의 초등학문을 따름이요 그리스도를 따름이 아니니라." 당신을 포획하여 계속해서 노예상태로 만드는 세상의 생각을 허락하지 말라. 중독과 물질남용 또는 과도한 활동은 그리스도의 권능으로만 극복할 수 있는 죄의 문제이다. 다른 어떤 힘도 술 취함과 우상숭배의 죄를 극복할 수 없다. 왜냐하면 죄를 극복하는 것은 우리의 마음을 변화시키는 하나님 한 분 뿐이시기 때문이다.

당신 안에 있는 하나님의 권능은 오직 당신이 그분과 그분의 말씀에 동의할 때 역사한다. 하나님은 "중독"을 죄라고 부른다. 그러므로 당신도 이것을 반드시 죄라고 불러야 한다. 만약 당신이 이렇게 하지 않는다면, 당신은 자녀들을 중독이 병이라는 인간이 만들어낸 생각의 희생자라고 믿도록 잘못 인도하게 될 것이다. 이러한 생각은 1930년대에 대중화되었다. 하나님과 하나님의 말씀은 영원하다. 당신이 하나님과 같은 견해를 가지기를 바란다.

성경이 중독을 "우상숭배"라고 부르기 때문에, 자녀들은 우상을 숭배하려는 그들의 선택에 대해 책임이 있다. 자녀들이 희생자의식을 키우지 않도록 그들의 선택에 책임 있는 생각을 하도록 도와주라. 자녀들의 마음속에 있는 잘못된 욕구를 지적하고, 그것이 죄라는 사실을 상기시켜라. 그리고 자녀들과 함께 잘못된 욕구를 용서해 달라고 주님께 요청하는 기도를 하라. 마지막으로 하나님의 변형하는 능력을 자녀들에게 부어달라고 자녀들과 함께 기도하라. 하나님의 변형하는 능력은 미래에 자녀들의 잘못된 선택을 경건한 선택으로 대체하게 해준다. 비록 우리가 겸손한 기도와 함께 출발한다 하더라도, 우상숭배와 중독을 극복하는 주님의 권능은 강력하다.

핵심 아이디어와 실천전략

1. 로마서 12장 17~21절을 기록하고, 잘못된 선택을 선으로 극복할 방법목록을 작성하라. 기도, 친절한 말, 감사편지 등

2. 자녀들의 말과 행동을 책임전가 변명하거나 하나님이 자녀들에게 주신 책임을 맡는 것에 의해서 자녀들에게 "권한을 부여하는" 방법을 나열하라. 하나님이 주신 책임 가운데 하나는 생각과 말과 행동으로 부모를 존경하고 존중하고 순종하는 것이다. 만약 당신이 부모로서 의도적인 불순종을 용서하고 자녀들의 핵심 동기가 죄라는 사실을 알려주지 않는다면, 당신이 먼저 하나님께 회개하고 용서를 구해야 한다. 또한 이것을 위해 당신은 자녀들에게 용서를 구하고, 앞으로 하나님이 요구하시는 행동의 변화를 통해서 당신이 회개한다는 사실을 알릴 필요가 있을지도 모른다. 예를 들어, 하나님은 자녀들이 당신에게 할 말에 대해서 그들에게 책임을 지우신다. 그러므로 자녀들이 하나님께서 자녀들에게 주신 권위이자 부모인 당신에게 무례하게 말한다면, 당신은 이것이 죄라는 사실을 반드시 알려 주어야 하며, 적절히 훈계해야 하고, 하나님과 당신에게 용서를 구하라고 요구해야 하며, 바르고 공손하게 말하도록 자녀들을 가르쳐야 한다. 이것을 위해 당신은 오랫동안 수고해야 한다.

3. 당신이 들을 수 있는 희생자처럼 생각하게 만드는 용어로 자녀들의 언어를 평가하라. 자녀들이 "희생자"라는 용어를 사용할 때마다 기록하라. 그리고 모든 말을 받아들일 수 있는 올바른 성경적 대안으로 대체하라. 만일 필요하다면, 신실한 그리스도인 친구에게 도움을 요청하라.

Chapter 19

✤

책임져라 순종하라

매트와 레이몬드의 부모는 자녀들을 양육하는 데 적극적이지 않았다. 매트는 아데랄을 계속해서 오용했고, 레이몬드는 알코올과 마리화나를 지속해서 남용했다. 매트와 레이몬드는 대학에 갔다. 그러나 매트는 성적이 나빠 퇴학을 당했고, 그 후 레스토랑에서 웨이터로 일했다. 레이몬드는 대학을 다니는 내내 마리화나를 피웠고, 변호사가 된 지금도 여전히 매일같이 마리화나를 피운다. 그럼에도 레이몬드는 세상의 시각에서 성공적인 삶을 사는 사람처럼 보였다.

하나님은 부모와 자녀 모두에게 책임을 요구하신다. 그러므로 희생자 의식을 없애려면 하나님께 순종하며 책임 있는 삶을 사는 방법을 배워야 한다. 만약 자녀가 책임 있는 삶을 사는 방법을 배우지 못한다면, 그는 자신의 문제에 대해 하나님을 비난하며 그리스도를 받아들이지 않게 될 것이다. 기독교 신앙을 거부하는 대부분의 사람은 자신의 죄에 대한 책임을 거부하거나 자신의 잘못으로 받아들이지 않는다.

나의 가장 간절한 기도는 자녀들이 하나님을 개인적으로 알아 구원받는 것을 보는 것이다. 나는 주님께 주님이 누구이신가를 자녀들에게 계시해 달라고, 그래서 자녀들의 영혼을 지옥에서 건져달라고 매우 자주

기도한다. 나는 자녀들이 주님과 교제하기를 원한다. 나는 하나님이 자신의 역할에 충실하시다는 사실을 안다. 그렇다면 자녀들을 하나님께 인도하기 위한 나의 역할은 무엇인가?

나의 역할은 하나님의 말씀을 자녀들에게 가르치고, 복음^{좋은 소식}을 그들과 함께 나누는 것이다. 자녀들은 하나님의 용서와 하나님의 위대한 사랑의 필요성을 알아야 할 필요가 있다. 하나님은 예수 그리스도를 통해서 우리의 죄를 용서하신다. 그러므로 부모인 나의 역할은 자녀들에게 하나님이 매일 매일의 삶에서 그들의 죄에 대한 책임을 요구하신다는 것, 항상 기도하며 죄를 고백해야 한다는 것 그리고 하나님의 자비를 얻도록 죄를 버려야 한다는 사실을 가르치는 것이다. "자기의 죄를 숨기는 자는 형통하지 못하나 죄를 자복하고 버리는 자는 불쌍히 여김을 받으리라." 희생자의식은 자녀들의 죄를 숨길 수는 있지만, 성공하게 만들지는 못한다.

당신은 어떠한가? 만약 당신의 자녀가 자신의 죄를 숨기며 희생자처럼 생각한다면, 그는 언젠가 어리석은 자의 마음을 지닐 것이다. 어리석은 자는 그 마음에 "하나님이 없다"고 말한다.^{시14:1} 그러나 성경은 '하나님이 있다'고 말한다. 하나님은 우리를 사랑하신다. 성경은 우리에게 하나님의 진리를 알려준다. 이것을 통해서 우리는 죄를 고백하고, 더 풍성한 삶을 살 수 있다. 부모로서 당신은 반드시 자녀들이 죄에 대한 책임을 지도록 지도해야 한다. 그리고 거룩하신 하나님 앞에서 그러한 책임을 일깨워주어야 한다. 하나님은 아담과 하와에게 잘못된 선택에 대해서 책임을 지도록 요구하셨다. 아담과 하와는 하나님의 자녀들이었다. 그렇다면 당신도 자녀들에게 그렇게 해야 한다. 이것이 바로 자녀들을 회개와 책임과 순종으로 인도해야하는 당신의 의무이다.

자녀들에게 성경적 상담자가 되라

성경적 상담의 가장 기본적 형태 가운데 하나는 양육parenting이다. 자녀들은 끊임없이 정보를 습득하며, 때때로 잘못된 결론을 내린다. 예를 들어, 우리 딸이 "엄마, 이 스웨터 해피밀 식당에서 보냈어요"라고 말한 적이 있다. 지인이 그 스웨터를 보냈다는 사실을 알았던 아내는 웃으면서 아이에게 그것이 무슨 뜻인지 물어보았다. 아이는 스웨터에 붙은 상표를 엄마에게 보여주었다. 8살짜리 아이는 그 스웨터가 옷가게가 아니라 해피밀 세트를 파는 맥도날드에서 왔다고 잘못 생각했던 것이다.

고린도전서 13장 11절은 자녀들이 어른처럼 생각하지 못한다는 사실을 일깨워준다. "내가 어렸을 때에는 말하는 것이 어린 아이와 같고 깨닫는 것이 어린 아이와 같고 생각하는 것이 어린 아이와 같다가 장성한 사람이 되어서는 어린 아이의 일을 버렸노라." 이러한 이유 때문에 자녀들은 부모를 필요로 한다. 부모는 자녀들의 삶에서 일어나는 사건에 대해서 하나님이 무엇이라고 말씀하시는지를 가르치는 성경적 상담자이다. 이러한 부모는 자녀들을 하나님의 지혜와 지식으로 충만하게 할 수 있다. 이렇게 할 때 자녀들은 하나님의 말씀에서 하나님을 얼마나 많이 신뢰할 수 있는가를 배우게 된다. 하나님과 자녀들의 관계는 성경적 상담과 질문을 잘 사용하는 부모들에 의해서 더욱 돈독해질 것이다.

나는 언센가 창세기 3장에서 하나님이 아담과 하와에게 하시는 질문이 이상하다는 사실을 발견했다. 하나님이 모르는 답이 있을까? 하나님은 전지하지 않나? 그렇다면 하나님은 왜 그들에게 질문을 했을까? 아담과 하와는 하나님을 피해 숨을 수 있었을까?

나는 하나님이 아담과 하와에게 어떤 정보를 얻고자가 아니라 그들이 유익한 자기성찰의 시간을 갖도록 질문하셨다고 생각한다. 하나님은 아담과 하와가 자신의 행동에 대해 생각하고 반성하도록 하려고 질문하셨다. 하나님은 그들이 영적으로 그리고 신체적으로 어디에 있는지 아셨다. 하나님은 그들이 그 순간 하나님에게서 얼마나 떨어져 있는지 스스로 알기를 원하셨다. 하나님의 질문은 아담과 하와의 잘못된 선택에 대한 책임을 분명히 했다. 하나님은 아담과 하와가 자신들의 죄를 고백하고 하나님과 화해하도록 하려고 질문하셨다.

마찬가지로 현명한 부모는 자녀가 일부러 순종하지 않았다는 사실을 알았을 때, 그에게 질문할 것이다. 이러한 질문은 자녀의 불순종이 어떠한 결과를 초래하는지 알게 하는데 목적이 있다. 이것은 아버지이신 하나님이 자녀들인 아담과 하와에게 하셨던 바로 그 질문이다. 하나님은 아담과 하와를 징계하시기 전에 네 가지 질문을 하셨다.

하나님의 네 가지 질문은 일반적인 것에서 구체적인 것으로 나아간다. 각각의 질문은 점점 더 강압적이고, 면밀하며, 구체적이 된다. 이렇게 일반적인 것에서 구체적인 것으로 변하는 이유 가운데 하나는 아담과 하와의 책임전가 때문이다. 아담과 하와는 처음에 그들의 잘못된 선택에 대한 책임을 충분히 받아들이지 않았다. 그래서 하나님의 질문은 점점 더 구체적이 되었다. 하나님이 얼마나 은혜로우신가!

아담과 하와는 잘못된 선택 때문에 하나님 앞에서 그들의 벌거벗음을 알게 되었다. 하나님은 변하지 않으셨다. 인간은 그들의 죄 때문에 변했다. 자녀는 자동적으로 자신의 죄를 감추려 할 것이다. 이것을 예상하라. 그러나 계속해서 감추는 것을 허락하지 말라. 그리고 하나님이 아담과 하와에게 하셨던 질문을 통해 그것을 드러내라.

창세기 3장에 나타난 아담의 죄에 대한 반응은 죄였다. 아담은 자신의 죄에 죄를 더했다. 아담은 하와를 비난했고, 심지어 "하나님이 주셔서 나와 함께 있게 하신 여자 그가 그 나무 열매를 내게 주므로 내가 먹었나이다"라고 말함으로써 하나님마저 비난했다. 아담의 이 말 속에는 "하나님, 이것은 당신의 잘못입니다. 당신이 먼저 하와를 나에게 주셨기 때문이지요. 하와가 없었다면 이런 일은 결코 일어나지 않았을 것입니다. 하와가 저에게 그 열매를 주었어요. 결국 이것은 하나님 당신의 잘못입니다"라는 의미가 숨겨져 있다. 하와가 아담에게 열매를 주었다는 것은 사실이지만, 아담은 그렇게 하면 안 된다는 사실을 더 잘 알았으면서도 그것을 먹었다. 어떤 사람도 아담의 목구멍에 그것을 강제로 집어넣을 수는 없었다. 아담은 하나님의 말씀께 철저하게 불순종했다. 그러나 아담은 자기 자신을 비난하지 않고 하나님과 아내를 비난했다.

하와는 "뱀이 나를 꾀므로 내가 먹었나이다"라고만 말한다. 디모데전서 2장 14절에 따르면, 하와는 "속아"서 뱀의 거짓말을 믿었고 하나님께 불순종했다. 아담과 하와는 모두 마지막 말에서 죄의 선택을 인정했다. "내가 먹었나이다." 그러나 그들은 자신들의 죄를 인정하기 전에 다른 사람을 비난했다. 그들은 죄를 범했음에도, 그에 대한 책임을 제대로 받아들이지 않았다. 이 사건 이후 6000년 이상이 지난 지금, 약물 남용자들과 "중독자들"은 자기 자신이 아니라 다른 사람이나 환경을 탓하며 성경에 나오는 오래된 책략을 계속해서 사용한다. 어느 것 하나 변하지 않았다!

아담과 하와는 자신들의 실체를 부인한다. 그들은 하나님께 죄를 지어 "일을 아주 엉망으로 만들어" 버렸다. 하나님은 아담과 하와로 하여금 그들의 실체를 깨닫게 하려고 은혜로 질문을 하셨다. 만약 당신이 하나님과 같이 질문하는 기술을 익혔다면, 자녀는 사실을 부정하기보다 인정할 것이다. 자녀가 자신의 책임을 받아들이더라도 죄의 결과를 쉽게 면제해 주어서는 안 된다. 어떤 부모는 자녀가 죄의 선택을 인정하여 그로 말미암은 결과에서 완전히 벗어나면 너무 기뻐한다. 그러나 하나님은 그렇게 하지 않으셨다. 물론 하나님은 그들에게 은혜를 베푸셨다. 하나님이 완전한 부모이신 이유는 아담과 하와가 죄의 결과를 경험하도록 허락하셨기 때문이다.

하나님이 하셨던 것처럼 질문하기

대부분의 사람들은 좋은 질문을 어떻게 하는지 모른다. 그들은 좋은 경청자가 아니기 때문이다. 많은 부모는 질문하는 방법에 대한 강의를 듣고 싶어 한다. 그러나 그들은 자녀들의 이야기를 듣고 이해하기보다 자녀들이 자신들의 이야기에 귀기울여주고 이해해 주기를 원한다! 내가 성경적 상담을 진행하는 동안 부모들을 훈련시킬 수 있는 가장 중요한 기술은 창세기 3장에서 하나님이 하셨던 것처럼 질문하는 것이다. 부모들은 종종 무엇이 진행되는지 이미 인식하고 있으며 알고 있다. 그러나 자녀들은 아니다. 이러한 이유 때문에 좋은 질문은 자녀들의 마음을 점검하게 하여 생각을 불러일으킨다. 좋은 질문은 자녀들로 하여금 그들의 죄를 보게 하고, 그러한 죄 때문에 구속자가 필요하다는 사실을 알게 한다.

이제 좋은 질문을 면밀하게 살펴보자. 창세기 3장 9절을 시작으로 하나님은 아담과 하와에게 네 가지 질문을 하신다. 첫 세 가지는 아담에게 직접 하신 것이며, 나머지 한 가지는 하와에게 하신 것이다. 그 질문들은 아래와 같다.

"네가 어디에 있느냐?"
"네가 벗은 몸이라고 누가 일러주더냐?"
"내가 너더러 먹지 말라고 한 그 나무의 열매를 네가 먹었느냐?"
"너는 어쩌다가 이런 일을 저질렀느냐?"

네 가지 질문은 각각 특별한 목적을 지니며 순서를 따라서 이루어졌다. 하나님은 먼저 아담과 하와의 위치에 대해서 물으셨다. "네가 어디에 있느냐?"라는 질문은 그들의 신체적 위치뿐만 아니라 영적 위치에 대한 질문이기도 하다. 그들은 신체적으로 나무들 사이에 숨었으며 무화과나무 잎으로 치부를 가렸다는 사실을 기억하라. 하나님은 기본에서 출발한다.

부모로서 당신은 자녀가 죄를 지은 후에 이렇게 질문할 수 있다. "네가 바로 지금 영적으로 주님과 함께 있는 곳은 어디니?" 자녀가 있는 곳은 좋은 곳이 아니다. 예수님은 요한복음 14장 15절에서 "너희가 나를 사랑하면 나의 계명을 지키리라"고 말씀하셨다. 자녀가 죄를 짓는 바로 그 순간, 그리스도에 대한 자녀의 사랑은 거짓이 된다. 그것은 불순종과 어리석음의 선택이다. 하나님에 대한 순종은 그리스도인의 삶의 최고봉이다. 이것은 하나님에 대한 우리의 사랑과 우리에 대한 하나님의 위대한 사랑을 증명한다. 자녀가 죄를 선택한다면, 그때가 언제든지 그 순간 자녀는 하나님보다 자기 자신을 더 사랑하는 것이며, 기꺼이 그렇게 한다는 사실을 증명하는 셈이다.

다시 말해서, 만약 자녀가 이미 예수 그리스도의 제자라면, 그는 죄를 선택하는 순간 성령의 권능이 아니라 자기 자신의 즐거움을 위해 살았다는 것을 의미한다. 그 순간 자녀는 그리스도를 믿고 따르는 신자가 아니라 불신자처럼 행동한다. 그 순간 자녀는 하나님의 말씀에 순종하기보다 자기 자신을 예배하고 자신의 욕구를 충족시키기로 선택한다. 자녀의 죄를 해부해 보면, 일시적 즐거움을 영원하신 아버지 하나님을 기쁘시게 하는 것보다 중요시했던 아담과 하와의 죄와 정확하게 일치한다.

주님의 두 번째 질문은 "네가 벗은 몸이라고 누가 일러주더냐?"이다. 아담과 하와의 벌거벗음은 지금 그들의 부끄러움이 되었다. 그들은 불순종하기 전에 벌거벗음을 알지 못했다. 이 질문의 목적은 아담과 하와를 겸손하게 하고, 그들이 어떻게 사탄의 거짓말을 믿었는지를 보여주는 것이다. 어떤 면에서 하나님은 사탄의 속임수와 거짓말에 대조를 이루는 하나님의 성실과 정직의 본성을 보여준다. 죄를 지을 때 당신은 누구에게 귀를 기울이는가? 그때 당신은 사탄과 자신의 소리에 귀를 기울인다. 자녀에게 물어보라. "방금 죄를 지었을 때, 너는 누구를 생각했니? 너 자신이니, 네가 상처를 준 사람이니, 하나님이니?"

자녀들은 이러한 질문을 통해서 그들이 반드시 알아야 하는 사실을 깨닫는다. 요한복음 16장 8절에 나타난 예수님의 말씀에 따르면, 성령은 우리의 마음을 그리스도에게 되돌리려는 선한 목적을 위해 죄악 된 세상을 책망하신다. "그가 와서 죄에 대하여, 의에 대하여, 심판에 대하여 세상을 책망하시리라." 책망은 우리의 죄와 하나님의 은혜복음를 알게 한다. 그러므로 책망은 생산적이다. 세상과 사탄은 우리의 죄에 대한 하나님의 책망이 선하지 않으며, 우리의 잘못된 선택을 나쁘게 느낄 필요가 없다고 말한다. 그러나 하나님은 우리가 진리를 인식하고, 회개한 죄인에게 주시는 용서의 자유를 경험하기 원하신다.

세 번째 질문은 "내가 너더러 먹지 말라고 한 그 나무의 열매를 네가 먹었느냐?"이다. 하나님의 질문은 점점 아담의 책임에 초점을 맞춘다. 지금 아담은 자신이 했던 일에 대해 직접적인 질문을 받는다. 이 질문을 피할 길은 없다. 하나님은 아담과 하와를 용서할 준비가 되어 있었다. 그러므로 이러한 질문은 죄의 고백과 깨어짐 그리고 겸손을 위한 것이었으며, 회개를 목표로 한다.

자녀들에게 이 세 번째 질문을 직접 해보라. 예를 들어, 오빠가 동생을 때렸을 때 "내가 하지 말라고 한 것을 네가 했니?" 이러한 질문에는 더 강조해서 말하고 싶은 욕구와 가정의 규율 또는 하나님의 명령을 고쳐서 말하고 싶은 욕구가 숨어 있다. 만약 진짜 무슨 일이 일어났는지 분명하지 않다면, 더 일반적인 질문을 하라. "네가 누군가에게 죄를 지었을 때, 그것이 잘못이라는 사실을 너는 아니?" 당신은 다르게 질문할 수 있다. 그러나 나는 창세기 3장에 나타난 하나님의 질문을 모델로 삼으라고 권한다.

주님이 네 번째로 하신 마지막 질문은 "너는 어쩌다가 이런 일을 저질렀느냐?"이다. 이 질문은 하와에게 하신 것이며, 바로 전에 했던 질문만큼 분명하다. 부모로서 자녀에게 그가 무엇을 했는지 물어보라. 그는 곧바로 말하지 않을 것이다. 그리고 당신을 조정하려고 할 것이며, 가능한 한 이 질문에 대답하지 않으려고 할 것이다. 잠언 28장 13절에 따르면 고백이 자비를 가져온다. "자기의 죄를 숨기는 자는 형통하지 못하나 죄를 자복하고 버리는 자는 불쌍히 여김을 받으리라." 당신은 자녀가 반드시 자신의 잘못을 고백하도록 해야 한다. 자녀는 하나님의 자비를 필요로 한다. 자녀의 잘못된 선택은 궁극적으로 하나님을 대적하는 것이며, 당신에게도 정당하지 않다. 자녀는 당신에게 용서를 구해야 할지도 모른다. 하지만, 하나님께는 매번 용서를 구해야 한다! 자녀가 하나님을 향하도록 하라. 하나님은 하늘의 아버지이시며, 우리가 지은 모든 죄에 대해 우리를 용서하시는 창조주이시다. 자녀들의 죄를 깨닫게 할 때, 마지막 단계에서 이러한 하나님의 은혜와 자비와 용서를 본받으라. 자녀를 끌어안고 당신이 지금 이것을 잊을 것이라고 말하라.

결론

다섯 번째 계명을 기억하라. "네 부모를 공경하라." 이 계명은 부모에 대한 순종을 통해서 하나님께 대한 순종의 책임을 다하게 하는 것이다. 이러한 책임에서 벗어날 길은 없다. 알코올과 마약 복용, 성적인 죄, 과도한 쇼핑, 도박, 자해와 같은 모든 중독적 행동은 하나님 앞에서 우리가 지닌 책임에서 벗어날 방법을 제공하지 않는다. 또한 이러한 행동을 병 또는 질병이라고 부르는 것이 우리의 생각과 말과 행동에 지워진 책임을 바꾸지 못한다. 하나님의 영광과 자녀의 유익을 위해 하나님이 자녀에게 주신 책임을 가르치고 질문하는 것은 부모의 애정 어린 행동이다. 중독예방양육을 잘하는 부모는 잘못을 행한 자녀에게 좋은 질문을 한다. 이러한 질문은 자녀와 하나님의 올바른 관계를 회복시킨다!

●●●

핵심 아이디어와 실천전략

1. 하나님이 아담과 하와에게 하신 네 가지 질문을 한 손으로 잡기 쉬운 카드3×5에 적어놓고 사용하라.

2. 당신이 자녀에게 지은 죄의 목록을 작성하고, 자녀가 부모이자 안내자인 당신에게 지은 죄의 목록을 작성하게 하라. 잠언 28장 13절의 지침에 따라 서로 죄를 고백하고, 용서를 구하고, 다시 죄를 짓지 않기 위한 실제적 회개 계획을 세우라.

3. 일상생활에서 "죄"라는 단어와 성경에 나오는 "죄"와 관련된 단어우상숭배, 도둑질, 거짓말, 간음 등를 사용하라. 요즘 이러한 단어를 잘 사용하지 않기 때문에 다른 사람들이 당신을 이상하게 볼지도 모른다. 이것은 하나의 도전이다.

Chapter 20

✳

소멸의식

데릭이 죽은 후에 그의 어머니는 너무나도 슬퍼서 살던 곳 아래에 있는 교회에 도움을 받으려고 했다. 그녀는 잘 몰랐지만, 그 교회는 성경적 상담을 무료로 해주고 있었다. 상담사들은 그녀 안에 있는 사랑과 동정심을 보았으며, 죄의 용서와 자유를 위해 복음을 전해주었다. 데릭의 어머니는 태만의 죄데릭을 양육하는데 실패한를 회개했으며, 성경적 상담을 통해서 그리스도와 화해했다.

만약 자녀가 이미 중독적 사고나 행동의 조짐이 있다면, 그것은 소위 "소멸의식"the perishing mentality이라고 불리는 네 번째 심리상태일 수 있다. 이러한 심리상태는 에베소서 5장 19~20절에서 묘사하는 내용과 정반대이다. "시와 찬송과 신령한 노래들로 서로 화답하며 너희의 마음으로 주께 노래하며 찬송하며 범사에 우리 수 예수 그리스노의 이틈으로 항상 아버지 하나님께 감사하며." 소멸의식은 "아, 슬프도다"는 말로 정의할 수 있다. 이것은 "나에게는 항상 나쁜 일이 생긴다"는 극단적 생각과 연결된다. 이것은 감사하는 마음을 반영하지 않는다. 소멸의식을 지닌 자녀는 "내 친구들은 다 하는데 나만 못해"라고 말한다. 이것은 곰돌이 푸우Winnie the Pooh에 등장하는 조랑말 이요르Eeyore를 생각나게 한

다.58)

잠언 31장 6~7절은 소멸의식을 잘 반영한다. "독주는 죽게 된 자에게, 포도주는 마음에 근심하는 자에게 줄지어다 그는 마시고 자기의 빈궁한 것을 잊어버리겠고 다시 자기의 고통을 기억하지 아니하리라." 병으로 말미암아 죽어가는 사람은 자신의 고통을 잊도록 허락된 약물을 투여할 수 있다. 극심한 고통은 제거되어야 한다. 성경은 이러한 사람들에게 독주이것이 액체 형태로 된 약임을 반드시 기억하라를 주라고 권한다. 은혜로우신 하나님은 신체적 고통과 아픔을 겪는 사람들을 위해 이러한 말씀을 주셨다.

그러나 중독자는 신체적 고통은 없을지라도 정서적 고통을 겪으며, 소멸의식을 발전시켜왔다.59) 성경은 잠언 18장 14절에서 "상한 심령"또는 정서적인 상처로 상처 입은 영혼이 신체적 고통을 견디는 것보다 더 힘들다고 말한다. "사람의 심령은 그의 병을 능히 이기려니와 심령이 상하면 그것을 누가 일으키겠느냐." 정서적 상처는 우리의 모든 것을 집어삼킨다. 이러한 이유 때문에 자조그룹self-help groups은 알코올 중독자들의 "제일의 범죄자"number one offender를 분노라고 말한다. 분노는 전에 경험했던 상처를 다시 경험할 때 발생한다. 이것은 치료 중인 상처의 딱지를 떼어내는 것과 같다. 상처가 드러나면 고통이 다시 찾아온다. 이러한 상처의 개방은 화가 나서 과거의 감정을 모두 느끼는 것과 같은 고통을 가져온다. 자녀들이 불의를 경험하면 상처 입은 감정이 드러난다. 이것은 다시 정서적 고통을 일으킨다. 부모는 이러한 상처 입은 감정과 정서적

---

58) 이요르는 밀네A. A. Milne가 쓴 『곰돌이 푸우』*Winnie the Pooh* 시리즈에 등장하는 조랑말로서 주인공인 곰돌이 푸우의 친구이다. 이름은 조랑말의 울음소리에서 따온 것이며, 염세적이고, 우울하고, 어두침침한 캐릭터이다(Wikipedia에서 참고)

59) 어떤 사람은 신체적 고통을 잊으려고 병원에서 처방받은 진통제를 사용하다 약물중독에 빠진다. 그러나 더 많은 사람은 다른 이유 때문에 약물중독에 빠진다. 하나님은 약물을 복용하는 사람의 마음과 동기를 보신다.

고통이 자녀들에게 연속적으로 일어나지 않도록 해야 한다. 자녀들이 잘못된 생각이나 해로운 생각을 할 때, 또는 이것이 드러날 때, 부모는 자녀들의 이러한 생각소멸의식을 인식하는 것이 중요하다.

소멸의식은 파괴적인 사고방식이다. 이것은 두 가지 방식으로 발전한다. 첫째로 소멸의식은 과거의 상처에 초점을 맞추고, 그것이 자기 세계의 중심이 될 때 빠르게 발전한다. 우리 인생의 중심은 반드시 다른 사람들의 잘못이 아니라 예수 그리스도가 되어야 한다. 다른 사람들의 잘못을 우리 인생의 중심에 두는 것은 우리가 받은 상처에 대한 잘못된 반응이다! 데살로니가전서 5장 15절은 이렇게 진술한다. "삼가 누가 누구에게든지 악으로 악을 갚지 말게 하고 서로 대하든지 모든 사람을 대하든지 항상 선을 따르라." 자녀에게 그가 경험하게 될 상처들에 대한 용서의 영을 소유하라고 가르쳐라. 당신은 이러한 가르침의 중요성을 깨달아야 한다. 자녀는 개인적으로 다른 사람을 용서하지 못할지도 모른다. 그러나 그는 생각의 초점을 그리스도에게 맞추어 용서의 태도를 개발해야 한다. 에베소서 4장 32절은 주님이 우리에게 하신 것처럼 다른 사람을 대하라고 말씀한다. "서로 친절하게 하며 불쌍히 여기며 서로 용서하기를 하나님이 그리스도 안에서 너희를 용서하심과 같이 하라."

둘째로 소멸의식은 그리스도 안에서 영원히 소유하는 것보다 지금 소유하지 못한 것에 초점을 맞출 때 발전한다. 소멸의식은 잘못된 사고방식이다. 특히 그리스도의 용서를 통해서 영원한 생명을 얻을 때 그러하다. 소멸의식은 자신의 배은망덕을 증명하기 때문에 잘못된 사고방식이다. 소멸의식을 지닌 사람은 자기 동정에 빠져있다. 자기 동정은 자기 자신과 현재 자신이 가지지 않은 것에 초점을 맞추기 때문에 교만이라고 할 수 있다. 이것은 "나는 지금 내가 원하는 것을 가지고 있지 않아. 나는 지금 내가 가진 것보다 더 많은 것을 받을만한 가치가 있다"라는 생각에 기초한다. 그러나 사실은 그렇지 않다. 우리는 죄 때문에 지옥에서 영원한 형벌을 받아 마땅한 사람들이지만, 하나님은 이러한 우리에게 매우 은혜로운 분이시다. 하나님은 우리 대신 예수님을 벌하셨다. 이러한 하나님의 은혜와 정의 때문에 우리는 용서 받았으며, 마땅히 받아야 할 형벌에서 벗어났다.

중독에 빠진 사람들은 그들이 마땅히 받을만한 자격이 있다고 생각하는 잘못된 관점을 지녔다.[60] 그들은 하나님의 은혜가 그들 삶의 모든 영역에 뻗어 있다는 생각을 하지 않는다. 이러한 사고방식은 중독행동을 촉진하는 심각한 분노를 일으킨다. 부모로서 당신은 자녀의 마음속에 다음과 같은 성경적 개념을 심어주어야 한다. "나는 지금 내가 가진 것보다 더 나쁜 것을 받아 마땅하다. 그래서 나는 하나님의 은혜와 자비에 감사한다." 우리는 하나님의 자비를 받을만한 자격을 갖추지 않았다. 우리는 하나님의 은혜를 받을만한 행동을 하지 않았다. 하나님의 은혜와 자비는 우리의 공로 없이, 우리의 노력 없이 우리에게 주어진 것이다. 하나님은 주 예수 그리스도의 희생을 통해서 우리에게 이러한 선물을 주신다.

죄에서 돌아서는 회개 또한 하나님이 주시는 선물이다. 로마서 2장 4절에 따르면 하나님의 인자하심과 오래 참으심이 우리를 회개로 인도한다. "혹 네가 하나님의 인자하심이 너를 인도하여 회개하게 하심을 알지 못하여 그의 인자하심과 용납하심과 길이 참으심이 풍성함을 멸시하느냐." 회개는 죄에서 돌아서서 하나님을 향하는 것이다. 회개는 하나님께 순종하는 살아계신 하나님의 방법이며, 우리에게 모든 신령한 복을 가득 채운다. 회개는 선하며 선한 열매를 맺는다. 자녀에게 회개를 촉구하라. 그리고 회개가 신령한 복이라는 사실을 가르쳐라.[61]

---

60) 이러한 사고방식은 권리의식, 소비자의식 그리고 소멸의식을 연결하며, 분노를 일으킨다.

소멸의식을 지닌 자녀들은 다음과 같이 말한다:

"왜 나쁜 일들이 모두 나에게 일어나지?"

"왜 하나님은 나에게 벌을 주실까?"

"왜 나는 더 많은 돈^{또는 재산}을 가질 수 없을까?"

"내 자동차는 좋아. 그런데 네 것은 더 좋아"^{불평}

"아, 슬프다!"

"왜 나는 중독자가 되어야만 할까?"^{이것은 책임을 다하지 않는 것이기 때문에}
^{희생자의식에도 해당한다. "중독자"라는 단어는 그 사람에게 책임을 지울 수 있는 "술고래" 또}
^{는 "우상숭배자"라는 말로 바뀌어야 한다}

"왜" 질문에 주목하라. "왜" 질문은 설사 그런 일이 있었다고 해도 하나님에게 아주 드물게 주어지는 질문이다. 왜냐하면 그러한 질문들은 하나님의 선하심과 사랑 그리고 주권에 의문을 제기하는 것이기 때문이다. 하나님께 "주먹을 휘두르지" 말고, "왜" 질문도 던지지 말라. 단지 인생의 시련을 통해서 하나님이 당신에게 가르치고 싶어 하시는 것이 무엇인지에 대해서만 질문하라. 야고보서 1장 2~3절은 진술한다. "내 형제들아 너희가 여러 가지 시험을 당하거든 온전히 기쁘게 여기라 이는 너희 믿음의 시련이 인내를 만들어 내는 줄 너희가 앎이라." 이 구절에서 당신은 환경이 아니라 하나님이 사랑의 성품에 기초한 기쁜 마음을 소유하는 것이 얼마나 중요한지 다시 알게 된다. 만일 당신이 하늘에 계신 은혜로우신 아버지에게 "왜" 질문을 하고 싶다면, "왜 당신은 예전에 내가 했던 죄 된 생각과 행동을 모두 아시면서 이렇게 많은 복을 주

---

61) 어떤 그리스도인은 몇 가지 이유로 회개를 나쁜 것으로 간주한다. 그러나 어떤 것도 진리를 파괴할 수는 없다. 회개는 죄에서 자유를 안겨준다.

십니까?"라고 물어보라.

자녀에게 무의식적으로 소멸의식을 조장하는 부모들은 다음과 같은 말을 한다.

> "나는 네가 다른 사람들보다 더 곤경에 빠져 있다는 것을 안단다."
> "학교는 동생보다 네게 더 힘든 곳이지." 다른 아이들과의 비교는 소멸의식을 일으킨다. 다른 아이들과 비교하지 말고, 항상 자녀의 과거와 비교하라.
> "만약 네가 할 일이 아무 것도 없고 지루하면 나를 보러 와라." 자기 동정으로 가득 차 있는 부모는 이것을 자녀들에게 나타낸다.
> "우리는 돈이 없어서 그것을 할 수 없어. 하나님이 더 좋은 것을 주셔야 해."
> "우리는 네 친구네 집처럼 복을 받지 못했어."
> "너는 네 동생보다 영리하지 못하구나."
> "너는 어리석어서 아무 것도 할 수 없을 거야."

어떤 중독자든지 간에 소멸의식의 초점은 자기에게 있다. 자기에게 초점을 맞추는 것은 한 사람의 세계를 더 작게 만들어버린다. 중독자와 우상숭배자가 즐거움을 주고 유일하게 관심을 갖는 대상은 바로 '나', '나 자신'이다. "혼자만의 세계"one person world는 외로운 곳이다. 부적절한 사람이 왕인 곳에서 자신을 허비하고 싶은 사람은 거의 없다! 관계는 항상 "주고 받는"다. 그러나 소멸의식을 지닌 자기중심적인 사람은 주지 않고 받기만 한다. 대부분의 사람들은 이런 사람에게 진절머리를 내며, 그 결과 그 사람 주위에는 소수의 사람만이 남게 된다.

결론

하나님은 자녀의 행복보다 거룩에 더 많은 관심이 있다. 자녀가 올바른 성경적 사고방식을 지니도록 가르치는데 초점을 두라. 그러면 자녀는 이 세상의 거짓말과 정형화된 사고에서 멀어질 것이다.롬12:2 자녀가 하나님의 요구를 받아들이고, 감사하는 마음으로 생각하는 것을 배울 때, 그는 "거룩"하게 된다. 거룩은 하나님이 우리와 다른 것처럼, "따로 떼어 놓여진" 상태를 의미한다. 이사야 55장 8~9절은 하나님의 거룩함과 우리의 죄 된 본성 때문에, 그분이 우리와 얼마나 다른 분이신가를 상기시켜 준다. "이는 내 생각이 너희의 생각과 다르며 내 길은 너희의 길과 다름이니라 여호와의 말씀이니라 이는 하늘이 땅보다 높음 같이 내 길은 너희의 길보다 높으며 내 생각은 너희의 생각보다 높음이니라."

우리의 목표는 부모인 우리가 먼저 예수님처럼 생각하고 행동하는 것이다. 그리고 이것을 자녀에게 가르치는 것이다. 마침내 자녀는 하나님을 더 신뢰할 것이며, 정서적으로 더 안정될 것이다. 그리고 거룩한 삶을 통해 주어지는 행복을 누릴 것이다. 거룩은 우리의 가장 우선적 목표이다. 거룩은 성령이 주시는 참된 기쁨의 열매를 맺게 한다. 자녀가 감사하지 않거나 소멸의식을 지니는 것을 허락하지 말라. 자녀가 모든 일에 하나님의 선하심을 바라보게 되어 감사하는 마음이 넘치게 하라.

핵심 아이디어와 실천전략

1. 가족 중에 누군가가 이 책에서 언급한 말을 하면 매번 저금통에 동전을 넣게 하라.

2. 소멸의식과 관련된 단어를 감사와 기쁨 그리고 하나님의 영광과 관련된 단어로 바꾸어라. 그리고 이러한 단어들을 3×5 카드에 기록하라.

3. 과거에 당신의 감정과 행동을 유발했던 좋은 생각과 나쁜 생각 10가지를 나열하라.

Chapter 21

✳

감사하라^{기뻐하라}

이제 데릭이 죽은 지 10년이 되었다. 그의 어머니는 자신보다 더 젊은 어머니들에게 자녀를 사랑하라고 가르친다. 그녀는 변함없는 깊은 사랑으로 자녀를 훈육하는 적극적인 성경적 부모가 되라고 말한다. 주님은 그녀에게 은혜를 베푸셨다. 지금은 신실한 남자와 결혼해서 두 자녀를 기르는데, 이 자녀들은 모두 주 예수님과 동행하며 친밀한 교제를 나눈다. 또한 그녀는 그리스도의 손에 쥐어진 의의 도구가 된 것에 감사한다.

에베소서 5장 18~20절에 따르면, 소멸의식은 즐거운 감사의 마음으로 대체할 수 있다. "술 취하지 말라 이는 방탕한 것이니 오직 성령으로 충만함을 받으라 시와 찬송과 신령한 노래들로 서로 화답하며 너희의 마음으로 주께 노래하며 찬송하며 범사에 우리 주 예수 그리스도의 이름으로 항상 아버지 하나님께 감사하며."^{밑줄은 저자의 강조} 이 구절이 "술 취하지 말라"는 명령의 맥락 속에 있다는 사실을 실감하는가? 하나님은 종종 술 취하고 싶은 사람의 마음에 감사가 없다는 사실을 안다. 만약 당신이 자녀에게 감사의 마음을 심어주지 않는다면, 그 아이는 언젠가 술에 취할지도 모른다.

그러므로 당신은 반드시 부모로서 자녀에게 감사의 모범이 되어야 한다. 자녀는 이것을 보고 배운다. 범사에 감사하다고 말하는 것은 당신이 하나님을 신뢰한다는 증거이다! 당신은 이것을 실감하지 못할 수도 있다. 그러나 자녀는 인생의 어려움 속에서 하나님께 감사하는 당신의 모습을 보고 당신이 주님을 신뢰한다는 사실을 알게 된다. 나는 제이 연츠 Jay Younts의 책 *Everyday Talk*에서 이와 관련된 좋은 예화를 읽은 기억이 있다. 아버지는 골프를 치러 갈 계획이었으나 밖에는 비가 오고 있었다. 그때 그리스도인이었던 아버지는 아내를 보면서 이렇게 소리쳤다. "제기랄 비가 오잖아!" 연츠에 따르면, 이때 자녀에게 주어진 메시지는 하나님의 계획이 아버지의 계획보다 못하다는 것이었다.잠3:5~8, 28:2662)

자녀들은 감사의 마음을 가지고 태어나지 않는다. 오히려 그 반대이다. 아기들은 자신이 지닌 분명한 한계 때문에, 먹고, 사랑받고, 젖지 않고, 따뜻하게 지내고 싶은 자신의 필요만을 생각한다. 아기들은 자신의 필요가 채워졌는지 그렇지 않은지를 전형적인 두 가지 방식으로 나타낸다. 그들은 울거나 웃는다. 이것이 바로 권리의식의 시작이다. 부모는 여기서부터 자녀들이 그들의 삶에 만족하도록 훈련해야 하며, 자신들이 받은 복을 인식하도록 해야 한다. 자녀들이 희생자의식과 소멸의식을 발전시키는 시점은 그들이 자신의 것과 다른 사람들이 기뻐하는 것을 충분히 비교할만한 나이가 되었을 때쯤이다. 우리는 이러한 심리상태와 관련된 몇 가지 생각을 숙고해왔다. 이제 부모로서 우리가 어떻게 자녀들에게 감사의 마음을 키워줄 수 있는지 살펴보자.

비현실적 기대를 경계하라. 어른들과 아이들은 놀라울 정도로 낙관적인 계획을 자주 세우지만, 그들은 기대했던 것만큼 일이 이루어지지 않았다는 사실을 발견하게 된다. 비현실적 기대는 많은 실망을 안겨준다. 또한 그러한 실망은 소멸의식이나 희생자의식을 낳는다. 중독에 빠진

---

62) Jay A. Younts, *Everyday Talk* (Wapwallopen, PA: Shepherd Press, 2005), 15-16.

사람들은 어린 시절의 기대를 어른이 되어서도 가진다. 예를 들어, 휴일은 흥분되고 걱정이 없는 기쁜 날이었다. 그러나 어른이 된 지금 우리는 그러한 감정을 느낄 수 없다. 왜 그런지 휴일은 사람들에게 슬픈 날이 되었고, 많은 사람은 그 슬픔을 우상숭배로 대체하려고 한다.

갈라디아서 5장 22~23절은 그리스도인의 삶에서 양산되는 성령의 열매에 대해서 말한다. "오직 성령의 열매는 사랑과 희락과 화평과 오래 참음과 자비와 양선과 충성과 온유와 절제니 이같은 것을 금지할 법이 없느니라." 하나님은 성령의 열매를 맺고자 그리스도인을 통해 성령으로 일하기를 원하신다. 당신이 자녀들에게 책임 있는, 그리스도의 뜻에 순종하는 사람이 되라고 가르칠 때, 그들은 성령의 열매를 맺을 것이다. 에베소서 5장 19절에 따르면, 기쁨은 다른 사람들을 향한 말에 표현되어 있으며, 그것은 그들에게 음악처럼 들린다. "시와 찬송과 신령한 노래들로 서로 화답하며." 다시 말해, 누군가 영적인 기쁨의 열매를 맺는다면, 그 사람의 말은 감사로 가득할 것이다.

실제로 19절은 감사의 마음이 하나님께 직접 이어질 것이라고 말한다. "너희의 마음으로 주께 노래하며 찬송하며." 예수님은 "이는 마음에 가득한 것을 입으로 말함이니라"는 말씀을 통해서 사람의 말이 무엇을 드러내는지 말씀하신다.ᄂ6:45 말은 마음의 태도와 생각을 드러낸다. 그러므로 그리스도 안에서 변화된본래는 변형된이 맞으나 흐름상 변화된이 좋겠습니다 술고래는 그리스도에 대한 감사의 마음을 노래하듯이 다른 사람들에게도 감사하는 태도로 말하게 된다.

부모들은 반드시 자녀들에게 감사를 가르쳐야 한다. 예를 들어, 장난감을 선물 받은 아이는 그것을 준 사람에게 "고맙습니다"라고 말해야 한다. 이것은 감사의 표현일 뿐만 아니라 좋은 예절이기도 하다. 비록 장난감이 마음에 들지 않더라도 "고맙습니다"라고 말하도록 가르쳐라.

자녀가 그것을 자기보다 덜 행복한 아이나 더 어린 동생, 또는 사촌이나 친구에게 선물로 줄 수 있기 때문에 이것은 거짓말이나 위선이 아니다. 그때 자녀는 자신이 다른 사람에게 줄 수 있는 무엇인가를 가졌다는 사실에 감사할 수 있다. 또한 그 사람이 자신을 생각한다는 사실 또는 다른 많은 이유 때문에 감사할 수 있다. 자녀가 모든 일에 감사하도록 훈육하라.

내가 아직 젊은 그리스도인이었을 때, 나는 항상 내 인생의 녹색 신호등에 대해서 감사했다. 하나님이 녹색 신호등을 유지해 주시는 한, 나는 "내가 당신을 찬양합니다. 주님", "감사합니다, 예수님!"이라고 열성적으로 말했다. 그러나 내 인생의 빨간불에 대해서는 항상 감사하지 못했다. 만약 내 인생에 빨간불이 들어왔다면, 나는 다른 곡조로 노래했다. "주님, 당신은 지금 어디에 계십니까?" "주님 왜인가요? 왜 접니까?" 나는 내게 좋은 모든 것은 주님께 온 것이며, 내게 나쁜 모든 것은 사탄에게 오거나 하나님이 나를 기뻐하시지 않기 때문이라고 생각했다. 나는 이제 그리스도를 믿는 성숙한 신자로서 내 인생의 녹색불과 빨간불 모두에 대해서 하나님을 찬양한다. 나는 빨간불에서 열정적으로 하나님을 찬양하지 않을 수 있다. 그러나 나는 이제 빨간불에서도 하나님의 선하심을 볼 수 있고, 나의 보잘 것 없는 전망을 신뢰하기보다 하나님의 계획을 신뢰하는 법을 배웠다.

자녀들에게 감사를 가르치는 것 위에 그들의 인생에서 빨간불을 경험할 때도 하나님을 신뢰하라고 가르쳐라. 당신이 먼저 당신의 실패에 대해 감사함으로써 자녀들에게 모범을 보이라. 자녀들은 부모가 하라는 말보다 부모가 보여주는 모습을 통해서 더 많이 배운다. 자녀들은 어려움에 대한 당신의 반응을 보고 배울 것이며, 그것을 자기 삶의 모델로 삼을 것이다. 인생의 빨간불이 들어왔을 때, 나쁜 일이 일어난 것처럼,

하나님이 계시지 않는 것처럼 행동하지 말라고 가르쳐라. 잠언 3장 5-8절을 따라서, 환경에 대한 자신의 생각을 하나님의 통치권보다 더 신뢰하지 않도록 가르쳐라. "너는 마음을 다하여 여호와를 신뢰하고 네 명철을 의지하지 말라 너는 범사에 그를 인정하라 그리하면 네 길을 지도하시리라 스스로 지혜롭게 여기지 말지어다 여호와를 경외하며 악을 떠날지어다 이것이 네 몸에 양약이 되어 네 골수를 윤택하게 하리라."

부모로서 당신은 자녀들에게 성경적 사고와 원리를 가르쳐야 한다. 자녀들은 부모에 의한 일방적 주입을 통해서 성경적 사고를 하지 않는다. 실제적인 참된 삶을 통한 가르침이 가장 효과가 있다. 안타깝게도, 내가 상담할 수 있었던 많은 대다수의 중독자는 감사하지 않는 마음을 지녔었다. 그 가운데 많은 사람은 가난에 시달리는 지역의 아이들보다 훨씬 많은 복을 받았다. 그러나 그들은 환경을 잘못 인식하고 있다. 많은 사람이 자신이 진짜 희생자라고 생각하는 것처럼, 많은 중독자는 그들이 지닌 많은 물질적 부와 영적 은사 그리고 능력에도 불구하고, 하나님이 그들에게 복을 주시지 않았다고 믿는다. 이것은 참으로 놀라운 거짓말이다.

자녀들과 부모들을 위해 소멸의식을 '기쁜 마음' 또는 '감사하는 마음'으로 대체해야 한다. 내가 강조하는 것은 기쁨이 감사를 통해서 에너지를 공급받는다는 사실이다. 에베소서 5장 20절에 따르면, "범사에 우리 주 예수 그리스도의 이름으로 항상 아버지 하나님께 감사"하는 것이 "중독"을 예방하는 열쇠이다. 자녀들이 반드시 배워야 하는 것은 범사에 감사하는 것이다.

미식축구 팀에서 쿼터백을 맡는 한 그리스도인이 라디오 인터뷰에서 이런 질문을 받았다. "왜 당신은 터치다운 패스를 할 때마다 무릎을 꿇고 주님을 찬양하지 않나요?" 리포터는 라이벌인 다른 선수의 행동을 언급했다. 이 질문에는 '두 사람 모두 그리스도인인데 왜 터치다운 패스를 한 후 세러머니가 다른가?' 라는 의미가 담겨 있었다. 그 선수가 대답했다. "나는 모든 터치다운 패스에 대해 무릎을 꿇고 주님께 감사하고 싶습니다. 그러나 성경은 나에게 '범사에 항상 하나님께 감사하라'고 말씀합니다. 그러면 내 공격이 가로막혔을 때도 하나님께 무릎을 꿇고 감사해야 하는데, 나를 가로막은 선수에게 태클을 시도하지 않는다면 감독님은 이것을 좋아하지 않을 것입니다. 나는 경기를 하고 싶어요!"

나는 이 사람이 중요한 지적을 했다고 생각한다. 우리는 인생의 터치다운이나 가로막힘 모두에 대해서 감사해야 한다! 성숙한 그리스도인은 인생의 가로막힘에 대해서도 하나님께 감사하는 것을 배운다. 그들은 회복의 하나님이 모든 것을 합력하여 그리스도인의 선을 이루실 것을 안다. 비록 부정적인 결과가 나타날지라도, 자녀들에게 인생에서 맞이하는 가로막힘, 실패 그리고 잘못된 선택에 대해서 하나님께 감사하라고 가르쳐라. 자녀들이 하나님의 영광과 그들의 유익을 위해 실패를 회복하시는 하나님을 보도록 하라. 우리가 아무리 많은 실패를 하더라도 그 속에는 우리를 영적으로 성장시키는 교훈이 항상 존재한다!

의도적으로 기뻐하기

"행복한"happy이라는 단어는 "우연"happenstance이라는 단어에서 유래했다. "상황"circumstance이라는 단어와 같이, "우연"이라는 단어는 삶의 상황이 긍정적일 때 행복하게 되고, 삶의 상황이 부정적일 때 슬퍼한다고 말한다. 그리스도인으로서 우리는 삶의 정황에 의존하는 롤러코스터식의 삶을 살지 않아야 한다. 이러한 방식으로 살아가는 사람들은 그들의 삶이 환경의 결과라고 생각하기 때문에 희생자의식을 갖게 된다. 고

마운 마음을 가지고 감사하며 사는 사람들은 그렇지 않은 사람들보다 더 행복하다. 그리스도인으로서 우리는 골로새서 3장 2절에 따라 이러한 삶을 의도적으로 더 살아야 한다. "위의 것을 생각하고 땅의 것을 생각하지 말라."

때때로 우리는 우리의 삶에 나쁜 일이 일어난다는 사실을 부인하지 말아야 한다. 또한 나쁜 일이 전혀 없는 것처럼 허세를 부려서도 안 된다. 로마서 12장 15절은 이렇게 진술한다. "즐거워하는 자들과 함께 즐거워하고 우는 자들과 함께 울라." 이 세상에 존재하는 상처와 나쁜 사건들을 인식하라. 그러나 그 안에 거하지는 말라. 마음으로 용서하고 "다른 뺨을 돌려 대라".^{마5:39; 눅6:29} 그때 당신 안에 있는 좋은 것들과 당신이 처한 곤경에서 당신을 구속하시는 하나님의 성품과 권능에 초점을 두라. 하나님은 우리를 위해 그리고 당신의 영광을 위해 우리의 잘못된 선택과 환경을 선으로 바꾸신다. 이것이 바로 하나님의 공로인 구속이다. 하나님이 창세기 37장과 47장에서 요셉의 형제들을 위해 하셨던 것처럼, 주님만이 우리를 죄에서 구원하실 수 있다. 우리의 하나님은 얼마나 놀라우시며 찬양받기에 합당하신가!

중독에 노예가 된 많은 사람은 육신을 따라 생활하기 때문에 소멸의 식을 지닌다. 이러한 심리상태를 대체할 것은 의도적 기쁨과 감사이다. 나는 대부분의 중독자들이 감정에 따라 살아간다는 사실을 발견했다. 그들은 순종보다 감정을 선택한다. 자녀들에게 경솔한 감정에 따라 결정하지 말고 변함없는 것에 기초해 결정을 내리라고 가르쳐라. 감정은 빠르게 변한다. 그러나 하나님의 말씀은 결코 변하지 않는다. 감정은 생각이 바뀌면 바뀐다. 자녀들에게 상황에 대한 생각을 바꾸라고 가르쳐라. 자녀들이 자신이 처한 상황에서 좋은 것을 보도록 도와주라. 그러면 긍정적인 감정이 따라올 것이다. 생각이 먼저고 감정이 뒤를 따른다.

인간은 하나님의 형상을 따라 만들어진 지성과 감정과 의지를 지닌 존재이다. 우리의 의지에 의해 선택된 행동은 감정을 이끈다. 감정은 선 또는 악을 행할 힘을 지녔다. 예를 들어, 우리가 올바른 선택을 하면 기쁨의 감정이 생긴다. 그러나 하나님께 불순종하는 잘못된 선택을 하면 우울하고 슬프고 화나고 두려운 감정들이 일어난다. 우리의 잘못된 선택에서 비롯된 감정들은 우리를 고백과 그리스도에 대한 회개로 인도한다. 그러나 많은 사람은 이것을 성경적으로 다루기보다 감정 상태를 바꾸거나 약으로 치료하려고 한다.

결론

만족을 배우는 방법은 빌립보서 4장 9절에 기록되어 있다. "너희는 내게 배우고 받고 듣고 본 바를 행하라 그리하면 평강의 하나님이 너희와 함께 계시리라." 자녀들은 당신의 의사와 상관없이 당신의 모습을 본받게 된다. 바울이 말하는 것은 무엇인가? 9절 앞에 있는 말씀에서 바울은 빌립보에 있는 교회에게 주님 안에서 기뻐하고, 염려하지 말고 기도하며, 필요한 것을 하나님께 아뢰고, 하나님을 신뢰하며, 참되고 순결하고 칭찬받을만한 생각에 집중하라고 그리고 만족을 배웠던 바울을 지금 본받으라고 말한다. 당신은 자녀들이 어렸을 때부터, 그들의 생각에 이러한 성경적 가치가 자리 잡도록 해야 한다.

자녀들에게 성경적으로 생각하는 방법을 가르치면, 그들은 성령의 권능에 의해서 즐거운 생각과 감정 그리고 행동을 하게 된다. 빌립보서 4장 8절은 당신의 생각을 옳은 일에 맞추라고 말한다. 하나님은 우리의 감정이 우리의 생각을 따라 온다는 사실을 아신다. 만약 우리의 생각이 악에 초점을 맞춘다면, 악이 승리할 것이다. 예수님은 사탄을 이미 패배한 적으로 만들었다. 비록 우리가 죄로 말미암아 타락한 세상에서 살아

갈지라도, 우리는 반드시 승리자이신 주 예수 그리스도에게 초점을 맞추어야 한다. 자녀들에게 감사하는 마음을 심어주어 그리스도와의 관계에 초점을 맞추게 하라. 감사하는 마음은 기쁜 마음이 나타난 것이다. 이것은 모든 중독을 극복하는 열쇠이며, 중독을 피하는 방법이기도 하다.

• • •

핵심 아이디어와 실천전략

1. 주님께서 당신에게 주신 것을 나열하고 감사하라. 자녀들도 그러한 목록을 만들도록 도와주라.

2. 로마서 8장 28절을 근거로, 한 주 동안 자녀들이 자신의 삶에 있는 모든 좋은 것과 나쁜 것에 대해서 감사하도록 도우라.

3. 무엇에든지 참되며, 무엇에든지 경건하며, 무엇에든지 옳으며, 무엇에든지 정결하며, 무엇에든지 사랑받을만하며, 무엇에든지 칭찬받을만한 것을 떠올리면서 자녀들과 함께 빌립보서 4장 8절에 대해서 대화를 나누라.

Chapter 22

✼

반항의식

성인이 되어 가정을 이룬 에드너는 자녀들과 함께 시간을 보내는 것이 얼마나 중요한지 안다. 에드너는 부모님이 자기를 사랑한다는 사실을 알았지만, 부모님과 가깝다고 느끼지는 못했다. 에드너는 부모님을 무서워했다. 그러나 이러한 사실이 그녀의 잘못된 행동을 막지는 못했다. 에드너는 잠깐 동안 마리화나를 피웠지만, 막대한 대가를 지불했다. 그녀는 음식 "중독"과 싸웠다. 그녀는 목사 부부에게 도움을 청하기 전까지 몇 년 동안 과식과 싸웠으며 때로는 거식증에 시달렸다.

하나님은 우리가 그리스도와 같이 복종의 마음을 지니기를 원하신다. 그러나 우리의 육체에 자리 잡은 "반항의식"은 복종의 마음에 대항하여 싸운다. 이것은 중독적 사고의 다섯 번째이자 마지막 심리상태이다. 주님과 인간의 권위에 반항하는 사람들은 독립적으로 행동하며 모든 것을 스스로 해결하려고 한다. 그러나 스스로 모든 것을 해결할 수 있는 존재는 하나님뿐이다. 그 외의 모든 존재는 도움을 받으려고 하나님과 다른 사람들에게 의존한다. 인간은 빈약하고, 의존적이고, 불충분하고, 유약하게 태어난 타락한 피조물이다. 세상은 이러한 인간의 모습을 모욕적이라고 생각하지만, 이러한 사실을 받아들이지 않으면 안 된다. 그리스도에게 헌신한 사람들은 자신이 주님을 필요로 하며, 그분과 다른 사람들에게 의존한다는 사실을 이해한다. 우리는 반드시 성령을 의지하는 가운데 그리스도 안에서 만족을 찾아야 한다. 모든 것을 스스로 해결하는 것은 기독교의 목표가 아니다.

신경근육병neuromuscular disease을 지닌 사람의 머리뇌와 신경 체계는 더 이상 손이나 몸의 다른 부분을 통제하지 못한다. 그리스도의 몸도 때로는 이와 비슷한 증상을 보이지만, 그렇게 되어서는 안 된다! "나는 포도나무요 너희는 가지라 그가 내 안에, 내가 그 안에 거하면 사람이 열매를 많이 맺나니 나를 떠나서는 너희가 아무 것도 할 수 없음이라." 그리스도의 몸은 "팔다리"를 머리에 복종하게 해야 하며, 독립적으로 움직이게 두면 안 된다. 그리스도의 참된 제자는 그분과 그분이 세우신 인간의 권위에 복종하며, 그것이 주는 보호와 사랑을 소중히 여긴다.

나는 다양한 중독자들을 상담하면서, 그들 가운데 많은 사람이 반항의 영을 지녔다는 사실을 발견했다. 그들은 어떤 권위에도 복종하려고 하지 않았으며, 스스로 자신의 삶을 완벽히 통제하려고 했다. 나는 이러한 태도가 부모, 형제 그리고 친구들과의 관계 속에서 자기마음대로 하고 싶어 하는 어린 시절에 나타나기 시작한다고 본다. 이러한 자녀들은 "나 이거 할거야!", "이거 나한테 줘!"와 같은 말을 사용한다. 만약 부모가 요구를 거부하면, 그들은 화를 참지 못하고 폭발한다. 부모는 자녀들의 이러한 요구와 분노에 대해 성경적으로 반응해야 한다. 만약 그렇지 않으면, 그들은 가족 안에서 싸움과 다툼을 일으키는 통제를 벗어난 십대로 성장할 것이다. 야고보서 4장 1절은 말한다. "너희 중에 싸움이 어디로부터 다툼이 어디로부터 나느냐 너희 지체 중에서 싸우는 정욕으로부터 나는 것이 아니냐."

자녀들이 지닌 전형적인 마음의 욕구는 스스로 자신의 보스가 되는 것이다. 그들은 마치 자신이 하나님인 것처럼, 그리고 하나님이 존재하지 않는 것처럼 자주 감정을 표출한다. 그들은 주님에 대한 두려움이 없다. 잠언 1장 7절은 "여호와를 경외하는 것이 지식의 근본이거늘 미련한 자는 지혜와 훈계를 멸시"한다는 사실을 생각나게 한다. 성경에서 "미련한 자"는 누구인가? 미련한 자에겐 반항의식이 있다. 성경에는 미련한 자와 관련된 잠언이 많은데, 이와 밀접한 주제는 반항이다. 미련한 자들은 벙어리가 아니다. 실제로 미련한 자들 가운데는 지적인 감각이 뛰어난 사람이 많다. 당신은 미련한 자라고 하면, 어리석고 무식한 사람을 떠올릴지도 모른다. 그러나 그것은 성경의 미련한 자가 아니다. 성경에서 말하는 미련한 자는 하나님이 없는 것처럼, 자신이 하나님인 것처럼 사는 누군가이다. 미련한 자는 하나님과 무관하게 행동하며, 인간의 권위에 복종하지 않는다.

미련한 자는 무능력하기 때문이 아니라 고용주의 원칙을 지키지 않기 때문에 해고된다. 미련한 자는 자신을 돌보는 목회자와 하나님의 말씀을 따르지 않기 때문에 교회를 엉망으로 만든다. 자기중심적이고 이기적인 미련한 자는 결국 혼자가 되거나 소수의 친구들만 주위에 남는다.

이미 언급한 다른 심리상태를 생각해 보라. 먼저, 당신에게는 자신의 삶에서 자신이 원하는 모든 것을 가질 권리가 있다고 생각하는 자녀가 있다. 그는 "이것은 내 권리야"라고 잘못 생각한다. 그때 자녀는 자신의 이기적인 즐거움을 위해서 자신이 가진 모든 것을 소비한다. 자녀는 자신이 원하는 것을 얻지 못하면 좌절한다. 그리고 하나님을 포함한 다른 사람들을 비난하거나 그것이 전적으로 자신의 잘못이라고 믿는다. 이러한 두 가지 극단적 사고는 자신에게 집중되며, 자신을 무기력한 희생자로 믿게 한다. 자녀는 무력감을 느끼고, 화가 나고, 상처를 받으며, 고통스러워하거나 두려워한다. 그때 그 자녀는 "어차피 안 될 일은 안 될거야, 나에게는 더 그래"라고 말하면서 자신의 인생에 대한 소멸의식을 갖는다. 결국 자녀는 자기 자신에게만 초점을 맞추고 자기연민의 늪에 빠지게 된다.

이런 상황에서 자녀는 누구를 가장 신뢰할까? 정답은 자기 자신이다. 심지어 모든 것이 자신의 잘못이라고 생각할지라도, 자녀는 자신이 그러한 상황에 있는 것이 잘못이며 그러한 상황에서 벗어나게 할 사람은 자기 자신뿐이라는 잘못된 결론에 도달한다. 자녀는 하나님이 아니라 자기 자신을 신뢰한다. 만약 자녀가 자신의 문제가 다른 사람의 잘못이라고 생각한다면, 그는 더 많이 화를 내며 고통스러워할 것이다. 그리고 누구도 신뢰할 수 없기 때문에 다른 사람에게 절대로 도움을 청하지 않을 것이다. 이러한 자녀는 아직 완전히 깨지지 않았다. 그래서 자기 자신을 의지하고 다른 사람 누구에게도 기대지 않는다. 이러한 자녀는 공식적으로 반항아이며, 성경적으로 미련한 자이다.

반항

자녀들이 그들 안에 있는 반항의식과 싸우려면 훈육이 절실하다. 훈육은 배우는데 필요한 반복을 견디게 한다. 부모가 "버릇없이 키운" 자녀들은 마침내 중독에까지 이른다. 자녀들이 원하는 것을 모두 들어주어 그들을 망치는 일이 없도록 하라. 고통과 결핍은 좋은 교육수단이다. 물론 당신은 자녀들에게 너무 강압적일 수 있다. 그러나 대부분의 부모는 그 반대이다.

자녀들에게 너무 많은 권리와 선택권을 주는 부모는 자녀들의 반항의식을 키운다. 이러한 부모들은 다음과 같은 설명이나 질문을 한다.

"파란 옷을 입고 싶니, 노란 옷을 입고 싶니?"

"어디서 식사하면 좋을까?" 이런 질문 자체는 좋다. 그러나 가족들이 식사할 장소를 네 살짜리 입맛대로 결정해서는 안 된다. 부모, 특히 아버지가 권위에 대해서 자녀들에게 가르치자.

"당근을 다 먹으면, 아이스크림을 먹어도 돼" 자녀는 이렇게 말할 때 종종 부모의 말을 듣는다. 그러나 이런 식으로 자녀와 거래하는 것은 속임수이다.

"네가 하고 싶은 것은 뭐든지 해"

"네가 원할 때 너는 무엇이든지 할 수 있어" 꼭 이런 식으로 말하지 않더라도, 이러한 메시지가 자녀에게 종종 전달된다.

"네가 선생님에게 꼭 순종할 필요는 없어"

"네가 이 규칙을 꼭 따를 필요는 없어"

"이거 사자. 그런데 아빠한테 말하면 안 돼"

"너 이거 하게 해줬다고 엄마한테 말하면 안 돼"

"텔레비전 보도록 해줄게. 그러나 부모님에게는 말하지 마"[주로 조부모들이 이렇게 이야기함]

어떤 부모는 자녀를 하나님을 사랑하고 하나님께 영광을 돌리는 자녀로 양육해야 하는 자신의 의무를 게을리 하여 자녀들의 반항의식을 키우기도 한다. 비록 부모가 실수로 잘못 생각하더라도, 자녀를 영적으로 성장하도록 해야 하는 일차적 의무는 교회에 있지 않다. 교회의 의무는 부모가 자녀들을 영적으로 훈련시키도록 준비시키는 일이다. 자녀들의 영적, 신체적 발달에 대한 일차적 책임은 부모에게 있다.

잠언 22장 6절에는 자녀들을 방임하는 부모와 관련된 슬픈 기록이 있다. "마땅히 행할 길을 아이에게 가르치라 그리하면 늙어도 그것을 떠나지 아니하리라." 부모로서 당신의 의무는 자녀에게 마땅히 행할 길을 가르치는 것이다. 만약 당신이 이 의무를 게을리 한다면, 자녀는 자기 자신을 높이고 자기 자신의 권위자가 되는 법을 배울 것이다. 부모는 자녀에게 어떤 사건에 대해 성경과 일치하는 해석을 해주어야 한다. 부모가 이렇게 하지 않을 때, 자녀는 자신의 해석을 만들어 스스로 권위자가 된다. 만약 자녀가 이 상태로 계속 성장하면, 그는 더 이상 자신의 권위를 포기하지 않을 것이다. 방임된 자녀들은 어른과 같은 권위에 순종하기 어렵다. 이 가운데 많은 자녀는 반항의식을 키우며 종종 중독에 빠진다.

종의 마음

예수님은 하나님이시며, 왕이 될 권한을 지니셨다. 그러나 그분은 우리를 섬기려고 오셨다. 마태복음 20장 25~28절에 따르면, 그분은 섬김을 받으러 오시지 않았다. 그분은 자기 목숨을 많은 사람의 구원을 위한 대속물로 내어 주셨다. "예수께서 제자들을 불러다가 이르시되 이방인의 집권자들이 그들을 임의로 주관하고 그 고관들이 그들에게 권세를 부리는 줄을 너희가 알거니와 너희 중에는 그렇지 않아야 하나니 너희 중에 누구든지 크고자 하는 자는 너희를 섬기는 자가 되고 너희 중에 누구든지 으뜸이 되고자 하는 자는 너희의 종이 되어야 하리라 인자가 온 것은 섬김을 받으려 함이 아니라 도리어 섬기려 하고 자기 목숨을 많은 사람의 대속물로 주려 함이니라." 반대로, 반항하는 사람들은 자신에게 유익이 되지 않으면 그 누구도 섬기지 않는다. 대체로 그들은 무조건적 사랑을 하지 않으며, 종의 마음을 지니지 않는다. 종의 마음은 위의 구절에 있는 그리스도의 마음이다.

교만은 반항하는 사람들의 마음을 살찌우게 한다. 또한 종의 마음이 되는 것을 방해한다. 한 가정이 자녀를 중심으로 움직일 때, 그 자녀는 반항하는 사람의 특성을 발전시킨다. 그러한 특성은 주로 자녀가 자기 마음대로 할 수 없을 때 나타난다. 당신은 자녀가 나이에 상관없이, 심지어 성인이 되어서도 성질을 부리는 것을 볼 것이다. 이때 자녀들은 자기마음대로 하려고 성질부리며, "죄책감을 유발"하고, 교묘한 계략을 사용한다.

자녀들이 반항의식을 버리고 종의 마음을 지니도록, 당신의 가정이 자녀들 또는 축구와 야구 같은 자녀들의 활동을 중심으로 돌아가지 않도록 하라. 또한 당신의 가정에서 부모의 의사결정에 자녀들을 포함시키지 말고, 당신이 배우자와 함께 이야기하는 동안 방에서 나가 있으라고 말하라. 만약 당신이 결혼하지 않았다면, 이런 문제를 신뢰할 수 있는 신앙인 친구나 목사님과 이야기하고, 어린 아이가 어른의 의사결정에 참여하지 않게 하라. 만약 자녀를 배우자의 위치에 올려놓으면 그 아이는 화가 나거나 짜증을 낼 수도 있다. 자녀는 배우자가 아니다. 그럼에도 이혼한 부모들 가운데는 자신의 삶을 나누려고 자녀의 의견을 묻고, 의사결정을 하려고 자녀들을 찾는 이들이 있다. 그러나 이것은 자녀들이 원하는 역할이 아니다. 이러한 부모의 행동은 자녀들에게 혼란과 분노를 일으킬 뿐이다. 특히 자녀를 "배우자의 위치"에서 "자녀의 위치"로 끌어내렸을 때 그럴 수 있다. 이것은 직장에서 좌천된 것과 같다![63]

가정에서 종의 마음을 키우는 방법은 다른 형제를 섬길 기회를 주는 것이다. 예를 들어, 식사할 때 숟가락이 없는 자녀가 있으면 누가 그것을 가져다 줄 수 있는지 물어보라. 이것은 자녀에게 다른 형제를 섬길 기회를 주는 것이다. 그리고 이러한 사실은 몇 가지 가치 있는 교훈을

---

63) 이것은 종종 재혼과 이로 말미암아 형성된 혼합가족이 일차적으로 겪는 심각한 문제이다. 부모는 새로운 배우자가 생기고, 그 사람에게 친밀감을 얻는다. 이로 말미암아 자녀는 가족에서 위치가 강등되어 부모와의 친밀감을 잃으며 화가 난다.

준다. 먼저, 이것은 다른 형제를 소중히 여기게 한다. 두 번째, 희생적이다. 이것은 예수 그리스도가 인생을 살았던 방식이다. 세 번째, 이것은 섬김을 받는 일이 아니라 다른 사람을 섬기는 일이다. 숟가락이 없는 자녀 때문에, 자녀들은 자신이 혼자가 아니며, 혼자만 서 있을 수 없고, 자기만으로 충분하지 않다는 사실을 배운다. 때때로 우리는 다른 사람의 도움을 필요로 한다. 우리는 자녀들이 스스로 자기 자신을 돌보는 방법을 배우기를 원하지만, 다른 사람들을 의지하고 섬김을 받는 방법도 배우기를 원한다. 또한 우리는 아무리 적더라도, 다른 사람들을 생각하고 섬기는 것이 얼마나 쉬운지 가르칠 수 있는 기회를 활용한다.

자녀들은 하나님이 그들 위에 두신 권위에, 비록 그것이 너무 강하고 공정하지 않아 보일지라도, 복종하는 것을 배워야 한다.

베드로전서 2장 18~19절은 그리스도를 따르는 사람들에게 그렇게 하라고 명령하시며, 그렇게 해야 하는 이유를 알려 준다. "사환들아 범사에 두려워함으로 주인들에게 순종하되 선하고 관용하는 자들에게만 아니라 또한 까다로운 자들에게도 그리하라 부당하게 고난을 받아도 하나님을 생각함으로 슬픔을 참으면 이는 아름다우나." 하나님은 우리에게 죄에 순종하라고 말씀하시지 않는다. 그러나 우리가 공정하지 못한 권위를 존중할 때 하나님이 존경을 받는다. 왜냐하면, 하나님이 그들을 그곳에 두셨기 때문이다. 공정하지 않은 고용주들, 부모들, 그리고 다른 권위들에게 순종하는 사녀들은 주님을 기쁘시게 할 것이며, 순종하는 영이 주는 열매를 수확할 것이다. 베드로전서 2장 13~15절은 그리스도인에게 명령한다. "인간의 모든 제도를 주를 위하여 순종하되 혹은 위에 있는 왕이나 혹은 그가 악행하는 자를 징벌하고 선행하는 자를 포상하기 위하여 보낸 총독에게 하라 곧 선행으로 어리석은 사람들의 무식한 말을 막으시는 것이라." 당신이 권위 있는 사람들에게 순종하는 것은, 그들이 어리석고 잘못된 행동을 할지라도, 분명히 하나님의 뜻이다. 다시 말해서, 준비된 권위 구조를 존중함으로 공정하지 못한 통치자들에게 복종할 수 있으며, 주님께서 권능으로 그들을 침묵하게 하시도록 할 수 있다.

자녀가 운동, 밴드, 학교 동아리, 친구 그리고 다른 사회적 영역에서 공정하지 못한 대우를 받는 것을 보는 것은 고통스러운 일이다. 그러나 불공정한 대우 때문에 그것을 그만두라고 하기보다 시련 속에서 주님의 관점을 가지고 옳은 일을 하라고 가르쳐라. 이것을 통해서 자녀들은 하나님이 자신과 자신의 권위 구조를 존중하는 사람들을 존중하신다는 사실을 알게 된다. 자녀가 그만두는 것을 허락하는 것은 그 문제를 일시적으로 해결할 수 있을 것이다. 그렇지만, 더 커다란 교훈은 하나님의 영광과 자녀의 유익을 위해 그 위태로움에 처할 때 주어진다.

결론

중독예방양육은 쉽지 않다. 자녀에게 흠이 있는 권위에 순종하라고 가르치는 것은 자녀뿐만 아니라 부모인 당신에게도 도전이 된다.[64] 그러나 이것은 하나님을 기쁘시게 하고 그분께 영광을 돌리는 일이기 때문에 가치가 있다. 자녀는 이것을 통해서 반항아가 아니라 종이 되는 것을 배운다. 이렇게 하여 하나님은 당신의 순종과 하나님을 기쁘시게 하려는 당신의 마음가짐에 보상하신다. 자녀나 다른 어떤 사람이 아니라 오직 하나님을 기쁘시게 하는 것을 일차적 목표로 삼으라. 당신과 자녀가 하나님을 기쁘시게 하려고 할 때, 반항의식은 힘 있게 거부될 것이며, 주님에 대한 순종의 정신으로 바뀔 것이다.

---

64) 나는 죄로 가득한 부패한 권위에 대해서 말하거나 평화주의자가 되라고 말하는 것이 아니다. 부모로서 자녀에게 옳은 일을 하라고 가르쳐라. 만약 죄나 학대가 없다면, 하나님이 자녀 위에 두신 권위에 주님께 하듯 순종하라고 가르쳐라. 이것은 일종의 예배이다.

• • •

핵심 아이디어와 실천전략

1. 가정예배를 드리는 동안 당신의 삶에서 하나님의 정당한 위치를 올바르게 생각하는 것이 얼마나 중요한지 자녀와 함께 이야기하라. 이를 위해 시편 14편 1절과 잠언 1장 7절을 읽고 기록하라.

2. 잠언에만 나오는 "미련한 자"라는 단어를 연구하고, 이것을 자녀와 함께 매일 하나씩 나누라. 이것을 통해 자녀가 자기 자신을 성찰하고, 하나님께 용서를 구하도록 적절한 때에 자신의 실패를 고백하게 하라.

3. 당신보다 권위 있는 거친 상사 또는 그러한 누군가가 있을 때, 당신이 일상에서 경험한 사건들을 찾아서 기록하라. 그리고 이러한 경험이 당신의 삶을 어떻게 최선으로 만들었는지 자녀에게 말하라.

Chapter 23

✽

복종하라

에드너의 자녀들은 기독교 신앙 안에서 건강하게 성장했다. 그들은 하나님의 말씀에 대한 부모의 엄격한 가르침과 성경적 원리에 따라 살아가는 부모의 모습을 통해서 성경적으로 생각하는 법을 배웠다. 에드너의 자녀들은 부모에게 모든 것을 자유롭게 말할 수 있다고 느꼈다. 이런 면에서 에드너 부부와 자녀들의 관계는 독특하다. 심지어 자녀들은 잘못된 행동에 대해 책임을 져야 함에도 그것을 부모에게 말했다. 부모는 여전히 그들을 받아주며 사랑했다. 그리스도에 대한 에드너 부부의 믿음은 그들의 믿음을 자녀들에게 전해 줄만큼 실제적이고 관계적이며 왕성했다.

오늘날 많은 사람에게 "복종"이라는 단어는 낯선 개념이다. 하나님은 우리의 궁극적 권위이다. 그러므로 우리는 우리의 뜻을 하나님의 뜻에 복종시켜야 한다. 하나님은 우리 위에 권위를 두셨다. 그러므로 우리는 그 권위에 복종해야 한다. 부모는 회초리와 꾸지람으로 자녀들에게 하나님의 규범을 가르친다. 권위는 바로 이러한 부모와 함께 가정에서 시작한다. 직장에서 상사는 부하직원의 권위이다. 상사는 부하직원을 징계하고 해고할 권한을 지녔다. 그러므로 권위는 일터에서도 계속된다. 또한 하나님은 인간 위에 정부를 권위로 주셨다. 정부는 하나님의 법을 집행할 수 있는 검의 힘을 소유했다. 교회는 하나님이 신자들 위에 두신 권위이다. 교회는 죄를 짓는 신자들이 회개하고 그리스도와 올바른 관계를 갖도록 징계를 수행할 권한을 지닌다.

당신이 어디를 보든 그곳에는 권위가 있다. 첫 번째 계명은 하나님께 복종하라고 명령한다. "너는 나 외에는 다른 신들을 네게 두지 말라."출 20:3 다섯 번째 계명은 가정에서 시작되는 인간차원의 권위를 강조한다. "네 부모를 공경하라 그리하면 네 하나님 여호와가 네게 준 땅에서 네 생명이 길리라."출20:12 복종은 사회를 개혁하고 인간을 개선하는데 필수적 개념이다. 복종에 실패한 사람들은 결국 상처를 받아 병원에 있든지, 교도소에 수감되든지, 죽어서 무덤에 묻혀 있다. 복종은 자녀에게 반드시 가르쳐야 하는 개념이다. 그렇지 않으면 당신의 두통이 더욱 심해질 것이다. 반항의식은 하나님과 인간의 권위에 복종하는 것을 배웠던 자녀들에게는 거의 나타나지 않는다.

복종은 그리스도의 마음이다

복종은 단순한 개념이다. 그러나 이것은 복종이 실천하기 쉽다는 것을 의미하지 않는다. 왜 그럴까? 그 이유는 우리의 육신이 우리 안에 거하시는 성령과 대항하여 싸우기 때문이다. 로마서 7장 21~25절은 내면의 전쟁에 대해서 설명한다. "그러므로 내가 한 법을 깨달았노니 곧 선을 행하기 원하는 나에게 악이 함께 있는 것이로다 내 속사람으로는 하나님의 법을 즐거워하되 내 지체 속에서 한 다른 법이 내 마음의 법과 싸워 내 지체 속에 있는 죄의 법으로 나를 사로잡는 것을 보는도다 오호라 나는 곤고한 사람이로다 이 사망의 몸에서 누가 나를 건져내랴 우리 주 예수 그리스도로 말미암아 하나님께 감사하리로다 그런즉 내 자신이 마음으로는 하나님의 법을 육신으로는 죄의 법을 섬기노라." 이러한 내면의 전쟁은 당신의 뜻을 복종시키는 것과 관련 있다.

육신적으로 사람은 자신을 신뢰하고, 독립적이며, 강한 사람이 되고 싶어 한다. "나는 내가 하고 싶은 것은 무엇이든지 내가 하고 싶을 때 언제든지 하고 싶다." 육신적으로 사람은 자신이 원하는 것을 위해 일하고 싶어 한다. "기분이 좋으면 그때 하라"는 말은 육신을 부추기는 세속적 거짓말이다. 만약 이러한 경향이 심해진다면, 이러한 생각은 오늘날 우리가 직면한 것보다 더 크고 심각한 문제로 우리 사회를 이끌어 갈 것이다. 사람들은 이미 성폭력, 강도, 살인과 같은 죄를 저지르면서 자신이 즐거워하는 일을 한다. 그들은 자신의 삶을 자기중심적으로 만들었으며, 죄악으로 가득 차게 했다. 만약 사람들이 자기가 하고 싶은 대로 하면 다른 사람들을 다치게 할 수도 있다.

내가 하고 싶은 것을 하는 대신 하나님이 명령하시는 것을 하라는 성경적 원리는 하나님, 배우자, 자녀들, 친구들, 교회 회원들 그리고 직장 동료들과 건강한 관계를 맺는데 필수적이다. 우리는 육신에게는 "아니요"라고 말하고, 성령에게는 "예"라고 말하는 것을 분명히 배워야 한다. 성령 충만한 삶은 바로 이러한 이유 때문에 두 배나 많은 노력을 해야 한다. 예수님은 이러한 사실을 마태복음 26장 39~46절에서 예를 들어 잘 설명한다.

조금 나아가사 얼굴을 땅에 대시고 엎드려 기도하여 이르시되 내 아버지여 만일 할 만하시거든 이 잔을 내게서 지나가게 하옵소서 그러나 나의 원대로 마시옵고 아버지의 원대로 하옵소서 하시고 제자들에게 오사 그 자는 것을 보시고 베드로에게 말씀하시되 너희가 나와 함께 한 시간도 이렇게 깨어 있을 수 없더냐 시험에 들지 않게 깨어 기도하라 마음에는 원이로되 육신이 약하도다 하시고 다시 두 번째 나아가 기도하여 이르시되 내 아버지여 만일 내가 마시지 않고는 이 잔이 내게서 지나갈 수 없거든 아버지의 원대로 되기를 원하나이다 하시고 다시 오사 보신즉 그들이 자니 이는 그들의 눈이 피곤함일러라 또 그들을 두시고 나아가 세 번째 같은 말씀으로 기도하신 후 이에 제자들에게 오사 이르시되 이제는 자고 쉬라 보라 때가 가까이 왔으니 인자가 죄인의 손에 팔리느니라 일어나라 함께 가자 보라 나를 파는 자가 가까이 왔느니라

예수님은 십자가 위에서 하나님께 버림받는 무거운 짐을 지고 싶지 않다고 세 번 기도하셨다. 인간으로서 예수님은 인간의 뜻이 있었다. 그럼에도, 예수님은 매번 아버지의 뜻에 복종하셨다. 39절에서 예수님은 "나의 원대로 마시옵고 아버지의 원대로 하옵소서"라고 말씀하셨는데, 이러한 사실은 분명히 실재하는 역사적 사건 속에서 예수님이 직접 복종의 교훈을 보여주셨다는 것을 의미한다. 예수님은 43절에서 다시 "아버지의 원대로 되기를 원하나이다"라고 말씀하셨다.

히브리서 5장 7~10절은 바로 이 사건을 우리와 관련시킨다. "그는 육체에 계실 때에 자기를 죽음에서 능히 구원하실 이에게 심한 통곡과 눈물로 간구와 소원을 올렸고 그의 경건하심으로 말미암아 들으심을 얻었느니라 그가 아들이시면서도 받으신 고난으로 순종함을 배워서 온전하게 되셨은즉 자기에게 순종하는 모든 자에게 영원한 구원의 근원이 되시고 하나님께 멜기세덱의 반차를 따른 대제사장이라 칭하심을 받으셨느니라." 8절은 예수님이 "받으신 고난으로 순종함을 배워서"라고 말한다. 만약 완전하신 예수님이 아버지를 신뢰했고 고난을 통해서 순종을 배웠다면, 우리는 얼마나 더 많이 아버지를 신뢰해야 하고 고난을 통해서 순종을 배워야 할까?

십대인 데이브는 복종을 배운 적이 전혀 없다. 그 결과 그는 아주 심각한 상황을 경험했다. 데이브는 부모의 말씀과 선생님의 충고 그리고

목사님의 조언을 무시했다. 그는 어느 누구에게도 복종하지 않았다. 이런 데이브는 경험에 의해 "고생을 해가며" 인생의 중요한 교훈을 배워야 한다. 예를 들어, 아버지는 데이브에게 위험한 산길에서 오토바이를 타지 말라고 했다. 그러나 데이브는 그렇게 하지 않았다. 오토바이는 언덕 아래로 떨어져 완전히 망가졌고, 데이브는 다행히 제때 뛰어내리기는 했으나 다리를 심하게 다쳤다.

데이브는 이 사건에서 자신을 지켜줄 복종의 아름다움을 전혀 배우지 못했다. 그는 학교에서 술과 마약을 하는 아이들을 알게 되었다. 그러나 고린도전서 15장 33절과 같이 그러한 친구들을 피하라는 목사님의 성경적 조언과 선생님의 충고를 무시했다. 덕분에 그는 자신의 선택에 대한 비참한 결과를 경험했다. 결국 데이브는 주님을 떠나 마약을 하며 절망 속에서 살아가는 인생이 되었다.

복종이 "의도적으로 권위 아래 자신을 놓는 것"이라는 사실을 자녀에게 가르쳐라. 복종submission은 "다른 사람의 뜻에 자신을 굴복시키는 것"을 의미한다.[65] 또한 복종은 "항복하다"surrender라는 의미를 포함한다. 하나님이 이것을 그리스도를 따르는 모든 사람에게 요구하시지 않는가? 비록 아내가 항상 그렇게 하지는 않았지만, 지금은 이 말을 "돕는 배필"창2:18에 포함시켜 단순하게 생각한다. 아내는 "sub"가 "under"를 의미하며, "mission"이 목표purpose를 의미한다고 생각한다. 이것을 통해서 아내는 복종이 실제로 무엇을 의미하는지 상기한다. 아내는 돕는 배필이 되어야 하는 자신의 임무를 가치 있게 여긴다. 그리고 자신의 근본적 목표 가운데 하나가 나를 돕는 것이라고 생각한다. 아내의 이런 복종의 마음이 없었다면, 나는 글을 쓰고, 가르치고, 설교하고, 강연하고,

---

65) *Merriam-Webster's Collegiate Dictionary*, 10th ed. (Springfield, MA: Merriam-Webster Inc., 1996, c1993).

상담하고 또는 하나님나라를 위해 내가 하는 어떤 일도 할 수 없었다. 내가 주님을 위해 하는 모든 일은 우리가 "한 몸"을 이룬 것처럼, 늘 아내와 연관된다. 남편과 아내가 경건한 복종이 무엇인지 보여줄 때 자녀들은 그것을 더 쉽게 배운다. 정반대 역시 마찬가지이다. 복종하지 않는 아내가 있는 가정에서 자라는 자녀들은 건강한 성경적 복종을 배우는 것이 거의 불가능하다.

복종은 다른 사람을 신뢰하는데 초점이 있지 않다. 아내는 나를 온전히 신뢰하지 않는다. 또한 그러한 신뢰에 의해서 나에게 복종하지도 않는다. 이것이 맞다면 정반대도 역시 그러하다. 아내는 나의 인격이 죄 많고 흠이 많음에도 나에게 복종한다. 실제로 아내는 내가 아닌 주님께 복종한다. 그녀가 나와 다른 인간의 권위에 복종하는 것은 궁극적으로 주 예수 그리스도께 복종하는 신앙의 행위이다. 복종은 그리스도의 인격the Person of Christ을 신뢰하는 것이다.

아홉 살인 베키는 어릴 때 부모에게 복종하는 것을 배웠다. 언젠가 베키는 차에서 내려 어머니를 향해 뛰어갔다. 베키는 주차장에서 후진하는 차를 보지 못해서 거의 치일 뻔 했다. 어머니는 소리를 질렀다. "베키, 뛰지 말고 멈춰. 조심해!" 그때 베키는 걸음을 멈추고 자신을 향해 움직이는 차를 보았다. 베키는 어머니의 말을 듣고 순종하는 것을 배웠기 때문에 심각한 상처를 입지 않았다.

슬프게도 오늘날 많은 사람은 개가 "음성 명령"voice command을 따르도록 훈련시키지만, 자녀들은 훈련하지 않는다. 한 독일 친구는 개들이 주인의 "음성 명령"을 듣고 식당에 계속해서 앉아 있는 것을 보고 놀랐다면서 이렇게 말했다. "독일에는 대부분의 아이들과 달리 주인의 말에 더 잘 복종하는 애완동물이 있어." 자녀들은 부모의 말을 주의 깊게 듣고 순종하는 훈련을 받지 않는다. 그러나 애완동물들은 주인이 하는 말을 주의 깊게 듣고 순종하는 훈련을 받는다.

우리 아이들이 아직 어렸던 어느 날 저녁, 나는 그들이 교회로 달려가는 것을 보았다. 나는 그들의 주의를 끌고자 목소리를 조금 높여 "얘들아!"라고 말했다. 그들은 나를 보았고, 내가 앉으라는 손짓을 보내자 즉시 앉았다. 내 옆에 있던 사람이, "와우! 놀랍군요."라고 말했다. 나는 이 사건을 생각하면서, 자녀들이 내가 그들에게 "좋은 것"을 주고 싶어하는 것을 알았기 때문에 나에 대한 신뢰를 배웠다는 사실을 깨달았다! 우리의 하늘 아버지는 "좋은 것"을 우리에게 얼마나 더 많이 주고 싶어 하시는가! 그리고 그것을 우리보다 얼마나 더 많이 아시는가! 자녀들에게 하나님의 성품에 복종하는 것을 가르쳐라.

예수님은 아버지를 신뢰했기 때문에 그분께 복종했다. 우리가 하나님의 논리와 계획을 알지 못할지라도, 그러한 사실과 상관없이 우리는 믿음으로 그분을 신뢰해야 한다. 우리는 기본적으로 "나의 원대로 마시옵고 아버지의 원대로 하옵소서"라고 말했던 예수님처럼 되어야 한다. 만약 예수님이 하나님께 복종했다면, 우리는 얼마나 더 그렇게 해야 할까? 예수님은 완전하셨으나 우리는 죄인이다. 그러면 우리는 얼마나 더 그분을 신뢰해야 할까?

나는 하나님이 나의 소유주라는 사실을 매일 기억하는 것을 좋아한다. 하나님은 나를 창조하셨다. 하나님은 그리스도의 보혈로 나를 구속하셨다. 하나님은 사탄에게 나를 되사셨다. 그러므로 하나님은 나를 소유하는 분이시며, 나의 좋은 주인이시다. 나는 악인에게 복종하지 않는다! 나는 구주와 주님에게 복종한다. 하나님은 내가 일찍이 알았던 분으로 가장 사랑이 많고 은혜로우신 분이시다. 그러나 육신 안에 거하는 나는 그리스도보다 나 자신을 더 신뢰하려고 한다. 나는 항상 나의 방법이 내게 문제를 일으키고, 그분의 방법이 내게 생명을 준다는 사실을 안다. 시편 23편에 따르면 그분은 나의 선한 목자이시다. 내 생명이 지금 그리스도 안에 감추어져 있기 때문에, 나는 그분을 반드시 신뢰해야 하며, 그분의 거룩한 말씀을 믿어야 한다. 골3:3

그리스도인으로서 우리는 우리가 우리의 것이 아니며, 우리의 소유권이 하나님께 속한다는 사실을 받아들여야 한다. 고린도전서 6장 19~20절은 이러한 성경적 진리를 이렇게 기록한다. "너희 몸은 너희가 하나님께로부터 받은 바 너희 가운데 계신 성령의 전인 줄을 알지 못하느냐 너희는 너희 자신의 것이 아니라 값으로 산 것이 되었으니 그런즉 너희 몸으로 하나님께 영광을 돌리라." 하나님은 그리스도의 보혈을 통해서 당신을 사셨고, 사탄에게서 구속하셨다. 실제로 모든 사람에게는 소유주가 있다. 요한복음 8장 44절에 있는 예수님의 말씀에 따르면, 우리는 사탄이나 하나님께 속한다. "너희는 너희 아비 마귀에게서 났으니 너희 아비의 욕심대로 너희도 행하고자 하느니라 그는 처음부터 살인한 자요 진리가 그 속에 없으므로 진리에 서지 못하고 거짓을 말할 때마다 제 것으로 말하나니 이는 그가 거짓말쟁이요 거짓의 아비가 되었음이라."

당신은 자녀에게 사탄이나 주님이 그의 소유주가 된다는 사실을 반드시 가르쳐야 한다. 만약 자녀가 거듭나지 않았다면, 그는 사탄의 소유이다. 당신은 이러한 사실과 씨름해야 하며, 부모로서 자녀가 자신의 소유주가 누구인지 알도록 도울 의무가 있다. 자녀는 자신이 독립적이며, "보스"라고 생긱할 수 있다. 그러나 이것은 사탄의 속임수에 불과하다. 사탄은 사람들이 스스로 자신의 생명을 맡는다고 생각하기 원한다. 자신을 섬기는 것은 사탄을 섬기는 것이다. 그리스도를 섬기는 것은 모든 살아있는 피조물의 정당한 소유주이신 하나님을 섬기는 것이다.

결론

자녀에게 하나님의 영과 그분의 말씀에 복종하라고 가르쳐라. 자녀에게 예수 그리스도와 성경에서 발견된 하나님의 성품에 대해 가르쳐라. 하나님은 자신의 성품을 우리에게 계시하셨다. 우리가 성경을 읽고 연구하기만 하면, 우리는 성경을 이해할 수 있다. 육신에 거하는 우리는 하나님과 하나님의 신성한 성품을 제대로 알지 못한다. 육신에 거하는 우리는 단지 우리 자신과 죄와 고통과 슬픔과 죽음만을 볼 것이다. 왜냐하면 "죄의 삯은 사망"이기 때문이다. 그러나 복음은 "하나님의 은사는 그리스도 예수 우리 주 안에 있는 영생이니라"고 말한다.롬6:23 당신이 자녀에게 세상에서 가장 사랑이 많으신 분, 즉 주 예수 그리스도의 뜻에 복종하라고 가르칠 때, 그가 그리스도와 그분의 자유로운 은사를 향하게 하라.

● ● ●

핵심 아이디어와 실천전략

1. 당신의 권위에 자녀를 복종시킬 실천방안을 10가지 기록하라.

2. 일주일 동안 불행한 일이나 상황에 직면할 때마다 "나의 원대로 마시옵고 아버지의 원대로 하옵소서"라고 말하라.

3. 시편 23편을 자녀와 함께 암송하라. 자녀와 함께 큰 소리로 이 시편으로 기도하라. 예를 들어, "감사합니다, 하나님, 주님은 우리를 돌보시고 우리의 모든 필요를 채워주시는 우리의 목자이십니다…" 시편으로 기도하고 이것을 당신의 삶에 적용하는 것은 자녀에게 많은 것을 가르칠 수 있는 훌륭한 방법이다.

Chapter 24

✳

결론

여러 해가 흐른 후에 에드너의 장례식이 치러졌다. 그리스도와 진정으로 동행했던 에드너는 손주들에게 애정 어린 존경을 받았다. 에드너의 손주들은 비록 자신의 인생에서 죄와 함께 갈등을 겪을지라도, 그리스도의 용서와 은혜가 자신의 죄를 감추기에 충분하다는 사실을 알았다. 또한 그들은 예수 그리스도를 알고자 애쓰는 자들에게 성령의 권능이 죄의 유혹을 이기게 하며, 삶의 변형을 가능하게 한다는 사실을 알았다.

인생에서 성경적 양육보다 더 커다란 도전은 없을지도 모른다. 중독예방양육이라는 개념은 단순하다. 그러나 이것은 많은 노력과 주의, 통찰, 에너지를 요구한다. 중독예방양육을 가장 잘 할 수 있는 사람은 성령에 의해서 권한을 부여받은 헌신된 그리스도인과 하나님의 말씀을 따라서 생각하고 말하고 행동하는 사람들이다. 지름길이나 쉬운 길은 없다.

잘못된 양육에 가격표를 붙일 수 있다면, 당신은 지금 또는 언젠가 그 값을 지불할 것이다. 만약 자녀들이 어릴 때 중독예방양육에 투자한다면 당신은 많은 복을 받을 것이다. 그러나 만약 지금 그러한 투자를 하지 않는다면 당신은 아마도 오랫동안 고통을 겪을 것이다.

중독에 빠진 사람들은 이 책에서 다루었던 다섯 가지 기본 심리상태를 보여준다. 당신이 기억해야 하는 것은 이러한 심리상태들이 권리의식, 소비자의식, 희생자의식, 소멸의식, 반항의식의 순서를 따라 진행된다는 점이다. 이러한 다섯 가지 심리상태는 모두 파괴적이며, 서로 연결되어 있다. 만약 당신이 적극적으로 참여하지 않는다면, 자녀들의 죄 된 본성은 자동적으로 이러한 잘못된 심리상태^{사고방식}를 형성할 것이다. 부모의 책임은 자녀가 자신의 인생에서 직면하는 사건들을 올바르게 해석하고 성경적으로 행동하도록 돕는 것이다. 자녀들은 그들이 지닌 이기적이며 죄 된 본성 때문에 주님에 대한 잘못된 개념과 생각을 가진다. 당신은 이러한 잘못된 개념과 생각을 정확한 성경적 사고로 재해석하도록 자녀들을 도와야한다.

지금 자녀의 상태를 평가하라. 자녀는 지금 자신이 이 세상의 즐거움과 재화를 누릴 권리가 있다고 생각하는가? 그는 끊임없이 물건이나 선물을 구입하며 하나님보다 자신의 감정에 따라 살아가는 소비자인가? 그는 지금 희생자의식 단계에 있는가 아니면 소멸의식 단계로 나아가는가? 만약 그가 반항의식을 지녔다면, 당신은 힘든 시간을 보낼 것이다. 그러나 당신은 이 시기를 확고한 성경적 양육을 통해 역전시킬 수 있다. 자녀의 마음 상태는 어디에 머물고 있는가? 자녀의 생각은 자기중심적인가?

더 심각한 질문이 있다. "부모로서 당신은 어디에 있는가?" 오늘 당신은 자녀들의 이러한 심리상태를 더욱 자라게 하지는 않았는가? 이미 언급한 바와 같이, 이러한 심리상태들은 자신의 즐거움을 추구하는 이기적 본성과 우상숭배적 욕구를 자라게 한다. 실제로 이러한 심리상태는 자녀를 그리스도가 없는 절망의 삶으로 인도한다.

좋은 소식은 이렇게 유해한 심리상태가 겸손, 베풂, 책임^{순종}, 감사기

뿜, 복종과 같은 심리상태로 대체될 수 있다는 사실이다. 이러한 대체와 예방은 자녀들의 생각을 형성하고 변형시키는 데 헌신한 부모를 통해서 일어난다. 당신은 반드시 하나님의 방법으로 자녀를 양육해야 한다. 하나님의 말씀과 상반된 "좋은" 부모에 대한 세속적 개념은 반드시 거부해야 한다. 그것은 한낱 거짓말에 불과하다.골2:8 세속적 "지혜"는 유해한 심리상태를 강화시키는 인간의 생각을 모아놓은 것이다. 사탄은 자신의 생각을 널리 퍼트려 사람들을 진리에서 멀어지게 하려고 세속적 거짓말을 사용한다. 사탄이 원하는 것은 사람들이 하나님과 하나님의 말씀에서 독립하는 것이다.

사탄은 창세기 3장 5절에서 아담과 하와를 유혹했던 것처럼, 자녀들에게 그들의 삶의 보스가 되라고 유혹한다. "너희가 그것을 먹는 날에는 너희 눈이 밝아져 하나님과 같이 되어 선악을 알 줄 하나님이 아심이니라." 사탄은 당신이 당신의 하나님이 될 수 있고, 그래서 어느 누구에게도 답변할 책임이 없다고 생각하기를 바란다. 요한계시록 20장 12절은 우리가 영원한 하나님의 심판을 받을 것이라고 말한다. "또 내가 보니 죽은 자들이 큰 자나 작은 자나 그 보좌 앞에 서 있는데 책들이 펴 있고 또 다른 책이 펴졌으니 곧 생명책이라 죽은 자들이 자기 행위를 따라 책들에 기록된 대로 심판을 받으니." 당신은 언젠가 주님 앞에 설 것이며, 부모로서 당신이 했던 것과 하지 않았던 것에 대해서 답변할 것이다. 당신은 자녀들의 주인이 아니다. 당신은 부모로서 자녀들의 청지기이다. 자녀들이 하나님의 것이기 때문에, 하나님이 당신에게 기대하시는 것은 자녀들이 그리스도를 향하는 것이다. 자녀들이 그리스도에게서 멀어지지 않게 하라! 그리스도는 자녀들의 정당한 소유주이다.

당신의 언어는 하나님에 대한 존경을 담고 있는가? 당신의 생각은 하나님을 합당한 자리에 올려놓고 있는가? 당신의 행동은 자녀들 앞에서 하나님의 성품을 정확하게 반영하는가? 당신이 하나님의 방법으로 자녀들을 양육할 때, 하나님이 영광을 받으시고 자녀들이 유익을 얻는다. 하나님은 우리의 자녀들에게 가장 좋은 것을 주고 싶어 하신다. 하나님은 사랑으로 완벽하게 훈육하시는 사랑 많은 "아빠 아버지"이시다. 당신은 할 수 있는 만큼 하나님처럼 되려고 노력하고, 실수를 통해서 배워라.

그리스도처럼 되기

이 책은 두 가지 목적이 있다. 첫 번째는 하나님에 대한 순종과 믿음으로의 초대이다. 만약 당신이 중독에 빠질 수 있는 심리상태에 있고 그에 대한 해결책을 성경에서 발견했다면, 당신은 그 해결책을 실천함으로써 하나님을 신뢰해야 한다. 많은 사람이 하나님을 신뢰한다고 말하지만, 그것을 행동으로 보여주는 사람은 적다. 이것은 위선이다. 만약 하나님이 자녀를 회초리와 꾸지람으로 훈육하는 것이 선하다고 말씀하신다면, 당신은 이 말씀을 마음에 두고 순종해야 한다. 훈육은 자녀에게 유익하며, 하나님께 영광이 된다. 훈육을 통해 하나님에 대한 당신의 믿음을 보이라.

두 번째는 제자도로의 부름이다. 많은 부모는 자녀가 그리스도인이 되기 원한다. 이것은 좋은 목표이다. 그러나 더 좋은 목표는 자녀들이 신앙으로 건강해지는 모습을 보는 것이다. 이것은 당신이 자녀에게 의도적으로 제자도를 실천할 때 가능하다. 당신은 매일 자녀가 그리스도를 향할 기회를 찾아야 한다. 그리고 성경을 가르쳐야 한다. 성경은 하나님의 사랑과 진리 그리고 정의를 전해준다. 성령은 하나님의 말씀을 사용하여 자녀들을 구원하신다. 당신이 할 수 있는 최선을 다하고, 은혜로운 하나님께 자녀의 구원을 위해 기도하라. 예수님은 요한복음 3장 8

절에서 니고데모에게 말씀하셨다. "바람이 임의로 불매 네가 그 소리는 들어도 어디서 와서 어디로 가는지 알지 못하나니 성령으로 난 사람도 다 그러하니라." 당신은 자녀의 마음속에 있는 진리뿐만 아니라 당신의 마음속에 있는 진리를 지키도록 싸워야 한다.

육신의 죄와 성령

중독예방양육의 핵심은 저절로 되는 일이 아니라는 점이다. 잠언 28장 26절은 말한다. "악인이 일어나면 사람이 숨고 그가 멸망하면 의인이 많아지느니라." 자녀양육은 육신으로 되는 일이 아니다. 자녀양육은 당신의 지혜 또는 "세상의 지혜"를 가지고도 할 수 없다. 자녀양육은 오직 성령의 권능과 인도를 따를 때만 가능하며, 항상 진리의 말씀과 연결된다.

당신이 이 책을 읽고 여기서 배운 성경적 원리를 실천하지 않는다면 그것은 좋은 일이 아니다. 당신은 반드시 하나님의 말씀과 지혜를 실천해야 한다. 당장 오늘부터 성경의 원리를 실천할 실제적인 방법을 찾으라. 하나님을 신뢰하고 그분이 보시기에 옳은 일을 하라. 왜냐하면 하나님은 당신이 당신 자신을 신뢰하는 것보다 더 신뢰할만한 분이시기 때문이다! 당신이 잘못하면 하나님께 용서를 구하라. 하나님의 말씀에는 거짓이 없다.

요한일서 1장 6~10절은 하나님이 어떤 분이신지 우리에게 말씀한다. "만일 우리가 하나님과 사귐이 있다 하고 어둠에 행하면 거짓말을 하고 진리를 행하지 아니함이거니와 그가 빛 가운데 계신 것 같이 우리도 빛 가운데 행하면 우리가 서로 사귐이 있고 그 아들 예수의 피가 우리를 모든 죄에서 깨끗하게 하실 것이요 만일 우리가 죄가 없다고 말하면 스스로 속이고 또 진리가 우리 속에 있지 아니할 것이요 만일 우리가 우리 죄를 자백하면 그는 미쁘시고 의로우사 우리 죄를 사하시며 우리를 모든 불의에서 깨끗하게 하실 것이요 만일 우리가 범죄하지 아니하였다 하면 하나님을 거짓말하는 이로 만드는 것이니 또한 그의 말씀이 우리 속에 있지 아니하니라."

바로 오늘 하나님의 영광을 찬양하고 "하나님을 거짓말하는 이로 만들"지 말라. 나쁜 양육습관을 좋은 양육습관, 즉 중독예방양육의 기술로 대체하라. 역량이 부족할지라도 하나님의 권능으로 이것을 할 수 있다. 하나님의 권능은 당신의 양육기술을 좀 더 하나님과 가깝게 만들어주는 힘이자 지옥에서 영혼을 구원하는 힘이다.

인생의 속도를 늦추라. 자녀들과 함께 기도하고 성경을 공부하는데 시간을 투자하라. 자녀들에게 세상에 있는 하나님의 작품을 인식하라고 가르쳐라. 자녀들이 타락한 본성을 지녔으며, 그로 말미암아 자신들의 삶을 지탱해 주는 그리스도의 권능이 필요하다는 사실을 잊지 않도록 하라. 자녀들에게 하나님이 어떻게 삶의 모든 영역에 계시며 활동하시는지 증명하라.

양육전략을 단순화하라. 자녀의 마음속에 겸손, 베풂, 책임, 감사, 복종의 마음이 스며들게 하라. 중독예방양육의 목표를 기억하도록 마태복음 22장 37~40절과 에베소서 5장 18~21절을 다시 읽으라. 너무 많은 것을 하려고 하지 말라. 당신이 부모로서 자신의 생각과 말과 행동에 초점을 맞추면, 자녀는 그에 따라 반응할 것이다. 만약 그렇지 않으면 출석하는 교회의 목사, 신뢰하는 그리스도인 친구 또는 도움을 청할 수 있는 성경적 상담자에게 문의하라.[66]

중독예방양육은 자녀가 하늘나라에 갈 기회를 많이 제공한다는 점에서 아주 중요하다. 이러한 중독예방양육은 자녀와 그리스도의 관계를

---

66) 당신이 거주하는 지역에 있는 성경적 상담자를 찾기 위해 www.nanc.org를 방문하라.

성장하게 만든다. 또한 위대하신 하늘 아버지께 영광 돌릴 기회를 많이 제공한다. 하나님은 우리의 완전한 부모이시다. 그분은 홀로 모든 찬양과 영광과 존귀를 받으실 만한 자격이 있다. 오늘 자녀에게 사랑이신 하나님을 드러내도록 하나님을 신뢰하는 가운데 그리스도의 사랑으로 자녀를 양육하라.

부록

부록 A

✳

완전한 이야기

이 책의 각 장은 하나의 이야기로 시작한다. 나는 이것을 한 번에 읽고 싶어 하는 사람들을 위해 여기 한 곳에 모아 두었다. 마지막 부분에는 몇 가지 질문이 있다. 이 질문을 통해 좀 더 생각하는 시간이 되길 바란다.

하나님의 변형시키는 힘

어린 스코트는 조부모에게 양육되었다. 조부모는 그를 매우 사랑했다. 그들은 스코트를 부를 때, "스코티"라고 하면서 그를 매우 측은하게 여겼다. 스코티의 아버지는 마약과용으로 죽었고, 어머니는 필로폰 중독자이다. 조부모는 "스코티"를 측은하게 여긴 나머지, 가능하면 스코티가 원하는 것을 모두 해주려고 했다. 그들은 종종 이렇게 생각했다. "스코티는 부모를 보지 못하잖아. 그러니 우리가 스코티가 원하는 것을 해줄 수 있을 거야"

어린 "스코티"는 학교에서 단지 "스코트"일 뿐이다. 이날 스코트는 마지막 수업을 마치고 얼른 튀어나와 학교 체육관으로 갔다. 스코트와 제일 친한 친구들이 미리 도착해서 그를 환영해 주었다. 체육관 뒤로 가기 전에 스코트는 잠시 친구들과 대화를 나누었다. 스코트는 귀가하는 스쿨버스에 타기 전에 데릭과 이야기할 시간이 별로 없다는 사실을 알았다. 체육관 뒤에서 스코트는 데릭에게 마리화나를 팔았고, 데릭은 재빠르게 그것을 가방 안에 숨겼다.

데릭은 풋볼 연습을 마치고 집에 돌아와, 가방을 침대 위에 올려놓고 스코트에게 산 마리화나를 말기 시작했다. 데릭의 어머니가 소리를 지른다. "데릭, 저녁 준비됐다. 어서 와서 먹어라." 그러나 데릭은 대꾸하지 않고 오늘밤 파티에 가지고 갈 마리화나 담배를 계속해서 말았다. 15분 후에 데릭의 어머니가 귀걸이 하나는 귀에 걸고, 다른 하나는 손에 쥔 채 데릭의 방에 들어왔다. "데릭, 음식이 더 식기 전에 먹어라." 데릭의 어머니는 마리화나와 마리화나를 말아서 만든 담배를 발견했다. "데릭, 엄마가 데이트하고 들어올 때까지 그 물건들을 치우는 것이 좋을 거야. 엄마는 지금 나간다. 남자 친구가 밖에 와 있어." 데릭의 어머니는 이 말을 마치고 황급히 방을 나갔다.

데릭은 프레디의 집에 도착했다. 프레디는 스타 풋볼 선수이다. 오늘은 그의 열여덟 번째 생일파티이다. 데릭은 레이몬드가 네 명의 여자 친구와 함께 차에서 내리는 것을 보았다. "헤이, 레이몬드." 데릭은 작은 소리로 속삭이며 이렇게 말한다. "오늘 파티를 위해 스코트한테 좋은 마리화나를 조금 샀어. 이따 봐." 누군가가 들뜬 목소리로 "뒤뜰에 맥주통이 있어!"라고 말하자, 모두 동시에 그리로 갔다. 프레디의 부모가 주말 내내 호수에 가 있는 동안, 그 집에서는 술잔치가 시작되었다.

잠시 동안 술을 마신 후에, 데릭과 레이몬드는 침실에 있는 다른 친구들과 함께 마리화나 담배를 피웠다. 그들은 프레디가 가져 온 폭력적인 컴퓨터게임을 하면서 시시덕거리며 시간 가는 줄 몰랐다. 프레디가 불쑥 방안으로 머리를 내밀며 데릭과 레이몬드에게 말했다. "게임 끝나면 나와 함께 나가보자. 소개해 줄 사람이 있어." 데릭과 레이몬드는 재빨리 게임을 끝냈고, 프레디의 새 친구인 매트를 만났다. 매트는 친구들에게 새로운 마약인 아데랄Adderall을 소개해 주었다.

매트의 부모는 초등학교 5학년 때 이혼했다. 이 일 이후 매트는 교실에 제대로 앉아 있을 수가 없었다. 어떻게 해야 할지 몰랐던 매트의 엄마는 그를 소아정신과에 데려갔고 ADHD 진단을 받았다. 의사는 매트에게 약물을 처방했는데, 그것이 바로 지금 매트가 복용하는 아데랄이다. 매트는 아데랄을 좋아한다. 그래서 같은 ADHD 진단을 받았지만, 그것을 복용하고 싶어 하지 않는 친구들에게 아데랄을 더 구입했다. 매트는 데릭, 레이몬드 그리고 프레디에게 나누어주기에도 충분한 양의 아데랄을 가졌다. 그들은 이미 술을 마시며 마리화나를 피우고 있었다.

그 파티에서 매트와 프레디는 데릭과 레이몬드를 남기고 떠났다. 데릭과 레이몬드는 레이몬드가 데리고 온 네 명의 여자 친구들에게 마리화나 담배를 주었다. 그 가운데 세 명은 함께 모여서 마리화나 담배를 피우지만, 나머지 한 명인 에드너는 "사양할게"라고 말하며 거절했다. 에드너는 친구들이 그녀에게 술을 마시게 하거나 마약을 하게 하면 그들을 "죽여 버리겠다"라는 부모의 과장된 말을 기억했다.

에드너는 집으로 돌아가고 싶었지만, 운전할 레이몬드가 너무 취했다는 사실을 발견했다. 친구들은 그녀에게 마리화나를 가리키며 "우리랑 같이 한번만 해보자"라면서 에드너를 꼬드겼다. 한 친구가 이렇게 말했다. "이거 아주 재미있어. 너도 한번 해 보면 너무 즐거워서 킥킥거리며 웃게 될거야." 에드너는 친구들을 보면서 잠시 동안 고민하다가 이렇게 생각했다. "어쨌든 부모님들은 내가 집에 들어 갈 때 항상 잠들어 계시니까."

프레디와 매트는 농담을 주고받고 서로 장난을 쳐가며 에드너를 지나쳤다. 그들은 물풍선을 들고 맥주통 주변에 있는 사람들에게 던질 준비를 하고 있었다. 그들이 물풍선을 던졌을 때, 사람들은 물에 흠뻑 젖은 채 여기저기 흩어졌다. 사람들이 쫓아와 달려들 때까지 프레디와 매트는 히스테릭하게 웃고 있었다. 그들은 집 옆에서 땅위를 뒹굴면서 다른 두 녀석과 함께 레슬링 하는 자신들을 발견했다.

프레디와 매트가 밖에서 싸우는 동안 데릭과 레이몬드는 집 안에 있다가 다른 친구들과 함께 마리화나 담배를 피우려고 나갔다. 데릭은 레이몬드에게 아데랄을 별로 좋아하지 않는다고 말했다. 그러나 레이몬드는 자신은 아데랄을 아주 좋아하고, 다른 알약이나 아데랄을 두 개 더 할 수 있으면 좋겠다고 말했다. 또 레이몬드는 아데랄 처방전을 받으려고 소아정신과의사에게 ADHD로 진단 받을 수 있는지 알아보러 갈 것이라고 말했다.

얼마 되지 않아 데릭이 레이몬드에게 가슴이 아프다면서 이렇게 말했다. "아데랄을 먹지 말았어야 했나봐. 너무 아파." 레이몬드는 데릭에게 "갓난애처럼 굴지마"라며 그의 말을 무시했다. 데릭은 레이몬드와 떨어져서 걸었고 마침내 비틀거리기 시작했다. 데릭은 바닥에 쓰러지면서 얼굴을 땅에 박았다. 파티에 참석한 한 여자 아이가 이것을 보고 비명을 질렀다. 누군가 911에 전화했고, 구급차가 오고 있다.

15살인 에드너는 세 명의 여자 친구들 가운데 한 명에게 마리화나를 받았다. 에드너는 허둥대며 현관 밖으로 나갔고, 친구들이 그 뒤를 따랐다. 에드너는 잠시 머뭇거리다가 마리화나를 입에 넣고 몇 초 동안 빨아들였다. 친구들은 그녀가 마리화나를 피우는 모습을 보며 재밌어서 킥킥거렸다. 그러나 그들의 웃음소리는 갑자기 멈추고 말았다. 한 남자가 손전등을 비추며 큰 목소리로 말한다. "거기 여학생들, 당장 멈춰. 나는 경찰서에서 근무하는 형사 스미스야. 너희들을 체포하겠다."

프레디와 매트 그리고 다른 두 녀석의 싸움을 말리려고 여러 아이들이 달려들었다. 프레디는 코피를 흘렸고, 매트는 그의 오른 팔을 붙잡고 있었다. 다른 두 녀석은 몹시 두들겨 맞아서 타박상에, 살이 베이고, 옷이 찢기고, 얼굴이 피범벅이 됐다. 프레디는 사이렌 소리를 듣고 두려움에 휩싸였다. 그는 현관에서 파란불이 번쩍이는 것과 경찰관이 에드너를 체포하는 것을 목격했다. 그는 그곳을 향해 신속히 걸어가면서 "안 돼"라고 말한다.

구조대는 도착하자마자 거실 바닥에 의식을 잃고 누워있는 데릭에게 곧장 갔다. 그들은 심폐소생술CPR을 실시하고, 잠시 후 데릭을 병원으로 데려가기로 결정했다. 레이몬드, 프레디, 매트 그리고 다른 사람들은 데릭이 의식을 잃은 것을 보고 구급차에 태운다.

데릭의 어머니는 경찰에게 연락을 받았다. 그녀가 병원에 도착할 때, 데릭은 이미 심장마비로 죽어 있었다. 그는 다시 살아날 수 없었다. 데릭의 어린 몸은 알코올, 마리화나 그리고 아데랄과 같은 많은 양의 유독성 혼합물을 조절하기에는 역부족이었다. 이것은 "재미있게 파티를 즐기는" 십대 후반의 청소년들이 하룻밤에 경험할 수 있는 가장 심각한 결과이다.

에드너는 부모님과 통화를 해야만 했다. 그러나 이것은 그녀에게 가장 어려운 일이었다. 에드너는 부모님 말고 다른 누구가에게 전화를 할 수 있을까 고민했으나 아무도 떠오르지 않았다. 에드너는 의자에 앉아서 지금 이 순간이 영원히 지속될 것처럼 전화기를 빤히 바라보고 있었다. 마침내 전화번호를 눌렀지만 아빠가 "여보세요?"라고 말할 때까지 이 상황이 꿈처럼 여겨졌다. 에드너는 나지막한 소리로 "아빠, 저예요. 정말 죄송해요"라고 말하며 울먹였다. 이것이 그녀가 할 수 있는 말의 전부였다. 에드너는 잠시 동안 전화기를 들고 눈물을 흘린다.

말할 필요도 없이, 에드너의 부모는 소년원에 앉아서 망연자실했다.

"우리는 너를 이보다는 잘 키웠다고 생각했다." 이것은 에드너가 감옥에 들어가기 전에 부모에게 들은 마지막 말이었다. 에드너의 부모는 그녀가 잘못한 일에 대해서 대가를 치르게 하자고 결정했다. 그 후 에드너는 술이나 마약을 절대로 하지 않았다.

프레디의 부모는 한밤중에 전화를 받고 호숫가에 있는 별장에서 집으로 돌아왔다. 프레디는 자신의 선택에 대해 실망한 부모에게 모든 것을 고백했다. 그러나 프레디의 부모는 그리스도와의 관계 속에서 용서를 알고 있었다. 그들은 프레디가 잘못된 선택에 대한 책임을 받아들이게 하고, 성경적 상담자를 만나도록 했다. 성경적 상담의 과정을 통해서 프레디는 그리스도의 용서를 인격적으로 경험했으며, 그리스도에 대한 믿음을 고백했고, 자신의 인생을 하나님의 영광을 위해서 드리기로 헌신했다.

매트와 레이몬드의 부모는 자녀들을 양육하는 데 적극적이지 않았다. 매트는 아데랄을 계속해서 오용했고, 레이몬드는 알코올과 마리화나를 지속해서 남용했다. 매트와 레이몬드는 대학에 갔다. 그러나 매트는 성적이 나빠 퇴학을 당했고, 그 후 레스토랑에서 웨이터로 일했다. 레이몬드는 대학을 다니는 내내 마리화나를 피웠고, 변호사가 된 지금도 여전히 매일같이 마리화나를 피운다. 그럼에도 레이몬드는 세상의 시각에서 성공적인 삶을 사는 사람처럼 보였다.

데릭이 숙은 후에 그의 어머니는 너무나도 슬퍼서 살던 곳 아래에 있는 교회에 도움을 받으려고 했다. 그녀는 잘 몰랐지만, 그 교회는 성경적 상담을 무료로 해주고 있었다. 상담사들은 그녀 안에 있는 사랑과 동정심을 보았으며, 죄의 용서와 자유를 위해 복음을 전해주었다. 데릭의 어머니는 태만의 죄데릭을 양육하는데 실패한를 회개했으며, 성경적 상담을 통해서 그리스도와 화해했다.

이제 데릭이 죽은 지 10년이 되었다. 그의 어머니는 자신보다 더 젊은 어머니들에게 자녀를 사랑하라고 가르친다. 그녀는 변함없는 깊은 사랑으로 자녀를 훈육하는 적극적인 성경적 부모가 되라고 말한다. 주님은 그녀에게 은혜를 베푸셨다. 지금은 신실한 남자와 결혼해서 두 자녀를 기르는데, 이 자녀들은 모두 주 예수님과 동행하며 친밀한 교제를 나눈다. 또한 그녀는 그리스도의 손에 쥐어진 의의 도구가 된 것에 감사한다.

성인이 되어 가정을 이룬 에드너는 자녀들과 함께 시간을 보내는 것이 얼마나 중요한지 안다. 에드너는 부모님이 자기를 사랑한다는 사실을 알았지만, 부모님과 가깝다고 느끼지는 못했다. 에드너는 부모님을 무서워했다. 그러나 이러한 사실이 그녀의 잘못된 행동을 막지는 못했다. 에드너는 잠깐 동안 마리화나를 피웠지만 막대한 대가를 지불했다. 그녀는 음식 "중독"과 싸웠다. 그녀는 목사 부부에게 도움을 청하기 전까지 몇 년 동안 과식과 싸웠으며 때로는 거식증에 시달렸다.

에드너의 자녀들은 기독교 신앙 안에서 건강하게 성장했다. 그들은 하나님의 말씀에 대한 부모의 엄격한 가르침과 성경적 원리에 따라 살아가는 부모의 모습을 통해서 성경적으로 생각하는 법을 배웠다. 에드너의 자녀들은 부모에게 모든 것을 자유롭게 말할 수 있다고 느꼈다. 이런 면에서 에드너 부부와 자녀들의 관계는 독특하다. 심지어 자녀들은 잘못된 행동에 대해 책임을 져야 함에도 그것을 부모에게 말했다. 부모는 여전히 그들을 받아주며 사랑했다. 그리스도에 대한 에드너 부부의 믿음은 그들의 믿음을 자녀들에게 전해 줄만큼 실제적이고 관계적이며 왕성했다.

여러 해가 흐른 후에 에드너의 장례식이 치러졌다. 그리스도와 진정으로 동행했던 에드너는 손주들에게 애정 어린 존경을 받았다. 에드너의 손주들은 비록 자신의 인생에서 죄와 함께 갈등을 겪을지라도, 그리스도의 용서와 은혜가 자신의 죄를 감추기에 충분하다는 사실을 알았다. 또한 그들은 예수 그리스도를 알고자 애쓰는 자들에게 성령의 권능이 죄의 유혹을 이기게 하며, 삶의 변형을 가능하게 한다는 사실을 알았다.

마무리 질문

지금 작은 연습문제를 해 보자. 에드너의 마약 복용에 가장 책임 있는 사람은 누구인가? 아래의 공간에 에드너의 마약 복용에 "가장 책임 있는" 사람부터 "가장 책임 없는" 사람까지 나열해 보라. 여기에 들어갈 이름은 데릭, 스코트, 데릭의 어머니, 레이몬드, 프레디, 프레디의 부모, 매트, 세 여자 친구, 에드너, 에드너의 부모이다.

	이름	이유
1. 가장 책임이 있는		
2.		
3.		
4.		
5.		
6.		
7.		
8.		
9.		
10. 가장 책임이 없는		

만약 다음과 같은 내용을 추가하면, 답변이 바뀌는가? "성경에 따라서, 에드너의 마약 복용에 가장 책임 있는 사람은 누구인가?" 하나님은 에드너의 마약 복용에 대해서 누구에게 가장 커다란 책임을 지우시겠는가?

<table>
<tr><td></td><td>이름</td><td>이유</td></tr>
<tr><td>1. 가장 책임이 있는</td><td></td><td></td></tr>
<tr><td>2.</td><td></td><td></td></tr>
<tr><td>3.</td><td></td><td></td></tr>
<tr><td>4.</td><td></td><td></td></tr>
<tr><td>5.</td><td></td><td></td></tr>
<tr><td>6.</td><td></td><td></td></tr>
<tr><td>7.</td><td></td><td></td></tr>
<tr><td>8.</td><td></td><td></td></tr>
<tr><td>9.</td><td></td><td></td></tr>
<tr><td>10. 가장 책임이 없는 [67]</td><td></td><td></td></tr>
</table>

더 많은 생각을 위한 질문들

1. 조부모가 스코트에게 무의식적으로 키워준 심리상태는 무엇인가?

---

[67] 나의 정답은 에드너, 데릭, 세 여자 친구들, 레이몬드, 프레디, 데릭의 어머니, 스코트, 에드너의 부모들, 프레디의 부모, 매트이다. 이 가운데 몇 명은 바뀔 수 있지만, 에드너는 반드시 첫 번째 와야 한다. 왜냐하면 아무리 죄에 대한 유혹이 있었더라도 자신의 행동에 대해 책임은 그녀 자신에게 있기 때문이다.

2. 이야기가 시작될 때 데릭의 어머니의 일차적 관심은 무엇이었 는가?

3. 대부분의 어른들은 이 아이들을 "착한 아이"로 생각했을까? 왜 그런가 혹은 왜 아닌가?

4. 매트에게 내려진 진단은 정당한가? 과학적 연구 가운데 ADHD 의 치료를 위해 처방하는 약물이 실제로 만족할만한 결과를 얻 었다는 보고가 있는가? 그러한 연구가 있는지 찾아보라대부분의 부모는 자녀가 학교에서 생활을 더 잘 하도록 이 약을 준다고 말한다. 그러나 이러한 결과 를 지지하는 과학적 증거는 어디에 있는가?

5. 매트와 레이몬드는 경험을 통해서 배우지 못했다. 게다가 레이 몬드는 세상적으로 성공한 사람이 되었다. 이것 때문에 당신은 화가 나는가?

6. 이 사건에서 에드너의 세 여자 친구는 어떤 역할을 했는가? 그 들은 이 사건에 긍정적인 영향을 미칠 수 있었는가?고전15:33

7. 당신은 이야기에 등장하는 부모들이 자녀들의 인생에 얼마나 적극적이었다고 생각하는가? 너무 수동적이라고 생각하는가 아니면 그들이 원래 그렇게 될 아이들이었다고 생각하는가? 부 모들은 자녀들에게 얼마나 많은 훈련과 준비를 시켜야 하는가?

8. 데릭의 죽음은 당신에게 갑작스러웠는가? 이 일이 어떻게 일어

났는가? 자녀에게 약물의 부작용과 다른 사람의 약을 복용하는 것의 위험성을 어떻게 가르칠 것인가?

9. 각각의 등장인물이 이 비극에서 배울 수 있는 인생의 교훈은 무엇인가?

10. 에드너가 이 사건을 통해서 배운 것은 무엇인가? 하나님은 에드너의 손자들을 구원하려고 이 사건을 어떻게 사용하셨는가?

부록 B

✳

지식, 이해, 지혜

　자녀들에게 성경을 가르치는 것은 쉬운 일이 아니다. 많은 부모가 자녀들에게 성경의 기초를 가르치려면 신학대학원 학위가 있어야 한다고 생각한다. 그러나 그것은 사실이 아니다. 나는 당신이 자녀에게 하나님의 말씀을 가르칠 간단한 방법을 소개하여 용기를 주고자 한다. 학습의 "3R"은 "반복repetition, 반복repetition, 반복repetition"이다. 되풀이하는 것을 두려워하지 말라.

　먼저 자녀들이 성경의 각 책과 친숙해지게 하라. 자녀들은 성경목록가를 부르거나 나이에 맞는 암송방법을 통해서 이렇게 할 수 있다. 자녀들에게 장과 절을 사용하여 성경을 찾는 방법을 가르쳐라. 특히 음악과 함께 하면 성경구절을 더 쉽게 기억할 수 있다. www.biblebee.org와 같은 인터넷 사이트를 활용하는 것도 좋은 방법이다.

　자녀들에게 성경에 대한 실천적 지식을 전해주어라. 그 다음에 성격적 개념을 이해하도록 가르쳐라. 많은 사람이 성경을 이해하는 것은 불가능하며, 단순하지 않다고 생각한다. 당신은 성경의 일부를 충분히 이해하지 못할지도 모르지만, 당신이 이해한 것을 가르칠 수는 있다. 자녀의 삶에 실제적인 방법으로 말씀을 적용하라. 이것을 효과적으로 하도록 당신은 반드시 당신 자신을 위해 성경을 배워야 한다.

자녀들을 가르치고, 그들의 삶에 쉽게 적용할 수 있는 몇 가지 성경구절은 로마서 12장 21절, 에베소서 4장 22~24절, 잠언 3장 5~6절, 창세기 1장 26~27절, 야고보서 1장 22절, 마태복음 4장 17절, 마태복음 6장 7~14절, 마태복음 6장 33절, 빌립보서 4장 8절이다. 자녀들은 하나님의 말씀이 그들의 삶에 실제로 연결되어 있다는 사실을 이해해야 한다. 성경은 우리에게 생명을 주며, 우리로 하여금 승리의 삶을 살게 한다.

마지막으로 지혜는 성경적 원리에서 온다. 다시 말해서, 지혜는 성경을 "행하는 것"에서 오며, 우리를 복된 삶으로 인도한다. 야고보서 1장 22~25절은 진술한다. "너희는 말씀을 행하는 자가 되고 듣기만 하여 자신을 속이는 자가 되지 말라 누구든지 말씀을 듣고 행하지 아니하면 그는 거울로 자기의 생긴 얼굴을 보는 사람과 같아서 제 자신을 보고 가서 그 모습이 어떠했는지를 곧 잊어버리거니와 자유롭게 하는 온전한 율법을 들여다보고 있는 자는 듣고 잊어버리는 자가 아니요 실천하는 자니 이 사람은 그 행하는 일에 복을 받으리라." 에베소서 4장 22~24절은 그리스도를 슬프게 하고 우리의 삶에 문제를 일으키는 옷을 벗어버리고, 그리스도를 기쁘시게 하는 "옳은 일을 행하는" 옷을 입으라고 권면한다. 이러한 변형은 우리의 자녀들을 위한 하나님의 최선이다. 그러니 자녀에게 해야 할 것뿐만 아니라 하지 말아야 할 것도 가르쳐라. 다시 말해, 자녀들에게 그리스도 안에서 새로운 피조물이 되라고 가르쳐라.

당신은 자녀들이 성경에 대한 기본 지식, 성경에 대한 더 깊은 이해 그리고 성경을 적용하는 지혜를 가지도록 도와야 한다. 서두르지 말고 자녀들이 이 영역에서 성장하는 것을 지켜보라. 아마도 당신은 자녀들이 성경을 배우는 속도에 놀랄 것이다.

부록 C

✳

부모들을 위한 마크와
메리의 조언

다른 사람들이 우리 자녀들이 얼마나 잘 했는지에 대해서 이야기할 때, 우리는 인간의 결점을 지닌 부모이기 때문에 모든 영광은 하나님의 것이라고 얼른 말해버린다. 감사하게도 하나님만이 당신과 우리 자녀들에게 필요한 신실하신 부모이다. 그럼에도 메리와 나는 우리에게 도움이 되는 몇 가지 사실을 발견했다. 우리는 이것들이 당신에게 도움이 되기를 바란다!

우리는 누가복음 2장 52절에 나타난 예수님의 발달영역에 따라 우리의 조언을 구분했다. "예수는 지혜와 키가 자라가며 하나님과 사람에게 더욱 사랑스러워 가시더라." 예수님은 지혜지적으로, 키신체적으로, 하나님의 사랑영적으로 그리고 사람의 사랑사회적으로의 영역에서 성장했다. 그러므로 우리는 지적, 신체적, 영적, 사회적 등 네 가지 영역으로 나누어 조언하고자 한다.

지적으로

✳ 우리는 컴퓨터게임, 텔레비전 그리고 인터넷을 제한한다. 우리

의 자녀들은 이러한 것들에 무제한으로 접근하지 않는다.

* 우리의 자녀들은 텔레비전을 보는 것보다 매주 책을 읽는데 더 많은 시간을 보낸다.

* 우리는 우선적으로 자녀들을 집에서 가르친다. 왜냐하면 우리가 그들의 강점과 약점을 가르칠 수 있기 때문이다.

* 자녀들에게 정보 자료를 조사하고 발견할 수 있는 방법을 가르쳐라. 지혜로운 사람들은 정보를 발견할 수 있는 곳을 안다.

* 당신이 자녀들을 위해 지적으로 빈약한 영역에서 무섭고 좋은 선생님이신 하나님을 찾아라.

신체적으로

* 건강한 식단을 준비하고 적절한 양을 분배하는 방법을 배우도록 영양사에게 조언을 구하라. 식당과 가정에서 우리는 자녀들에게 물이나 우유만을 마시도록 한다. 지금 자녀들은 음료수보다 이것을 더 좋아한다.

* 자녀들에게 식당에서 선택권을 주지 마라. 그들이 마실 것과 먹을 음식을 주문하라. 그들의 말을 듣는 것보다 이것이 더 쉽다. 당신이 해야 할 일은 기준을 정하고 이것을 엄격하게 지키는 것이다. 그래야 이의가 없다.

* 가정에서 부모가 자녀들을 위해서 준비한 음식을 먹게 하라. 세 명의 자녀들을 위해 세 가지 음식을 준비하지 마라.

* 우리는 자녀들에게 "너 이런 거 좋아하면 안 돼. 이것을 먹어야 해"라고 말한다. 우리는 때때로 브로콜리와 같은 새로운 음식을 힘들어하는 자녀를 격려하려고 테이블에 머물러 있으려고 한다. 형제의 격려가 효과적이다.

* 취침시간을 정하는 것은 항상 최선이다. 우리도 때로는 정해진 취침시간을 지키는데 실패하지만, 그럼에도 밤 8시를 추천한다. 이 모든 것은 당신이 아침에 일어나는 시간에 달려 있다. 소아과 의사들은 대부분의 아이들이 더 잘 필요가 있다는데 동의한다. 취침시간을 바꾸려고 노력하라. 소아과 의사에게 당신의 자녀가 얼마나 많이 자야 하는지 물어보라. 언젠가 지혜로운 선생님이 우리에게 기억할만한 격언을 알려주었다. "목적에 맞게 자라." 이것은 잠이 필요하면 아침에 늦게 일어나지 말고 좀 더 일찍 잠자리에 들라는 말이다. 자녀들의 일정에 이것을 적용하자.

* 우리는 자녀들에게 텔레비전을 보거나 컴퓨터게임을 하기보다 밖에서 노는 것을 권장한다.

영적으로

* 자녀와 함께 기도하라. 왜냐하면 이것이 자녀들이 기도를 배우는 방법이기 때문이다. 자녀에게 다른 사람을 위해 짧게 한 문장으로 기도하는 것을 가르쳐라. 우리는 자녀들이 그리스도를 알기 원하기 때문에 집에서 가르친다. 그리스도를 아는 것은 우리에게 제일의 우선순위이다.

* 자녀에게 기도는 하나님께 말하는 것이고, 하나님은 성령으로 그분의 말씀을 통해서 우리에게 말씀하신다는 것을 가르쳐라. 말씀읽기는 근본적으로 하나님이 우리에게 자신을 계시하시고 말씀하시는 방법이다.

* 매주 하나님을 찬양하는 시간을 가져라. CD를 사용하거나 당신이 할 수 있다면, 피아노나 기타와 같은 악기를 연주하라.

✱ 성경 이야기를 재미있게 연기하는 시간을 가지라.

✱ 자녀에게 한 달을 주기로 매일 잠언 한 장을 읽는 숙제를 내라.17일에 17장 읽기 밤에 자녀와 함께 이것에 대해서 이야기를 나누라.

사회적으로

✱ 다른 사람들과의 관계를 권장하라. 그러나 매우 어린 자녀들이 친구가 "반드시" 필요하다는 생각에 빠지지는 않게 하라. 어린 자녀들이 두 살과 네 살 사이에 있을 때는 친구를 필요로 하지 않는다. 대신 그들은 하루를 구조화하고, 훈계하고, 그들이 왜 여기에 있는가에 대한 이유를 가르쳐줄 어머니를 필요로 한다.

✱ 다른 형제들과 적절하게 상호작용하라고 가르쳐라. 형에게 고통을 강요하지 말고, 동생을 놀리거나, 조롱하거나, "괴롭"히거나, 벌주거나 함부로 대하지 못하게 하라. 그 반대도 마찬가지이다! 가족 구성원 한 사람 한 사람을 존중하라고 강조함으로써 가족을 하나로 만들어라.

✱ 자녀의 친구를 선택해 주어 자녀를 보호하라. 자녀가 친구네 집에서 밤을 보내기 전에 그 친구의 부모와 가족을 파악하라.우리는 자녀가 "외박"하는 것을 허락하지 않는다

✱ 자녀들이 때로는 든든한 그리스도인 어른과 함께 사회적 상호작용에 참여하도록 하고 그러한 기회를 증진하라. 기준을 높이 설정하라. 당신은 자녀들이 토론하는 것에 대해 놀라고 즐거워하게 될 것이다. 그 다음에 이것에 대해서 이야기할 기회를 주고, 그 시간에 가치와 성경적 원리를 가르쳐라.

결론

많은 조언이 당신의 양육과 평가기준에서 볼 때 너무 극단적이거나 강하게 여겨질지도 모른다. 우리는 세상 속에 있어야 하지만, 세상에 속해서는 안 된다. 이것은 우리에게 어려운 도전이다. 우리는 자녀들에게 이 세상의 유혹과 고통과 갈등과 문제들을 다루는 법을 가르치기 위해서 세상을 떠날 수 없다. 자녀들은 도전적 상황이 발생할 때 무엇을 해야 하는지 알아야 하며, 미리 계획하는 훈련을 받아야 한다.

부록 D

✳

실패했다고 생각하는 부모들을 위한 하나님의 은혜

당신은 이 책을 읽고 의아해할지도 모른다. "내 아이들은 지금 성인이에요. 부모로서 이미 그러한 기회를 읽어버린 때는 어떻게 해야 하나요? 지금 나는 무엇을 할 수 있나요? 당신의 자녀들이 더 이상 당신의 권위 아래 있지 않더라도, 당신은 여전히 할 수 있는 것이 많다. 먼저, 당신은 하나님의 은혜와 자비를 위해 주님께 기도하고 간구할 수 있다. 아주 간단하게 말하자면, 은혜는 당신이 받을 자격이 없는 것을 얻는 것이며, 자비는 당신이 받아야 할 것을 받지 않는 것이다. 야고보서 4장 6b절에 따라서 주님 앞에 겸손하게 기도하라. "하나님이 교만한 자를 물리치시고 겸손한 자에게 은혜를 주신다 하였느니라." 만약 죄가 있다면, 당신의 죄를 고백하고 하나님의 용서를 구하라. 요한일서 1장 9절은 당신에게 확신을 준다. "만일 우리가 우리 죄를 자백하면 그는 미쁘시고 의로우사 우리 죄를 사하시며 우리를 모든 불의에서 깨끗하게 하실 것이요." 용서는 우리의 잘못으로 말미암은 결과를 더 이상 겪지 않아도 된다는 사실을 의미하지 않는다. 다윗은 자신의 간음죄를 회개했고 하나님이 그를 용서하셨으나, 간음으로 태어난 아이의 죽음은 그의 죄

의 결과 가운데 하나였다. 삼하12:15~23

아래의 제안은 당신이 집중하여 기도해야 하는 내용들이다.

1. 당신의 실패와 단점에 대해 자신을 질타하기보다 의도적으로 하나님의 은혜와 자비에 당신의 생각을 집중하라. 하나님은 통치자이시며 사랑이시니,요일4:18 그분께 자녀들의 생명을 구속해 달라고 간청하라. 잘못되는 일 때문에 하나님을 비난하지 말라. 그렇지 않으면 고통이 당신의 마음속에 기어들어와 당신을 망가트릴 것이다. 대신 욥기 1장 21~22절에 기록된 바와 같이 엄청난 재산과 많은 자녀들을 잃어버린 욥처럼 말하라. "이르되 내가 모태에서 알몸으로 나왔사온즉 또한 알몸이 그리로 돌아가올지라 주신 이도 여호와시요 거두신 이도 여호와시오니 여호와의 이름이 찬송을 받으실지니이다 하고 이 모든 일에 욥이 범죄하지 아니하고 하나님을 향하여 원망하지 아니하니라."

2. 당신 주변에 있는 좋은 것들을 보라. 하나님은 구속자이시다. 구속자는 나쁜 것을 좋게 만든다는 의미를 지녔다. 하나님이 자녀의 삶에서 하고 계시는 일과 하신 일의 목록을 만들어라. 그리고 특별한 상황에서 그분이 해주셨으면 하는 간절한 희망의 목록을 만들어라. 빌립보서 4장 8절은 말한다. "끝으로 형제들아 무엇에든지 참되며 무엇에든지 경건하며 무엇에든지 옳으며 무엇에든지 정결하며 무엇에든지 사랑 받을 만하며 무엇에든지 칭찬 받을 만하며 무슨 덕이 있든지 무슨 기림이 있든지 이것들을 생각하라." 이 구절을 사용하여 당신이 처한 상황에서 당신을 구속하시는 하나님의 권능의 목록을 작성하라. 히브리서 12장 15절이 상기하는

바와 같이, 당신에게 부정적인 영향을 미치는 고통스러운 일 대신 감사한 일을 보라. "또 아들들에게 권하는 것 같이 너희에게 권면하신 말씀도 잊었도다 일렀으되 내 아들아 주의 징계하심을 경히 여기지 말며 그에게 훈계를 받을 때에 낙심하지 말라." 고통은 사람의 마음에서 자라나며, 뿌리처럼 뻗어나가고, 다른 것들을 많이 오염시킨다. 어느 누구도 모진 사람 주변에 있고 싶어 하지 않는다. 그러므로 당신은 하나님의 선한 구속을 갈망하는 가운데 모질고, 상처주고, 실망시키는 유혹과 싸울 것을 굳게 결심해야 한다. "비난하는 사람"이 되기보다 하나님을 "찬양하는 사람"이 되라.

3. 친구들에게 자녀를 위한 기도모임을 갖자고 요청하라. 지원 시스템을 구축하도록 정기적으로 만나서 함께 기도하라. 잡담이나 하는 친구들이 아닌 지혜로운 친구들로 확실하게 골라라! 이 모임에서 당신의 상황을 공개적으로 이야기하는 것을 두려워하지 말라. 당신은 다른 사람들이 당신과 유사한 상황을 얼마나 많이 겪는지 알고 놀랄 수 있다. 매주 또는 적어도 한 달에 한번은 만나서 기도를 중심으로 시간을 보내라.

4. 강력하게 기도한 후 교회에 있는 누군가에게 당신이 사랑하는 사람에게 복음을 전해달라고 요청하라. 또는 둘 이상으로 구성된 팀을 보내 그가 회개할 수 있게 해달라고 교회에 요청하라. 당신은 사랑하는 사람을 회개로 초청할 수 있다. 그러나 무슨 이유든지 그는 그 초청을 받아들이지 않을 수 있다. 회개는 하나님의 선물이며, 하나님이 선택한 사람은 누구든지 성령이 이 선물을 주신다. 롬2:4

5. **절대로 포기하지 마라.** 하나님을 신뢰하는 가운데 십자가 밑에 당신이 사랑하는 사람을 내려놓고 하나님께 맡기라. 그렇게 할 때, 당신이 그 사람에 대해 가진 계획보다 하나님의 계획을 더 신뢰한다는 사실을 증명하게 된다. 기도생활에 창조적이 되라. 하나님께 당신이 사랑하는 사람들에게 복음의 메신저들을 보내달라고 요청하라. 하나님께 당신이 사랑하는 사람들이 회개와 그리스도와의 올바른 관계에 이르게 해 달라고 간청하라. 우리는 하나님께 너무 자주 우리의 자녀들에게 복을 달라고, 자녀들을 보호해달라고 기도하는 경향이 있다. 그러나 사람들이 구세주에 대한 자신들의 필요를 아는 것은 고통과 어려운 환경을 통해서이다. 하나님께 당신이 사랑하는 사람의 매일의 삶에서 하나님을 알게 해 달라고 요청하라. 끊임없이 기도하고 특별히 하나님을 요청하라. 용기를 가지고 당신이 처한 상황에서 거룩한 뜻을 행하실 하나님을 신뢰하며 기도하라.

6. **당신의 마음속에 있는 고통과 나쁜 태도를 막도록 당신보다 못한 다른 사람들을 도우라.** 교회 또는 지역 그리스도인들의 사역에 적극 참여하라. 당신보다 못한 사람들을 돕는데 노력을 집중하라. 예를 들어, 소아과병동, 고아원, 수용시설, 양로원과 같은 곳을 방문하라. 당신이 처한 상황보다 더 나쁜 상황은 항상 있으며, 이것이 당신의 문제와 희망을 적절한 관점에서 바라보게 한다.

부모의 잘못된 선택이나 책임회피에 역으로 영향을 받은 자녀들이나 손주들을 보는 것보다 더 어려운 일은 거의 없다. 만약 당신이 그렇다면, 당신은 반드시 하나님이 다스리실 뿐만 아니라 책임도 지신다는 동시적 진리를 기억해야 한다.

하나님의 통치에 주목하자. 하나님은 모든 것을 통치하신다. 그러므로 그분을 신뢰하라. 하나님께 그분의 시간표에 따라 그분의 방법대로 당신의 상황에 거룩하게 개입해 달라고 요청하라. 너무 많은 부모가 자신의 힘으로, 제한된 자신의 힘과 자원으로 자신의 잘못을 고치려는 실수를 한다. 그러한 부모들은 때때로 내키지 않는 마음을 바로잡는데 너무 많은 돈을 허비한다. 요한복음 6장 63절은 육신에 속한 인간의 노력이 무가치하다는 사실을 상기시켜준다. "살리는 것은 영이니 육은 무익하니라 내가 너희에게 이른 말은 영이요 생명이라." 권능이 성령 안에 있다는 사실에 주목하라. 성령은 당신이 잃어버린 사랑하는 사람에게 생명을 주신다. 또한 성령과 그리스도의 말씀 사이에 연결점이 있다는 사실에 주목하라. 기회가 왔을 때 창조적인 방법으로 자녀들과 복음을 나누는 것을 두려워하지 말라. 로마서 10장 17절의 진술이다. "그러므로 믿음은 들음에서 나며 들음은 그리스도의 말씀으로 말미암았느니라." 당신이 사랑하는 사람은 그리스도의 말씀을 반드시 들어야 한다. 그러므로 판단하기 보다는 매력적이고 사랑이 넘치는 방법으로 그분의 말씀을 전해야 한다. 당신이 아니라 성령께서 죄의 자각과 심판으로 인도하게 하자.

확실히 하나님과 당신의 균형은 깨지기 쉽다. 더 많은 통찰을 위해 내 책 *Divine Intervention: Hope and Help for Families of Addicts*을 추천한다. 이 책의 목적은 사랑하는 사람들에게 할 수 있는 몇 가지 실제적 지침을 제공하고, 믿음으로 주님을 기다리라고 도전하는 것이다. 최종적으로 이러한 모든 것은 하나님의 통치에 대한 신앙에 기초한다. 당신은 주님을 신뢰하는가? 당신은 사랑하는 사람들과 함께 하나님을 신뢰하는가?

이제 인간의 책임에 주목하자. 자녀들은 자신들의 선택에 대해 책임을 져야 한다. 나는 형편없는 가정에서 위대한 그리스도인이 나오고, 위대한 그리스도인의 가정에서 형편없는 자녀가 나왔다는 사실을 안다. 출애굽기 20장 12절의 다섯 번째 계명은 자녀들이 아니라 부모인 당신을 향한다는 사실을 기억하라. 자녀는 좋든 싫든 반드시 부모를 공경해야 한다. 어떤 부모도 완전하지 않다. 그러므로 자녀들이 자신들의 잘못된 선택 때문에 부모를 비난하도록 해서는 안 된다. 죄에 대한 변명은 절대 있을 수 없으며, 잘못된 선택만이 존재한다. 당신은 당신이 사는 동네에서 가장 나쁜 부모일 수 있다. 그러나 이것이 계속해서 죄를 짓는 자녀들의 구실이 되지는 않는다. 당신의 죄를 자녀에게 고백하고, 용서와 관계의 회복을 요청하라. 만약 자녀가 관심을 보이지 않는다면, 이것은 자녀가 마음으로 용서하지 못한다는 표시이다.

만약 당신의 자녀가 원한다면, 나는 성경적 상담을 강력히 추천한다. 성경적 상담은 당신과 자녀의 관계를 더욱 건강하게 하는데 도움을 줄 수 있다. 자녀들에게 계속해서 죄를 지을 "권한을 부여하는" 부모들은 자녀들에게 잘못된 행동을 강요하며 고통을 연장시킬 뿐이다. 만약 자녀들이 계속해서 당신을 속이고 당신의 재산을 허비한다면, 그것은 당신이 자녀들에게 "중독"을 선택하라고 종용하는 것과 같다. 또한 이것은 당신이 진짜 원하는, 자녀가 "중독"의 덫에 걸리지 않게 하려는 당신의 목표를 훼손하게 된다. 자녀가 잘못된 행동을 계속해서 할 수 있는 무한한 자원을 지녔다면, 그것을 고치려고 하겠는가? 정답은 뻔하다.

다음 부분은 너무 강하게 들릴지 모르지만, 사실이다. 어떤 사람들은 이것을 "거친 사랑"이라고 부른다. 사실 나는 부모들에게 "감사"하다는 이메일과 편지를 많이 받았다. 그들은 나에게 이렇게 말한다. "나는 당신의 책 *Divine Intervention*에 나오는 성경적 요소를 실천했습니다.

그렇게 시간이 지난 후에 내 자녀는 참된 회개의 마음과 몹시 후회하는 모습으로 나에게 돌아왔습니다. 우리는 지금 좋은 관계를 맺고 있습니다. 하나님을 찬양합니다!" 여기에는 사랑이 있지만, 겉으로 보기에는 "아주 거친" 진리가 있다. 자녀가 잘못된 선택을 하고 무서운 결과를 경험한 후 그리스도에게 돌아오는 것을 허락하도록, 믿음으로 자녀들이 사탄과 이 세상에서 돌아서게 하라. 분노와 상처와 두려움으로 이것을 하지 말고, 우리를 책임지실만큼 충분히 인간을 사랑하시는 통치자 하나님에 대한 믿음으로 하라. 이것은 믿음의 행위이며, 완전한 부모이자 "아빠" 아버지이신 하나님의 권능과 선하심을 신뢰하는 것이다.

믿음을 고백했음에도, 불신자처럼 행동하고 계속해서 죄를 짓는 사탄에게서 돌아선 그리스도인의 예가 성경의 두 곳에서 나타난다. 먼저, 디모데전서 1장 19~20절에서 사도 바울은 믿음을 거절한 두 사람에 대해서 언급한다. 바울은 그들이 그리스도에게 돌아올 것을 희망하면서, 하나님에 대한 그들의 거절을 나가서 경험하도록 했다. "믿음과 착한 양심을 가지라 어떤 이들은 이 양심을 버렸고 그 믿음에 관하여는 파선하였느니라 그 가운데 후메내오와 알렉산더가 있으니 내가 사탄에게 내준 것은 그들로 훈계를 받아 신성을 모독하지 못하게 하려 함이라." 바울은 그들이 배움을 통해 하나님을 비난하지 않게 되기를 원했다. 바울은 다른 어떤 것보다 하나님의 영광과 하나님과 그들의 관계에 관심이 있었다. 이것은 당신이 자녀에게 반드시 가져야 하는 목표이자 태도이다.

하나님의 영광은 당신에게 가장 중요한 것이 되어야 한다. 불순종하는, 마지못해 하는 자녀에 의해서 진흙 속에서 끌려 다니는 것이 하나님의 영광인가? 만약 그렇다면, 당신은 반드시 고린도전서 5장 5절에 있는 교회와 같이 되어야 한다. "이런 자를 사탄에게 내주었으니 이는 육신은 멸하고 영은 주 예수의 날에 구원을 받게 하려 함이라." 고린도교회는 성적인 죄를 지은 사람의 영혼을 구원하려고 그에게 교회의 교제권 밖으로 나가라고 명령했다. 하나님의 영광은 하나님께도 중요하지만, 당신에게도 반드시 그렇게 되어야 한다. 하나님은 그분을 사랑한다고 고백하면서 죄를 짓고 다른 사람들을 사랑하지 않는 사람들을 기뻐하시지 않는다. 고린도전서 5장에 나오는 이러한 사람은 의도적 불순종으로 교회의 몸을 더럽히고 하나님을 부끄럽게 했다. 교회는 그의 영혼과 정신의 구원을 위해 "육신"의 욕망이 파괴될 때까지 교제권에서 떠나라고 경고한다. 성경은 이 상황에서 선택이 그 사람에게 있다는 사실을 분명히 한다. 이것은 그가 "구원 받을" 수 있으며, "분명히 구원받게 될 것"이라는 사실이 당연한 것이 아님을 말한다. 죄를 지은 사람에 대한 경고는 하나님을 신뢰하는 사람들 본분에서 나온 신앙의 행위이다. 왜냐하면 그들은 이 사람을 분명히 사랑했으며, 그에게 교제권에서 떠나라고 하고 싶었던 것이 아니었기 때문이다.

주님께 되돌아온 반항아 중에서 가장 큰 증거 가운데 하나는 빌리 그레이엄의 아들, 프랭클린Franklin이다. 지금 프랭클린 그레이엄은 하나님의 은혜와 권능의 손에 의해서, 완벽한 사람은 아닐지라도 주님을 섬기며 다른 사람들을 섬기고 있다. 빌리 그레이엄은 프랭클린의 반항 때문에 어려운 시기를 보냈으며, 커다란 고통과 번민에 시달렸다. 그러나 그레이엄은 현세의 생명과 다가올 영원한 생명 가운데서 프랭클린의 생명에 대한 하나님의 계획에 대해 감사했다. 당신은 죄를 지었는가? 그렇다면 잠언 28장 13절을 따르라. "자기의 죄를 숨기는 자는 형통하지 못하나 죄를 자복하고 버리는 자는 불쌍히 여김을 받으리라." 당신의 허물과 죄를 버리는 것은, 하나님이 자녀의 인생에 개입하실 수 있는 동안 하나님에 대한 믿음으로 자녀를 이 세상의 즐거움과 사탄으로부터 돌아서게 하는 것을 의미할 수 있다.

저자에 관하여

마크 E. 쇼우 박사는 Truth in Love Ministries의 설립자이자 대표이다. Truth in Love Ministries는 훈련 및 상담사역equipping and counseling ministry으로 혁신적인 팀 접근을 하는 지역교회를 통해서 일한다. 쇼우 박사는 하나님의 자녀들의 "무리"벧전5:2를 위해 목양적 돌봄을 적절하게 제공하여, 지역 교회가 지도자와 평신도라 불리는 사람들을 가르치고 준비시키는 것에 의해서, 그리고 사랑으로 서로에게 진리를 말하는 것에 의해서 건강해지는 것을 보고 싶어 한다. 엡4:15

쇼우 박사는 버밍햄 신학대학원Birmingham Theological Seminary에서 성경적 상담 전공으로 목회학 박사 학위를, 성경 연구 전공으로 석사Master of Arts 학위를 받았다. 또한 그는 플로리다 주립 대학Florida State University에서 교육 심리학 석사 학위를, 그리고 남 앨라배마 대학the University of South Alabama에서 심리학 학사 학위를 받았다.

쇼우 박사는 2002년 이후 미국권면상담협회National Association of Nouthetic Counselors, NANC에서 성경적 상담사 자격을 얻었으며, 1999년 이후 앨라배마 마약과 알코올 중독협회the Alabama Association of Drug and Alcohol Addiction에서 석사 수준의 중독 전문가 자격Master's Level Addiction

Professional, MLAP을 취득했다.

쇼우 박사는 거의 20년 동안 결혼과 가족상담, 중독상담 그리고 가장 최근에는 성경적 상담자들을 감독하고 훈련하였다. 게다가 그는 지역 교회 상담에서 외래환자 클리닉, 위기 거주 프로그램, 집중적 외래환자 프로그램, 거주 사회복귀 프로그램 그리고 입원환자 청소년 그룹 홈에서 지도자와 상담자로 일했다. 쇼우 박사는 그가 여러 해 동안 섬겼던 많은 사람의 삶에 주 예수 그리스도의 변형과 화해의 힘을 증거했다.

개인, 결혼한 부부, 가족들에게 사랑으로 진리를 말하라는 쇼우 박사의 독특한 관점은 성경적 진리에 대한 그의 친숙함과 많은 심리학적 이론의 오류를 통해서 형성되었다. 쇼우 박사와 아내 메리는 네 자녀를 두었으며, 앨라배마의 버밍햄 근처에 거주한다.

Truth in Love Ministries에 대해서 더 많은 정보가 필요하다면, www.histruthinlove.org를 방문하라.